MISSÃO HAITI

A visão dos *force commanders*

Celso Castro
Adriana Marques
ORGANIZADORES

MISSÃO HAITI

A visão dos *force commanders*

FGV EDITORA

Copyright © 2019 Celso Castro; Adriana Marques

Direitos desta edição reservados à
FGV EDITORA
Rua Jornalista Orlando Dantas, 37
22231-010 | Rio de Janeiro, RJ | Brasil
Tels.: 0800-021-7777 | 21-3799-4427
Fax: 21-3799-4430
editora@fgv.br | pedidoseditora@fgv.br
www.fgv.br/editora

Impresso no Brasil / *Printed in Brazil*

Todos os direitos reservados. A reprodução não autorizada desta publicação, no todo ou em parte, constitui violação do copyright (Lei nº 9.610/98).

Os conceitos emitidos neste livro são de inteira responsabilidade dos autores.

1ª edição: 2019

PREPARAÇÃO DE ORIGINAIS: Sandra Frank
EDITORAÇÃO ELETRÔNICA: Abreu's System
REVISÃO: Aline Duque Erthal | Fatima Caroni
FOTOS DE CAPA E QUARTA CAPA: Tereza Sobreira (Porto Príncipe, 2017)
CAPA: Estúdio 513

Ficha catalográfica elaborada pela Biblioteca Mario Henrique Simonsen/FGV

Missão Haiti: a visão dos force commanders / Organizadores: Celso Castro, Adriana Marques. — Rio de Janeiro: FGV Editora, 2019.
248 p.

ISBN: 978-85-225-2193-7

1. Missão das Nações Unidas para a Estabilização no Haiti. 2. Forças de paz brasileiras — Haiti. 3. Segurança nacional. 4. Militares — Entrevistas. I. Castro, Celso, 1963-. II. Marques, Adriana Aparecida. III. Fundação Getulio Vargas.

CDD — 355.357

Sumário

Apresentação, 7
Cronologia, 15

Heleno, 17
Elito, 51
Santos Cruz, 75
Floriano Peixoto, 115
Paul Cruz, 139
Ramos, 161
Goulart, 177
Pujol, 197
Ajax, 219

Siglas, 245

Apresentação

Celso Castro
Adriana Marques

Entre 2004 e 2017, o Brasil cumpriu sua mais importante missão internacional no âmbito das Nações Unidas: o comando da Missão das Nações Unidas para a Estabilização no Haiti (Minustah). Além do envio do maior contingente de tropas — cerca de 37,5 mil militares brasileiros serviram no Haiti no período —, o Brasil indicou todos os 11 *force commanders*, os comandantes militares da missão. Nunca o comando militar de uma missão da ONU permaneceu por tanto tempo nas mãos de um mesmo país.[1]

Este livro inclui entrevistas com nove comandantes — dois deles já haviam falecido: os generais Jaborandy e Bacellar.[2] As entrevistas foram realizadas no Rio de Janeiro, em São Paulo, em Brasília e em Salvador entre janeiro e outubro de 2018. Elas se inserem no projeto "Transformações da Profissão Militar no Brasil", desenvolvido na Escola de Ciências Sociais da Fundação Getulio Vargas (FGV CPDOC) sob a coordenação de Celso Castro e com a coordenação conjunta de Adriana Marques, do curso Defesa e Gestão Estratégica Internacional da Universidade Federal do Rio de Janeiro (UFRJ DGEI).[3]

---

[1] Em outubro de 2019, o Conselho de Segurança da ONU anunciou o fim da missão de paz no Haiti. Ver: <https://oglobo.globo.com/mundo/missao-de-paz-da-onu-no--haiti-chega-ao-fim-apos-15-anos-1-24019387>. Acesso em: 15 out. 2019.

[2] Mencionaremos sempre os "nomes de guerra" dos *force commanders*, um nome que se recebe ao ingressar nas Forças Armadas e pelo qual o militar será tratado durante toda a sua carreira. Para um estudo antropológico sobre o tema, ver: LEIRNER, Piero de Camargo. Sobre "nomes de guerra": classificação e terminologia militares. *Etnográfica* [online], v. 12. n. 1, 2008. Disponível em: <http://journals.openedition. org/etnografica/1660>. Acesso em: 12 jul. 2019.

[3] Para a realização das entrevistas e a edição deste livro, contamos com a colaboração de várias pessoas a quem gostaríamos de agradecer: Jacinto Maia Neto, Elias Rodrigues Martins Filho, Otávio Santana do Rêgo Barros, Richard Fernandez Nunes,

Os entrevistados foram informados de que suas entrevistas seriam integradas ao acervo documental histórico da FGV CPDOC, com o que seriam disponibilizadas publicamente, e assinaram cartas de cessão formalizando essa intenção. Nenhum deles pediu sigilo sobre partes de seus depoimentos, nem impôs condições para sua liberação. Estavam conscientes de que queríamos registrar sua visão sobre a experiência da missão ao Haiti, tanto do ponto de vista pessoal quanto em relação ao que ela representou para as Forças Armadas brasileiras, o Exército em particular, e para o país como um todo no cenário internacional.

As entrevistas foram por nós editadas, de modo a reduzi-las ao que consideramos os temas essenciais para nossos objetivos. Também foram feitos ajustes no texto transcrito de modo a melhorar a legibilidade em forma impressa. Tivemos o cuidado, contudo, de preservar tanto a oralidade do diálogo que estabelecemos com nossos entrevistados quanto a fidelidade ao fluxo de suas narrativas e às ideias que quiseram transmitir.

As entrevistas estão dispostas no livro segundo a ordem em que o comando da missão foi exercido, e não por ordem de sua realização. Ao longo do período em que as entrevistas foram feitas, dois acontecimentos guardaram relação direta com perguntas que recorrentemente fizemos aos entrevistados: a expectativa de que o Brasil assumisse a missão de paz da ONU na República Centro-Africana, que afinal não se concretizou, e a situação da segurança pública no Rio de Janeiro, que levou à intervenção federal em fevereiro de 2018. Algumas entrevistas foram feitas antes, outras depois desses acontecimentos, e em relação a eles as respostas de nossos entrevistados dialogam, portanto, com contextos diferentes.

Márcio Luis do Nascimento Abreu Pereira, Rogério Marques Nunes, Analu de Jesus Oliveira, Kleber Alonso Pereira e Verônica Azzi, além das equipes do Núcleo de Audiovisual e Documentário e do Programa de História Oral da FGV CPDOC. A pesquisa que deu origem a este livro foi viabilizada com recursos da FGV, por meio de edital da Rede de Pesquisa e Conhecimento Aplicado (RPCAp).

APRESENTAÇÃO · 9

Após a realização das entrevistas, ocorreu também a eleição de Jair Bolsonaro para presidente da República. Vários entrevistados assumiram posições importantes no novo governo: o general Heleno tornou-se ministro-chefe do Gabinete de Segurança Institucional (GSI); o general Santos Cruz, ministro-chefe da Secretaria de Governo; o general Floriano Peixoto assumiu a Secretaria-Geral da Presidência da República; o general Pujol assumiu o comando do Exército; e o general Ajax tornou-se assessor especial da presidência do Supremo Tribunal Federal (STF). No momento em que escrevemos essa apresentação, o general Ramos substituiu o general Santos Cruz na Secretaria de Governo e o general Floriano Peixoto deixou a Secretaria-Geral da Presidência da República para assumir a presidência dos Correios. Em seu conjunto, esses generais são, muitas vezes, descritos por jornalistas ou analistas políticos como parte da "ala militar" do governo, em conflito com outras "alas" ou grupos com os quais disputariam espaço de influência e poder.

A análise da atuação dos *force commanders* no contexto político posterior à realização das entrevistas foge aos objetivos deste livro. Não desconhecemos, contudo, o fato de que a experiência no Haiti, bem como em outras missões internacionais que eventualmente exerceram, e que ficaram registradas nas entrevistas e neste livro, pode ser relevante para compreender sua atuação posterior tanto individual quanto como grupo social.

Resulta desse conjunto de entrevistas uma grande convergência de opiniões a respeito de muitos temas abordados. Podemos dizer que a visão dos *force commanders* é, nesse sentido, muito homogênea, apesar de terem exercido o comando em momentos diferentes, marcados por conjunturas e desafios específicos: a implantação da missão, o combate às gangues e o controle da violência, os efeitos devastadores do terremoto de 2010 e da subsequente epidemia de cólera — que fez com que a missão passasse a assumir um caráter predominantemente de ajuda humanitária —, e, por fim, a desmobilização e o encerramento da missão, após 13 anos no Haiti.

10 • MISSÃO HAITI

Para compreender essa notável homogeneidade de visão sobre a experiência no Haiti, é relevante perceber que os *force commanders* provêm de uma mesma geração de militares, tanto em termos etários quanto de experiências profissionais. Eles nasceram entre 1946 e 1958 e tornaram-se oficiais do Exército após terminarem o curso da Academia Militar das Agulhas Negras (Aman) entre 1969 e 1980. Cursaram a Escola de Aperfeiçoamento de Oficiais (EsAO) entre 1978 e 1990 e concluíram a Escola de Comando e Estado-Maior do Exército (Eceme) entre 1984 e 1997. Suas carreiras como oficiais superiores do Exército brasileiro transcorreram, portanto, no período que vai da abertura política do regime militar à transição para a democracia e instauração da Nova República, com o consequente afastamento da instituição militar do exercício direto do poder político.

Todos os entrevistados tiveram alguma experiência internacional anterior à indicação para a função de *force commanders*: como adidos militares, participando de outras missões da ONU como observadores ou atuando no próprio Haiti como oficiais de estado-maior ou comandantes do batalhão brasileiro, o Brabat. Vários também continuaram, mesmo na reserva, colaborando com a ONU como especialistas em diferentes missões. Destacamos, em particular, a experiência do general Santos Cruz como comandante da missão da ONU no Congo entre maio de 2013 e dezembro de 2015, durante a qual enfrentou a rebelião do M23, apoiando as forças do governo congolês. Essas outras experiências internacionais são sempre consideradas por eles relevantes e valorizadas em suas entrevistas. São vistas, também, como constituindo uma experiência nova em termos profissionais, no âmbito da carreira militar. Embora oficiais do Exército tenham participado anteriormente de diferentes missões de paz da ONU, nada se compara, na visão de nossos entrevistados, à experiência do Haiti, tanto naquilo que a Minustah representou em suas carreiras quanto no impacto que a missão teve em termos de experiência e aprendizado institucional.

O sentimento de representarem um conjunto de oficiais de uma mesma geração ficou evidente em vários momentos das entrevistas:

quando se referiam a terem servido juntos em momentos anteriores de suas carreiras, a terem recebido de seus antecessores na missão e transmitido cargos a seus sucessores, à experiência que tiveram como *force commanders* e à recorrência com que, ao longo das entrevistas, aparecia a suposição de que um deles já devia ter falado sobre tal ou qual tema.

Tentaremos, a seguir, sintetizar alguns marcos da visão de nossos entrevistados que apresentam elevado grau de consenso. Indicaremos também alguns poucos pontos em que surgem opiniões diferentes.

Em relação à experiência pessoal, os *force commanders* destacam a satisfação de terem cumprido a contento suas missões, assim como a convivência, em geral muito boa, com um conjunto muito heterogêneo de tropas sob seu comando. Apesar das diferenças culturais, características gerais da hierarquia e da disciplina militar teriam funcionado como um código básico e compartilhado que possibilitou o exercício do comando e a atuação conjunta das tropas. Os comandantes destacam, contudo, como o relacionamento com militares sul-americanos era particularmente fácil e integrado. Além disso, vários entrevistados ressaltam a importância da liderança pelo exemplo pessoal, inclusive em situações de risco físico. Também mencionam aquilo que poderíamos nomear como um certo "jeito" brasileiro de comandar e lidar com as tropas, com um componente emotivo, de flexibilidade ou de "jogo de cintura" no plano da interação interpessoal que facilitaria o exercício do comando e, acima de tudo, a liderança em relação a seus comandados.

Os entrevistados descrevem como impactante o ambiente de miséria do Haiti, pior do que qualquer comparação com o Brasil, e a fragilidade das instituições nacionais, que muito lentamente se recompunham. Embora tenham uma visão positiva em relação ao cumprimento do que se esperava da missão, diferenciam claramente essa avaliação da percepção de persistência de sérios problemas mais gerais do Haiti, tanto políticos quanto sociais, que estavam fora do alcance e do âmbito da missão.

12 • MISSÃO HAITI

Todos consideram muito importante, em suas trajetórias profissionais, a participação no comando militar da Minustah, retratada como o coroamento de uma carreira, a "missão de suas vidas". Também avaliam como excepcional a experiência que a missão trouxe para as Forças Armadas brasileiras, para o Exército em particular. O treinamento militar que os sucessivos contingentes tiveram no Haiti seria único, não comparável, em termos de qualidade, a qualquer exercício ou conjunto de "manobras" que pudessem ter no Brasil. Numa imagem do general Ajax, o Exército teria ido para o Haiti adolescente e voltado adulto; para o general Elito, seis meses no Haiti corresponderiam a seis anos de treinamento em território nacional.

Quanto à importância para o Brasil, em geral apresentam a avaliação de que também foi muito positiva, principalmente em termos de prestígio na comunidade internacional de nações. Nesse sentido, quase todos apoiavam a possibilidade de o país participar da missão na República Centro-Africana.

Finalmente, mas não menos importante, o leitor perceberá como em muitos momentos das entrevistas "o Haiti é aqui", como na música de Caetano Veloso e Gilberto Gil. Nossos entrevistados recorrentemente fazem comparações ou associações diretas entre a situação da segurança pública no Haiti e a do Brasil, e a da cidade do Rio de Janeiro em particular. São menções que surgem, por exemplo, na explicação da geografia e do espaço urbano de Porto Príncipe por referência a bairros ou zonas cariocas. Muito mais impactante, contudo, é o efeito da comparação entre a atuação no combate à criminalidade no Haiti, em Porto Príncipe em particular, e a atuação na segurança pública em missões de apoio às tropas policiais ou de Garantia da Lei e da Ordem (GLO) no Brasil, e mais especificamente na atuação em favelas cariocas.

Os *force commanders* veem em geral como muito semelhantes as características do emprego militar num e noutro cenário. Fazem ligações diretas entre a experiência dos *strong points* (pontos fortes) estabelecidos em Cité Soleil e as Unidades de Polícia Pacificadora (UPPs) em favelas cariocas, e comparações entre características operacionais e opções táticas num e noutro lugar. Nesse sentido, acreditam numa via de mão dupla entre o que se aprendeu em experiências anteriores de emprego da força no Brasil — que antecedem a missão no Haiti — e as que foram lá aplicadas, e de como o aprendizado no Haiti foi útil para aprimorar o emprego militar em ações de segurança pública no contexto urbano brasileiro. A balança, contudo, penderia claramente mais para este último lado.

Embora façam essa associação direta em termos de emprego em ações de segurança pública entre o Haiti e o Brasil, entre Porto Príncipe e o Rio de Janeiro em particular, os entrevistados apontam de forma consensual uma grande diferença entre os dois contextos em termos de amparo jurídico e leis de engajamento para suas ações. No caso da missão no Haiti, essa dimensão seria muito mais claramente estabelecida, o que facilitaria o desempenho da missão recebida, em comparação com o caso brasileiro, em que a indefinição seria muito maior, resultando em grande insegurança do ponto de vista jurídico para a atuação dos militares. Também deixam claro que, comparando--se os dois tipos de missão, sempre preferem a missão no exterior, e ressaltam que o emprego de militares na área de segurança pública no Brasil não é algo que se deseje quer pessoalmente, quer institucionalmente, por ser função que deveria ser exercida pela polícia, e não pelas Forças Armadas.

Seguem-se as entrevistas editadas. Em seu conjunto, estamos certos de que o material constitui uma rica fonte documental não apenas para os interessados em compreender a atuação do Brasil no Haiti, como também para conhecer a experiência e a visão de mundo de uma geração de oficiais brasileiros.

Cronologia
Force commanders da Minustah[*]

- 30 de abril de 2004. Resolução nº 1.542 do Conselho de Segurança da ONU estabelece a Missão das Nações Unidas para a Estabilização no Haiti (Minustah) por um período inicial de seis meses, que será sucessivamente renovado.
- Junho de 2004 a agosto de 2005. Comando do general Augusto *Heleno* Ribeiro Pereira.
- Setembro de 2005 a janeiro de 2006. Comando do general Urano Teixeira da Matta *Bacellar* (não terminou o mandato por ter falecido).
- Janeiro de 2006 a janeiro de 2007. Comando do general José *Elito* Carvalho Siqueira.
- Janeiro de 2007 a abril de 2009. Comando do general Carlos Alberto dos *Santos Cruz*.
- Abril de 2009 a março de 2010. Comando do general *Floriano Peixoto* Vieira Neto.
- 12 de janeiro de 2010. Forte terremoto devasta o Haiti, deixando cerca de 220 mil mortos.
- Março de 2010 a março de 2011. Comando do general Luiz Guilherme *Paul Cruz*.
- Março de 2011 a março de 2012. Comando do general Luiz Eduardo *Ramos* Baptista Pereira.
- Março de 2012 a março de 2013. Comando do general Fernando Rodrigues *Goulart*.
- Março de 2013 a março de 2014. Comando do general Edson Leal *Pujol*.

---

[*] Os nomes em itálico são os nomes de guerra dos *force commanders*.

- Março de 2014 a agosto de 2015. Comando do general José Luiz *Jaborandy* Júnior (não termina o mandato por ter falecido).
- Outubro de 2015 a outubro de 2017. Comando do general *Ajax* Porto Pinheiro.
- 13 de abril de 2017. Resolução nº 2.350 do Conselho de Segurança da ONU estendeu por seis meses finais o mandato da Minustah e estabeleceu, a partir de 16 de outubro do mesmo ano, uma nova operação de manutenção da paz no país: Missão das Nações Unidas para o Apoio à Justiça no Haiti (Minujusth), composta apenas por civis e unidades de polícia.
- Outubro de 2019. Dirigido por um representante especial do secretário-geral da ONU, o Escritório Integrado da ONU no Haiti (Binuh) sucedeu a Minujusth.

Heleno

O general de exército Augusto Heleno Ribeiro Pereira nasceu em 1947, em Curitiba (PR). Estudou no Colégio Militar do Rio de Janeiro entre 1959 e 1965 e graduou-se na arma de Cavalaria em 1969, na Academia Militar das Agulhas Negras (Aman). Concluiu a Escola de Aperfeiçoamento de Oficiais (EsAO) em 1978 e a Escola de Comando e Estado-Maior do Exército (Eceme) em 1986. Comandou a Escola Preparatória de Cadetes do Exército (EsPCEx), em Campinas, de 1994 a 1996. Nesse mesmo ano, passou a integrar a Missão Militar Brasileira de Instrução no Paraguai (MMBIP), como adjunto. Foi adido militar na França, acreditado também na Bélgica. Chefiou o Centro de Comunicação Social do Exército (CComSEx) entre 2001 e 2002. Assumiu o comando da Força de Paz da Missão das Nações Unidas para a Estabilização no Haiti (Minustah) em junho de 2004, função na qual permaneceu até agosto de 2005. Foi chefe de gabinete do comandante do Exército de 2006 a 2007, comandante militar da Amazônia de 2007 a 2009 e chefe do Departamento de Ciência e Tecnologia do Exército entre 2009 e 2011, ano em que passou para a reserva. Trabalhou no Comitê Olímpico do Brasil (COB) entre 2011 e 2017. Em 2019, tornou-se ministro-chefe do Gabinete de Segurança Institucional (GSI).

Entrevista realizada por Celso Castro e Adriana Marques em Brasília (19/1/2018).

18 • MISSÃO HAITI

O senhor estava no gabinete do comandante do Exército quando houve o convite para o Brasil chefiar o contingente militar. Podia nos contar sobre esse episódio?

Dei sorte de estar ao lado do comandante, o general Albuquerque, quando ele recebeu a ligação do general Hill [general James Thomas Hill], que era na época o comandante militar Sul do Exército americano, sediado em Miami, e que era quem tinha essas ligações com os países centro-americanos, sul-americanos, e vinha sempre ao Brasil, nas reuniões bilaterais e nas reuniões de exércitos americanos. Já havia um entendimento preliminar entre os presidentes do Brasil e da França para o envio do contingente brasileiro como o maior contingente da missão, mas ainda não havia essa sinalização para que o *force commander* fosse brasileiro. Eu acredito que o fato de ter aceitado enviar o maior contingente acabou influindo nesse convite para que o Brasil também enviasse o *force commander*.

Eu estava ao lado do general Albuquerque e, quando terminou a ligação, ele comentou comigo: "O general Hill, convidando para a gente enviar o *force commander* ao Haiti". Aí eu falei para ele: "Eu sou voluntário". "Mas você, meu chefe do CComSEx?" Eu falei para ele: "General, sou médico sem doente. Eu quero um doentinho. Então, eu sou voluntário desde já". Aí ele falou: "Está bem. Eu vou reunir os generais do alto-comando que estão aqui em Brasília, para eles darem uma opinião, confirmarem. Acho que eles não vão querer que você vá, mas...". Se reuniram, não me lembro se no mesmo dia ou no dia seguinte, na própria casa dele. Aí os generais do alto-comando concordaram, e meu nome foi enviado para o Ministério da Defesa.

No Ministério da Defesa, no início, houve assim uma estranheza, porque era o normal ir mais de um nome para o ministro escolher. O ministro ficou sem escolha, mas acabou aceitando. Estava muito em cima da hora. Essa decisão foi tomada muito próximo do início da missão. Então, eu já fui para a ONU com data para voltar, passar uma semana no Brasil, e seguir para o Haiti. E não esperava que, na ONU, a escolha do *force commander* fosse numa verdadeira entrevista de emprego. Eu só não desisti porque queria muito e era, para mim, um desafio profissional importante. Mas você é tratado como se, realmente, tivesse ido lá para pedir um emprego. Eu era general de divisão! Aí o cara levava para uma sala, entravam três americanos, três franceses, dois castelhanos, e saíam fazendo pergunta em francês, em inglês, em castelhano. Daqui a pouco, saíam esses caras, me levavam para uma sala, eu ficava sentado, esperando. Pouco depois, outra entrevista dessas, com outros caras. E toma a perguntar um monte de troço!

Que tipo de perguntas?
Sobre quais eram as minhas experiências profissionais, sobre política da América Central, do Haiti... E eu não era *expert*. Mas é o tal negócio, eu tive duas semanas para estudar. Estudei o que podia. Com curso de estado-maior, você responde qualquer coisa [risos]. Às vezes não é a melhor resposta, mas você responde qualquer coisa. Então, eu respondia. Foram praticamente dois dias de entrevista, ia para a ONU, passava o dia inteiro lá. Finalmente, o Kofi Annan[1] aprovou meu nome. Aí começou uma maratona. Eu, doido para voltar para o Brasil, para me arrumar, pelo menos fazer um saco de acampamento, botar meus uniformes, meus coturnos, saber quem iam ser meus assistentes. Aí passei dois dias com caras que me contavam sobre a ONU. E cada gabinete daqueles que eu visitava, como a área de saúde, a área de pessoal, a área de *gender*, igualdade de gêneros, de que naquela época, aqui no Brasil, se falava muito pouco. Então cada área daquelas da ONU foi me passando as informações que eles queriam e mais um monte de livros. Se eu tivesse lido os livros que eu recebi nesse roteiro que eu fiz lá, eu estava até hoje, eu não teria assumido a missão. Eu guardei tudo, uma boa parte eu larguei no hotel, e vim embora para o Brasil. E cheguei aqui assim, nessa correria.

---

[1] Kofi Annan, então secretário-geral das Nações Unidas, permaneceu no cargo de janeiro de 1997 a dezembro de 2006.

20 • MISSÃO HAITI

O senhor mencionou o Ministério da Defesa. O senhor chegou a ter alguma conversa lá? Ou no Itamaraty?
Não. Com o Ministério da Defesa foi muito fácil. No Itamaraty, tive um contato muito breve com o embaixador que era responsável pelo Caribe. Ele não era embaixador na época, era primeiro-secretário. Depois ficou muito meu amigo, quando eu já estava no Haiti, pela participação que teve em algumas coisas assim bem diferentes. Depois, ele acabou sendo embaixador no Haiti. Eu não o peguei lá. Eu peguei um primeiro embaixador, Armando Cardoso, que passou para o Paulo Lacerda e ele passou para o Igor Kipman. O Igor passou acho que uns três ou quatro anos lá. Mas ele era, na época, o encarregado do Caribe no Itamaraty, então eu tive contato com ele. Mas o meu tempo era muito corrido. No Ministério da Defesa, foi muito facilitado, porque, na época, o chefe do gabinete era o general Bini.[2] Eu tinha trabalhado com ele diretamente, aqui, na Assessoria 1,[3] a mesa dele era do lado da minha. E era ótimo, porque ele é divertidíssimo, eu passava o dia inteiro rindo, trabalhava rindo. Eu era muito amigo dele.

Sua experiência anterior como adido na França, o senhor acha que contou em alguma medida para esse convite?
Só pelo fato de falar francês. Eu estudei francês a minha vida inteira, minha mãe me botou na Aliança Francesa com oito anos de idade. Isso me ajudou no negócio do Haiti, porque, na ONU, eles perceberam que eu falava realmente, fluentemente, francês. Ainda que o Haiti seja uma mistura de francês. Eles sabem falar francês, só que, quando não querem que você entenda o que estão falando, eles falam em *créole*, uma corruptela do francês, que o escravo, como não sabia escrever e ouvia o francês, falava o que ouvia; então, é uma língua que passou muito tempo sem ter gramática. Hoje, ela está sistematizada. Mas é

---

[2] General Rômulo Pereira Bini, então chefe do Estado-Maior do Ministério da Defesa.
[3] Assessoria 1: escritório integrante do gabinete do comandante do Exército, cuja missão é assessorar diretamente o comandante da força.

um idioma dificílimo de compreender. Se você vir escrito, algumas palavras são parecidas. Mas é muito difícil de entender.

O senhor foi o primeiro force commander. Quando não se é o primeiro já se tem a experiência do antecessor, que passa muitas coisas. O senhor estava iniciando, desbravando. Quais foram os seus principais desafios?
Eu sabia que a capital do Haiti era Porto Príncipe, porque eu tinha estudado no Colégio Militar. Não sabia muita coisa além disso. Comecei a estudar a história do Haiti. E a história do Haiti é uma série de golpes, contragolpes, presidentes depostos, violência, guerra civil, desde a época da independência. Um país que foi independente muito cedo, em 1804; o segundo país das Américas a ficar independente, com um orgulho enorme de ser a primeira república negra do mundo, mas uma história cravada de situações extremamente críticas. E a minha preocupação é que eu via na televisão... Porque, como a França tinha um contingente na força de intervenção que a ONU mandou antes de chegar a missão de paz... Essa força tinha o Canadá, que entrou com uma companhia de helicópteros, tinha o Chile, que entrou com um efetivo menor que um batalhão, mas eles diziam que era um batalhão, tinha um batalhão francês, que tinha vindo da Martinica e Guadalupe, e tinha o forte, que eram os *marines* americanos. Era uma força de intervenção, não era uma força de paz. E como os franceses estavam lá, no jornal da TV5, todo dia o Haiti era notícia. Para os americanos, não. Você podia ligar na CNN, na Fox, nem sabiam o que estava acontecendo no Haiti. Mas, para a França, era notícia. Então eu assistia ao jornal francês todo dia e ficava vendo as notícias do Haiti: violência, cadáveres pela rua... E a minha sensação era que — "poxa, eu vou chegar lá, eu não tenho tropa, ainda, para atuar". Então a minha intenção era pedir que essa força de intervenção ficasse até que se estruturasse a missão de paz. E cheguei sem conhecer absolutamente nada, fisicamente, do Haiti. Você leva um susto no avião, porque você vem sobrevoando a República Dominicana, bonita, verdinha... de repente, o chão fica cinza, não tem uma árvore. Isso é o Haiti.

Eu não conhecia meu chefe de estado-maior, meu subcomandante ainda não tinha chegado, o chefe da missão não tinha chegado. Então, é um susto que você leva, não saber exatamente o que vai acontecer. Na primeira conversa que tive com o general Coleman,[4] que era o general *marine* que estava lá, comandando essa força *intérimaire*, como eles chamavam — quer dizer, interina, provisória —, eu disse para ele: "Tem possibilidade de vocês ficarem até eu ter um efetivo parecido com o de vocês?". Eles tinham 3.700 militares. Ele respondeu: "General, no dia 30 de junho decola o último avião C-130. Eu não deixo ninguém aqui. Estou alertando o senhor. A única coisa que vai ficar, porque é um acordo anterior, até que os pilotos troquem as informações necessárias, é a companhia de helicópteros canadense, que vai ficar mais um mês. E os chilenos vão ficar lá no Norte, porque irão se incorporar à missão de paz. Americano, ninguém. Vou tirar todo mundo. Porque nós vamos passar um refresco nos Estados Unidos e vamos para o Iraque". Está bem. Não dá nem para discutir.

Eu cheguei no dia 29 de maio. Dia 30 de maio teve uma solenidade de passagem da autoridade sobre a área. Isso significava o seguinte: o general Coleman não podia fazer mais nenhuma operação sem que fosse do meu conhecimento. Ele saiu dali para embarcar e... tchau! A partir dali eu passei a acompanhar todas as operações dos americanos. E comecei a fazer as patrulhas com eles, principalmente dentro de Cité Soleil, e também comecei a me assustar com a miséria. A gente acha que já viu tudo de miséria no Brasil. Eu já tinha andado muito no Brasil, mas a miséria haitiana é algo de que a gente não tem ideia. É uma coisa assim... chocante. Chega a ser deprimente. E o americano é extremamente competente, mas ele não tem aquela sensibilidade do brasileiro. Então, com eles, é... fogo e movimento. Nas patrulhas,

---

4 Ronald S. Coleman foi um general de brigada (*brigade general*) americano que comandou a Força-Tarefa Combinada no Haiti de fevereiro a junho de 2004, em suporte à Operation Secure Tomorrow, que precedeu a Minustah. Fonte: <https://web.archive.org/web/20040627062734/http://www.defendamerica.mil/profiles/jun2004/pr061504b.html>. Acesso em: jan. 2018.

eles botavam aqueles helicópteros, os Black Hawks, com um baita de um farol. E a favela era uma escuridão! O que saía de cara correndo, parecia que era ratazana, sumia todo mundo. Acompanhei várias patrulhas com eles. Aí eu fui conhecendo, e esperando chegar o meu pessoal. Então, esse foi o meu primeiro grande desafio. Eu não tinha efetivo para substituir a força interina. Eu fui ter 2.555 na época do jogo do Brasil, 18 de agosto. Estava longe, ainda, do efetivo dessa força de intervenção. E não sabia quem ia chegar. Eu não tinha noção nenhuma.

O senhor pôde escolher alguns assessores?
Eu levei os meus dois assistentes. Um deles, que hoje é um oficial que eu acho que poucos são mais brilhantes do que ele, que é o almirante Carlos Chagas, comandante do Centro de Instrução da Marinha. Meu outro assistente foi general de divisão, o Soares, excepcional: forças especiais, tinha sido meu cadete, e eu adoro ele até hoje. O Carlos Chagas falava francês muito bem e falava inglês como a gente fala português; falava também castelhano. Quando eu vi a desenvoltura dele, falei: "Eu não posso perder esse cara". O meu chefe de estado-maior eu não conhecia, era um canadense. O pessoal da brigada, os brasileiros, a maioria eu conhecia. Inclusive porque a maioria era paraquedista, a gente já tinha se cruzado em alguma época da vida; então o estado--maior da tropa brasileira eu conhecia. Não conhecia o comandante do batalhão que foi para lá. E os contingentes estrangeiros, eu não sabia exatamente quais eram. Eu só tinha certeza de que o contingente argentino iria, o peruano iria e o uruguaio também. E o chileno já estava lá. Mas daí para frente, os contingentes chegavam assim: o oficial de operações, que era um tenente-coronel japonês, ligava lá da ONU e falava com meu chefe de estado-maior: "Vai o contingente do Nepal". "Quantos caras são? Qual é a experiência dos caras?" Recebi Nepal, Sri Lanka, Jordânia, Filipinas...

Eu tive que fazer um planejamento inicial guardando lugar para colocar esses caras. Por exemplo, a primeira área dos chilenos era gigantesca. Recebemos um contingente espanhol e um marroquino, cujos países tinham contenciosos, e chegaram juntos, no mesmo navio, no local onde Cristóvão Colombo chegou. Eu coloquei eles lá no Norte, do lado dos chilenos. Dividi a área dos chilenos. A mesma coisa com os argentinos. Era enorme, praticamente toda a parte central do Haiti. O Haiti é um país pequeno, mas os efetivos também eram muito pequenos. Aí botei o argentino do lado esquerdo e botei o Nepal no centro oriental do Haiti. Os peruanos eu botei lá no Sul, em Jacmel, como minha reserva. Os uruguaios, lá na ponta, numa península. E em Porto Príncipe ficou o Brasil. O contingente jordaniano, inicialmente eu ia colocar numa região mais remota, mas o meu chefe de estado--maior falou: "Não, os jordanianos, o senhor coloca dentro de Porto Príncipe, porque esses caras têm experiência de guerra urbana". Mas o jordaniano, de todos os contingentes, era o menos habilitado para uma missão desse tipo. Custou para engrenar.

Porque era muito violento ou porque não tinha preparo?
Porque eles não tinham cacoete, assim, de soldados. E para mim foi um susto, porque eu os coloquei numa área muito difícil, e depois me arrependi. Depois acabaram se acertando. Mas, no início, foi duro. Foi difícil.

A maior parte do contingente brasileiro, o senhor falou que, no primeiro momento, era de paraquedistas?
Não, o estado-maior da brigada. Porque na época era uma brigada, depois virou batalhão. Na época era uma brigada, o comandante era o João Salvador. E ele escolheu o estado-maior dele, foram fazer reconhecimentos lá e a maioria era de oficiais paraquedistas. Agora, o batalhão não. O batalhão era do Rio Grande do Sul. Era um batalhão que vinha sendo preparado para missão de paz e acabou não indo para o Timor-Leste. Teve uma outra missão, que acho que foi de desminagem, na América Central, mas também não foi.

Nós entrevistamos um oficial que disse que era o batalhão "Plunct, Plact, Zum, não vai a lugar nenhum". Era o batalhão Porcina, que foi sem nunca ter ido. Tinha vários apelidos. E ele acabou indo, finalmente. O batismo dele foi lá.

E, também, eles ajudaram o senhor a comandar uma força multinacional. Naturalmente, a gente tem aquela sensação que "poxa, por que esses caras vão devotar o respeito a um general estrangeiro?". Mas isso é uma coisa absolutamente... Parece que é algo que está acima de qualquer conceito, que é a disciplina militar prestante. É impressionante como é absolutamente universal. Eu não tive, durante um ano e três meses, nenhum problema com relação a cumprimento de ordem, nada! A maioria deles eram países que estavam acostumados a participar de missões da ONU, então estavam acostumados a esse convívio com os estrangeiros. O meu estado-maior era multinacional, acho que eu cheguei a ter 30 países no meu estado-maior, muito mais do que os contingentes — que cheguei a ter 14. Os países se voluntariam para o estado-maior, e como a ONU tem uma carência enorme de países participantes, eles são aceitos. Então, o meu estado-maior era completamente híbrido. Isso é um problema, porque, teoricamente, o idioma da missão era o francês, mas na prática, como o chefe do estado--maior era canadense, inglês. Ele, às vezes, vinha despachar comigo, começava a ensaiar falar em francês, eu falava: "MacLeod [coronel Barry MacLeod, do Canadá], vamos voltar para o inglês. Porque meu inglês é ruim, mas é bem melhor do que teu francês" [risos]. E eu não tinha, assim, um contato cerrado com o estado-maior. Era o chefe do estado-maior que tinha esse contato cerrado. Eu tinha uma reunião semanal, acertava os ponteiros ali, mas eu não tinha tempo para ficar cuidando do estado-maior. Para isso eu tinha o chefe do estado-maior. E o MacLeod empregava muito os oficiais que falavam inglês. Tinha oficiais brilhantes, inclusive brasileiros, que, por não serem fluentes em inglês, foram ficando à margem, nos trabalhos diários. Aí eu recebi o meu subcomandante. Chegou lá, tinha dois meses, mais ou menos, de

26 • MISSÃO HAITI

missão. Um argentino excepcional, general Lugani [Eduardo Lugani, da Argentina]. Era um cara muito duro. E ele apertou muito o chefe do estado-maior para botar todo mundo para trabalhar.

O senhor mencionou o jogo de futebol, em 18 de agosto, entre as seleções do Brasil e Haiti.
Foi extremamente badalado.

Como foi a organização?
Eu garanto que uma boa parte dos meus cabelos brancos foi por conta desse jogo de futebol. Não tenham dúvida. Quando eu recebi a notícia de que o presidente Luiz Inácio tinha entrado em entendimentos com a ONU, com o Haiti e com a CBF para, como incentivo à pacificação do Haiti, levar a seleção brasileira para jogar em Porto Príncipe, eu tomei um susto. Primeiro, que a situação de segurança era ainda bastante arriscada para colocar a seleção brasileira lá. A única coisa de que eu tinha noção era o fanatismo de 90% dos haitianos pela seleção brasileira — os outros 10% ficavam com a seleção argentina. Isso eu já tinha noção, porque eu já tinha passado por datas de jogos de seleção brasileira, e o Haiti parava. Não era difícil de parar, porque 80% não trabalhavam. Mas paravam literalmente. Enchiam a cara de rum e comemoravam a vitória do Brasil com muito mais entusiasmo do que nós. Na época, o Brasil tinha acabado de ser campeão do mundo, recitavam a escalação da seleção brasileira tranquilamente. Sabiam tudo dos jogadores brasileiros.

Quando eu soube disso, falei: "Poxa, mas com que condições?". Isso foi anunciado eu acho que em final de junho. O jogo seria em agosto. O estádio de Porto Príncipe era um estádio sólido, em termos de construção; foi bem construído, mas ele estava completamente... não vou dizer destruído, mas com conservação zero. O campo tinha virado um campo de *cross* de motocicleta, para alguns poucos que tinham motocicleta lá. Os vestiários, destruídos. O estádio não tinha a menor condição de receber qualquer jogo! Aí eu mandei dizer à ONU que era totalmente contra o jogo, que eu achava aquilo uma temeridade, do ponto de vista de segurança, e porque não havia tempo de preparar o estádio. Pela minha ligação com o esporte — eu tinha sido comandante do Centro de Capacitação Física do Exército —, eu sabia as exigências da Fifa para que um jogo fosse realizado. Mas aí recebi ordem: "Olha, o jogo vai acontecer. Já foi conversado com o primeiro-ministro, ele achou maravilhoso, os haitianos adoram a seleção brasileira, isso vai ser um ponto diferencial, vai ser um ponto de inflexão". Tudo bem. Quando eu estou nesse impasse sem solução, me liga o embaixador de Taiwan no Haiti. Eu recebi com muito receio a ligação dele, porque Taiwan é, até hoje, uma palavra proibida na ONU, por conta da China, que é do Conselho de Segurança e até hoje não reconhece Taiwan. E Taiwan tinha uma série de obras feitas no Haiti. A única universidade, que acabou sendo o primeiro local que foi ocupado pela brigada brasileira, havia sido construída por Taiwan. A única estrada asfaltada e sinalizada do Haiti, lá na área do Uruguai, tinha sido construída por Taiwan. Então, Taiwan tinha várias obras assim, que eram surpreendentes — para o que existia no Haiti — pela qualidade. Então me ligou o embaixador. "General, eu soube que vai ter o jogo da seleção brasileira aqui." Eu disse: "Olha, embaixador, eu recebi essa ordem e estou estudando quais são as possibilidades. Por enquanto vou continuar a me colocar contra a realização desse jogo. Eu acho muito difícil que a gente tenha condições. Se empurrar um pouco mais para frente, eu acho que pode acontecer. Agora, eu considero praticamente impossível". Aí ele perguntou assim: "O senhor quer fazer o jogo?". Falei: "Não. Eu recebi ordem para fazer o jogo, então eu não tenho mais o que querer, eu tenho uma ordem para ser cumprida. Não sei se eu vou conseguir cumprir". E ele: "Então, o senhor quer fazer o jogo". Falei: "Se puder ser feito, quero, sim". Ele disse: "Então, eu vou lhe ajudar. Vamos jantar, amanhã, num restaurante chinês?". "Vamos", respondi.

Aí levei o Carlos Chagas, fomos jantar com o embaixador. Ele falou para a gente: "Olha. Eu posso ajudar vocês, posso recuperar o estádio. Eu lhe entrego o estádio pronto no dia 15. O senhor vai precisar de

28 • MISSÃO HAITI

luz?'". Eu falei: "Não faço esse jogo à noite! Eu deixo a missão, mas não faço. Vai ter que ser de dia". "E o senhor precisa de som no estádio?" Eu falei: "Não. Nada de muita preocupação com som. O som é só para anunciar as equipes. Nada de muito sofisticado, não". "O senhor precisa reconstruir o estádio, a tribuna de honra, o vestiário, o campo?" Eu falei: "Bom. O campo, eu não tenho a menor ideia como é que vão fazer". "Eu faço a terraplenagem. E o senhor consegue com a Fifa um gramado." Tinha de ser gramado artificial. Era impossível plantar um gramado. "Então, vamos fazer o seguinte. Eu já conversei com o primeiro-ministro e já disse a ele que nós vamos fazer uma reunião segunda-feira, no estádio. Eu quero que o senhor esteja presente, e nós vamos anunciar a recuperação do estádio. Eu não vou anunciar que é Taiwan — para todos os efeitos é o governo do Haiti que vai recuperar. Vou trazer três engenheiros de Taiwan que vão se responsabilizar pela obra, vou empregar 500 haitianos, e nós vamos recuperar o estádio."

Aquilo passou a ser a *minha* obra. Eu ia lá quase que diariamente. Saía das operações, passava lá no estádio, para ver como é que o troço estava. Eu, sinceramente, não acreditava. Eu olhava aquele estádio, tudo arrebentado... Mas, no dia 15 de agosto, ele entregou o estádio.

E qual era o interesse de Taiwan em recuperar o estádio?
Eu já tinha vivido essa situação de países que não eram reconhecidos no mundo e acabam virando amigos de países que sofrem uma certa discriminação, seja pela situação política... Quando morei no Paraguai, fui assessor de educação física, na época do então presidente Stroessner. E o Paraguai tinha pouquíssimos amigos. Um dos amigos do Paraguai era Taiwan. Outro era a África do Sul, porque na época tinha o *apartheid*, então pouca gente tinha relações diplomáticas com a África do Sul. O Paraguai tinha. E Taiwan, a mesma coisa. Então, o que Taiwan buscava era se tornar um país amigo de países que, na hora de votar alguma coisa na ONU, fatalmente iam se sentir comprometidos com Taiwan. Então, era uma jogada de política internacional bastante inteligente. Sem fazer alarde, criavam um vínculo de amizade com

países que, mais cedo ou mais tarde, poderiam ajudá-los em qualquer coisa que fosse votada na ONU.

Mas e o jogo em si, como foi?

Aí, o grande problema. Primeira ordem que veio do Brasil, além de fazer o jogo: não vender ingressos. Muito bem. O estádio, a capacidade dele era de 13 mil pessoas. Ele arrumado já, recuperado. Aí eu falei: "Não. Treze mil vai ficar um negócio superlotado. Eu quero 11 mil pessoas. Vou testar essas arquibancadas antes, vou botar a tropa lá, pulando, na arquibancada". O estádio tinha cara de sólido. Era bem construído. Mas eu disse: "Olha, eu vou testar as arquibancadas e vamos fazer para 11 mil pessoas. O resto vai ser ingresso para político, para governo, para a ONU, para não sei o quê". Aí veio a ordem para não vender ingresso. Tudo bem. Dois dias depois, o governo brasileiro resolveu adotar a ideia do Ronaldo, o Fenômeno, de doar os ingressos. O Brasil não queria que vendesse ingresso. Eu até achei bacana. E pensei: "bom, eu vou pegar as escolas haitianas", porque ainda que a educação no Haiti, na época, fosse muito precária, o haitiano médio tinha uma preocupação enorme de mandar os filhos para a escola. E é um espetáculo lindíssimo ver as crianças indo para a escola. Os uniformes são sensacionais, são coloridos, de bom gosto. É muito legal ver a garotada indo para o colégio. As mães fazem uns penduricalhos no cabelo de todas as meninas. Aula era detalhe. Nem tinha. Interessava era ir para a escola. Eu falei: "Vou aproveitar isso aí, que é uma grande propaganda para o Haiti, e vou distribuir os ingressos nas escolas. Entrego para as diretoras, faço uma reunião lá com os pais, e exijo que os pais só entrem com dois ingressos, acompanhados do filho uniformizado". Achei que tinha sido uma ideia genial.

Aí levei isso para a reunião da Fifa com a Federação Haitiana de Futebol, com o pessoal da CBF. Cheguei lá com essa grande ideia, e com a ordem do governo brasileiro de não vender ingresso. O primeiro-ministro não estava lá, mas tinha gente dele nessa reunião. Aí eu falei: "Tem uma novidade aí. O governo brasileiro determinou que

30 • MISSÃO HAITI

não fosse vendido ingresso do jogo, que fosse doado". Rapaz! Foi como se eu tivesse anunciado que não ia ter jogo. Dois minutos depois — o tempo não foi maior do que esse —, eu já estava recebendo uma ligação do primeiro-ministro. "*Mon général, ce n'est pas possible. Les haïtiens sont fanatiques pour football. On ne peut pas faire ça*".[5] Aí eu argumentei: "Mas, ministro, nós vamos doar os ingressos. O estádio vai ficar superlotado com a garotada". Ele disse: "Não, não faça isso". Eu disse: "Ministro, se a gente vender ingresso, vai tudo para o câmbio negro". Aí ele, que era um cara vivido *pra burro*, tinha 20 anos como funcionário da ONU, falou: "General, câmbio negro tem na *Opéra* de Paris, na Broadway, em Londres. Câmbio negro faz parte. Se o cara quiser comprar para vender no câmbio negro, o problema é dele. Mas eu posso lhe garantir que 90% dos haitianos...". Eu disse para ele: "Mas, ministro, como é que os haitianos vão ter dinheiro para comprar?". "Pela seleção brasileira, *nego* vende o carro, vende a mulher, vende o que for para ir para o jogo. Então, o senhor não se preocupe com isso. Posso lhe garantir que 90% não vão vender o ingresso, vão usar o ingresso." Eu disse: "Está bom. Eu vou pensar".

Voltei para a mesa. Já estava sendo atacado pelos haitianos da Federação Haitiana, o pessoal da CBF meio... Falei: "Olha. Nós vamos pensar no assunto". Aí me reuni com os brasileiros, cheguei à conclusão: primeiro, a ideia do Ronaldo é completamente maluca. O Ronaldo deu a ideia de, ao invés de doar indiscriminadamente, trocar por armas! Eu falei: "Essa aí está fora de cogitação, porque eu vou criar, em algum local do Haiti, uma reunião de bandidos, vou prestigiar os bandidos, eles nos vão fazer de otários, vão nos entregar a arma que eles não usam, velha, que está lá debaixo da terra, vão desenterrar, entregar para a gente, trocar por um ingresso, e eu vou ter um estádio cheio de bandido. Quem vai fazer a segurança disso, sou eu? Estou fora! Isso não vai acontecer". Então vamos vender. Aí reuni a polícia do Haiti,

---

5 "Meu general, isso não é possível. Os haitianos são fanáticos por futebol. Nós não podemos fazer isso."

falei: "Vocês vão controlar a venda de ingressos. Vai ser complicado, porque tem 2 milhões e 500 mil haitianos em Porto Príncipe, 1 milhão e 500 em condições de ir ao jogo, que são fanáticos e vão querer ir ao jogo". Aí eu chamei o Floriano Peixoto,[6] que era o oficial de operações da brigada brasileira, falei: "Mantém uma companhia de prontidão, porque esse troço não vai dar certo, vai dar rolo". Os caras não respeitavam a polícia haitiana. A polícia haitiana vinha de uma série de brigalhadas com a população. Não era uma polícia respeitada. Estava em formação. Não deu outra. Uma confusão, rapaz! O pau cantando, entrou a tropa brasileira, conseguiu organizar e vendeu os ingressos. Só que 11 mil, com 1 milhão e meio querendo ver o jogo, eu fiquei imaginando: "como é que vai fazer isso?". Aí a CBF me prometeu que instalava 10 telões em Porto Príncipe. Eu ainda disse: "problema de energia". "Não. A gente consegue trazer os telões." Sabe quantos telões teve? Zero. Fui avisado, três dias antes, que não ia ter telão.

Dia do jogo. Fizemos um ensaio, na véspera, do comboio. Aí chegam de avião, no mesmo dia, o presidente da República do Brasil e o presidente do Uruguai. Mais um problemaço, porque o presidente brasileiro chega, é guarda de honra, leva para a casa do embaixador... Eu voltei para receber a seleção. Parou o avião da seleção brasileira. Tudo organizado. Eu estava com uma companhia de fuzileiros navais no aeroporto, um bom efetivo da Polícia Nacional do Haiti, os urutus[7] para levar os jogadores em posição, bonitinhos, e o pessoal do aeroporto, os funcionários, tudo *brifado* direitinho.

Aí o Ronaldo aparece na escada do avião. Tudo que tinha sido planejado acabou naquele momento. Tudo! A partir dali os funcionários do aeroporto entraram em êxtase, até os nossos fuzileiros navais acabaram entrando nessa pilha de pedir autógrafo. Os policiais haitianos abandonaram os seus postos e subiam nos carros, para tocar

---

[6] General de divisão Floriano Peixoto Vieira Neto, então chefe da Seção de Operações da brigada brasileira na Minustah.

[7] Urutu é um veículo blindado de fabricação nacional, lançado em 1970, para transporte de pessoal.

32 • MISSÃO HAITI

nos jogadores brasileiros. Eu tive de arrancar gente de cima dos carros, para deixar que o comboio se deslocasse. O carro em movimento, a 20 quilômetros por hora, os caras subiam, batiam no *Ronaldô*, eu falei: se um cara desses aí escorrega, o carro passa em cima do cara, acabou o jogo da paz.

Aí entra o fator sorte. Graças a Deus não aconteceu nada. Além do pessoal parado, era uma multidão correndo e acompanhando o comboio. A distância do aeroporto até o estádio era coisa assim de uns 12, 13 quilômetros. Teve gente que eu via o tempo todo correndo. E quando eu vi aquela multidão correndo, eu pensei: "esses caras vão invadir o estádio, eles não vão resistir à vontade de ver o jogo. Eles vão arrebentar o portão e vão entrar". Liguei para o Floriano Peixoto e falei: "Floriano, você sabe a largura do urutu? Você vai fazer o seguinte: você vai botar dois caminhões, um de frente para o outro, e vai deixar entre os caminhões o espaço para o urutu passar ali. O portão do estádio aberto, os urutus entram, e fecha o portão com corrente, cadeado, gente na porta. Esses caras não podem entrar no estádio".

Deu certo. Não entraram no estádio. Eu suei, cheguei molhado de suor como se eu tivesse corrido os 13 quilômetros. Nesse dia, em Porto Príncipe, devia estar 42, 43 graus. Aí entrei no estádio, fui para o vestiário, achando que os jogadores iam estar apavorados, porque eu fiquei apavorado. Os caras estavam completamente tranquilos. Eles tinham vivência desse tipo de coisa. Eles tinham sido campeões do mundo, tinham percorrido o Brasil inteiro em carro de bombeiros, eles já tinham assistido a essa cena muitas vezes, esse fanatismo, o cara querendo tocar neles. E o Parreira[8] estava fazendo a preleção de antes do jogo e dizendo que achou sensacional, que tinha sido uma das coisas mais emocionantes da vida dele. O Parreira, nesse momento, disse para eles: "Eu não quero facilitar o jogo. O jogo é amistoso, mas é para levar a sério. É a seleção brasileira. Vocês são campeões do mundo. O respeito ao adversário é jogar sério. Não quero balãozinho, não

---

[8] Carlos Alberto Gomes Parreira, então treinador da seleção brasileira de futebol.

quero bola debaixo das pernas, não quero nada disso". O único lance que teve, assim espetacular, foi o gol do Ronaldinho. Mas o restante foi jogando sério. Tanto que o jogo foi 6 a 0.

Os haitianos torciam para quem?

É aquela coisa: é impossível o cara torcer contra o seu país. Mas, também, cada gol da seleção era aplaudido. E eu assisti ao jogo pensando o tempo todo na volta. Falei: "Outra volta daquelas, eu vou ter um infarto, com aqueles caras subindo e descendo do carro, e agora, *pau da vida* com a derrota... Daqui a pouco eles jogam um troço no jogador". Não tinha ninguém na rua, na volta. Ninguém. Saímos do estádio; a rua estava completamente vazia. Fomos até o aeroporto sem nada na rua. Zero. A derrota amansou. Foi todo mundo para casa.

Mas o jogo foi um grande evento de mídia, de relações públicas. Atingiu o objetivo?

Não, claro que não. Quer dizer, o fato de o jogo ter acontecido foi muito bom. Para quem não estava vivendo, o jogo, para o Haiti, foi um negócio sensacional. Eu acho que talvez tenha sido a única grande festa do povo haitiano em dois séculos. Porque aquilo, para eles, foi um evento inimaginável. Receber a seleção brasileira para jogar num estádio haitiano, ter aquela montoeira de gente na rua — em paz, sem dar tiro um no outro, sem correria. Foi uma coisa absolutamente inédita para eles, era uma coisa fantástica para o povo haitiano.

Mas, para a missão, não acrescentou nada. Logo depois do jogo, a violência nas ruas voltou. E ainda com um adendo, também interessante. A imprensa haitiana começou a dizer que o Brasil era bom de jogar bola e dançar samba, mas que nós não éramos a tropa de que precisavam para melhorar a situação de insegurança. Porque o objetivo da força militar era o ambiente seguro e estável. Eles queriam um ambiente de Vaticano no Haiti, e ficavam *pau da vida* quando eu dizia que Porto Príncipe era mais seguro que o Rio de Janeiro. Eu tinha certeza de que Porto Príncipe, com todos os percalços, era mais seguro que o Rio de Janeiro. Isso em 2004. Hoje, eu não tenho dúvida de que é muito mais seguro. Porque eu tinha patrulhamento ostensivo na rua o tempo todo. Acontecia problema? Acontecia. Muito sequestro, de vez em quando um cara dava um tiro na rua, era um corre-corre danado; volta e meia um policial da Polícia Nacional do Haiti tinha uma desavença pessoal e resolvia matar o cara na rua. Isso acontecia. Mas de maneira geral, para a situação que o Haiti vivia, era perfeitamente aceitável. Só que, como tinha uma tropa estrangeira com o objetivo de dar um ambiente seguro e estável, não tinha qualquer concessão, não tinha tolerância. Eles queriam uma segurança de Vaticano. Então a gente vivia esgrimindo com eles.

Há alguns anos teve um vazamento no WikiLeaks, de que os americanos, no momento que o senhor era comandante, pressionavam...
Para me tirar. Isso é uma bobagem sem tamanho. Eu não sei nem como é que isso foi bater no WikiLeaks. A missão era de um ano, e a gente, na área militar, sempre respeitou muito a duração de missão no exterior. É uma missão nobre, é uma missão em que você é escolhido, que tem vários outros que gostariam de estar no seu lugar, e a gente sempre respeitou muito essa missão. As missões no exterior nossas são assim meio sagradas, em termos de tempo. Então, quando estava aproximando um ano da missão, eu disse: "Olha, vai completar um ano. É bom já pensar alguém para me substituir". Empurraram, empurraram... Com um ano e três meses resolveram me tirar, resolveram providenciar um substituto. Eu, por sorte, tenho o documento do Kofi Annan pedindo a minha permanência. Ele custou a aceitar minha saída.

O senhor era também criticado.
Claro. Eu era muito pressionado pelo embaixador americano, pelo embaixador francês, pelo embaixador canadense, porque, na concepção deles, eu tinha de usar um pouco mais de violência. Eles queriam operações mais robustas, para intimidar mais as gangues. Só que as gangues eram absolutamente difusas, atuavam dentro

das comunidades — comunidades paupérrimas, criança *pra burro* na rua, eles usavam as crianças como escudo... O primeiro contingente brasileiro, por exemplo, foi preparado para a missão de paz do século XX, um "deixa disso": entrava a tropa da ONU, de capacete azul, carro branco, os contendores sentavam numa mesa, negociavam e, a partir dali, aqueles soldados da paz eram observadores, estavam ali para zelar para que aquele acordo fosse cumprido. No Haiti, não teve acordo, porque... acordo de quem com quem? Gangue com gangue? Não tinha acordo. Não tinha forças antagônicas. Tinha os ex-militares, que a ONU achava que eram o principal problema do Haiti, mas não eram. Os ex-militares foram neutralizados com seis meses de missão. Mas tinha as gangues dentro das comunidades, favelas — agora não é politicamente correto chamar assim —, mas favelas gigantescas, como Cité Soleil, com 300 mil habitantes, e Bel Air, que devia ter uns 90 mil. Se você entrasse ali com a tal robustez... Eu recebi aconselhamentos do então *military advisor* do DPKO de que devia atirar de morteiro na favela. Eu tive de discutir com ele, que aquilo eu não ia fazer, que eu ia ser colocado num tribunal penal internacional se eu atirasse de morteiro numa favela.

O senhor mencionou a violência e disse que se sentia mais seguro lá do que no Rio. Os militares já tinham tido experiência anterior de ações de segurança?
Não. O primeiro contingente, pelo fato de ser do Rio Grande do Sul, um dos grandes impactos no soldado, no sargento... O tenente tinha mais vivência e muitos não eram gaúchos, mas o pessoal gaúcho do batalhão se assustou com a miséria. E é o tal negócio: você fazer uma ação de força contra um povo que não é o seu... O seu, tem o trauma de você estar atuando contra... Que é o caso aqui. Você atuar contra a sua população é um negócio terrível, é um drama para quem está atuando. Você está atuando contra brasileiros. Você se sente numa situação constrangedora. Mas você viver o papel de força de paz e atirar contra uma população completamente indefesa, num país

36 • MISSÃO HAITI

miserável, numa situação de pobreza extrema... É preciso você ser muito insensível para fazer aquilo ali de uma forma natural. Você tem que vencer todas as suas defesas para fazer aquilo. E tinha que fazer. Mas operações robustas, só quando você tinha certeza do resultado e quando aquilo era largamente anunciado: "Olha, eu vou atirar, porque não dá mais para aguentar o que vocês estão fazendo!". Então, a gente tinha muito cuidado para não fazer com que uma missão de paz se transformasse numa missão de guerra, em que você passasse a ser odiado pela população. Porque, afinal de contas, quem você estava... não vou dizer atacando — mas atuando contra — eram compatriotas daquela população que estava ali. Então, era uma coisa muito delicada.

O senhor falou numa entrevista que tinha uma preocupação em diferenciar o que eram as tropas da ONU do que eram as forças de intervenção.
Claro. Toda vez que eu era pressionado, eu dizia: "Olha, vocês têm que entender que nós estamos numa missão *de paz*". Ainda acrescentava: "Aqui, há vários contingentes sul-americanos que estão saindo de uma situação difícil. A maior parte desses contingentes foi de países que, para não serem tomados pelo comunismo, enfrentaram lutas internas, luta armada. E que isso, até hoje, é cobrado. E que há um cuidado muito grande de isso não ser deturpado e acharem que nós estamos aqui em guerra. Não é. Isso aqui é uma operação de paz. Então, enquanto nós pudermos conduzir para um ambiente seguro e estável, mas poupando as perdas inúteis, perdas desnecessárias, nós vamos poupar. A agenda de operações é minha. Não adianta me pressionar para fazer um ataque em Cité Soleil, se eu não achar que chegou a hora. A agenda de operações é minha. Eu não vou ceder a pressões. Eu vou fazer quando eu tiver condições, informações de inteligência, condições operacionais, para ter sucesso na operação e não causar baixas desnecessárias".

O senhor acha que àquela época eles já queriam que se fizesse no Haiti o que depois foi proposto, a partir de 2013: uma dessas operações com brigadas de intervenção, com um uso maior da força?

Não. O que aconteceu foi que... Por exemplo, Bel Air foi o primeiro local que foi pacificado, ainda no meu comando. Bel Air tinha características especiais. Tinha sido um bairro de classe média que foi favelizado. Bel Air é uma pequena elevação. Nós entrávamos e saíamos de Bel Air, exatamente por essa falta de experiência. Entrava, patrulhava, fazia cerco, vasculhamento de uma determinada área e saía. Trocavam tiro. Tinha tiroteio dentro de Bel Air, tropa brasileira contra gangue, de dois em dois dias, no mínimo, quando não era diário. Aí as gangues espalhavam: "Está vendo como esses caras têm medo da gente? Atiram e vão embora". O primeiro contingente era sempre essa gangorra. Melhorava a situação, daqui a pouco piorava.

Aí o general Vilela [general de exército João Carlos Vilela Morgero], já no segundo contingente, veio para mim e falou: "Heleno, vamos colocar uma companhia dentro de Bel Air?". Eu falei: "Rapaz, não tem onde colocar". Bel Air era uma favela. Não é uma elevação igual ao Rio de Janeiro, mas era uma pequena elevação. Ele disse: "Na parte mais alta dá para colocar uma companhia, onde ficam os restos de uma companhia de transmissões haitiana. O quartel está lá ainda, muito destruído, mas dá para recuperar". Eu falei: "Mas você não vai gastar dinheiro com aquilo?". "Não, não precisa gastar muito dinheiro. A gente dá uma recuperada. Eu tenho um capitão que já é voluntário para ir para lá, a gente dá as condições para os soldados ficarem lá, e a gente coloca essa companhia permanentemente lá." Eu falei: "Está bem. Você é o dono da operação aqui, pode fazer". Ele instalou uma companhia lá e mudou totalmente a feição. Foi a precursora das UPPs. As UPPs foram baseadas nessa experiência do Haiti.

38 • MISSÃO HAITI

O senhor vê uma ligação entre...

Total! A ligação é evidente. Porque o Viva Rio[9] esteve lá, viu, aí levou o então comandante da Polícia Militar lá pra ver. Na época, era o coronel Ubiratan.[10] Já tinha havido a mudança completa da nossa ascendência operacional dentro de Bel Air, porque aí começou a estar lá dentro o tempo todo. Então acabou aquele negócio de dizer que entra e sai, começamos a atuar de cima para baixo, então era muito mais vantajoso. Quando a gente chegava de baixo para cima, tomava tiro *pra caramba*, botavam montanhas de lixo na rua para os carros não passarem. Então, com a gente lá dentro, acabou isso aí. E a população começou a acreditar que nós íamos pacificar Bel Air, começou a trazer informações para a gente. Batiam, às vezes, na porta de madrugada, para passar informações. Nós colocamos dois postos de saúde funcionando 24 horas. E os médicos foram orientados, porque quem procura tratamento de saúde está fragilizado, então é ótimo informante, porque você cria o vínculo imediato de dependência. Pelo fato de você estar doente, você chega ao médico, você está sempre fragilizado. Se o médico souber fazer uso para o bem dessa fragilidade, ele colhe informações.

Então, o primeiro lugar que foi pacificado foi Bel Air. E aconteceu uma migração do crime e dos criminosos para Cité Soleil, que era uma favela gigantesca. Plana, mas muito mais miserável e muito mais difícil de se atuar, porque eram becos, vielas, tinha lugar em que o carro não passava. Nós tínhamos colocado os jordanianos lá, confiando que a coisa ia melhorar, e só piorou.

O ponto de inflexão foi a pacificação de Cité Soleil. Aí, realmente, as operações passaram a ficar mais robustas. E também teve êxito. Antes disso, nós tivemos uma fase em Cité Militaire, que é uma área que

---

[9] ONG brasileira fundada em 1993 com sede no Rio de Janeiro de caráter humanitário, dedicada à promoção de uma cultura de paz e ao desenvolvimento social.

[10] Coronel Ubiratan Angelo, da Polícia Militar, cujo cargo no Haiti, na época, era o de coordenador de segurança humana do Viva Rio e vice-diretor do Viva Rio. Fonte: <www.ccopab.eb.mil.br/phocadownload/revista-igarape-minustah/Participao%20do%20Brasil%20na%20MINUSTA-2004-2017-BR.pdf>. Acesso em: jan. 2018.

fica entre o centro da cidade e uma parte de Cité Soleil. Cité Militaire tinha umas poucas indústrias, entre aspas, haitianas. Virou área de sequestro. Sequestravam todo mundo. Quem ganhava 10 mil-réis era sequestrado. Foi uma atuação difícil também. O terceiro e o quarto contingentes viveram esse problema. As coisas foram evoluindo, e nós fomos empurrando a bandidagem para dentro de Cité Soleil, que era gigantesca, então era mais difícil de atuar.

Quando se fala do fato de o Brasil ter enviado um contingente, falam-se basicamente duas coisas. Uma, de projeção de poder, de se tentar ter um assento no Conselho de Segurança da ONU etc. E outra, também, de que para os militares é bom ter uma experiência prática de atuação que não seja só uma manobra. Como o senhor avalia essas duas justificativas?

Uma justificativa política, e não resta dúvida de que interessava ao Brasil aparecer no âmbito das Nações Unidas como um país capaz de enviar o maior contingente para uma missão de paz, para um país que estava na sua quinta missão da ONU e onde as outras não tiveram sucesso. Quer dizer, não é dizer que as missões fracassaram. Elas receberam missões, acharam que aquele tipo de atividade ia mudar o panorama do Haiti, e não modificou. Então, daqui a pouco tinha outra. E esse era um fato marcante na vida haitiana. Era mais uma missão, para tentar transformar o Haiti num país viável, relativamente organizado. Portanto, chefiar uma missão no Haiti era um desafio considerável. Enviar o maior contingente era uma prova de confiança no Brasil. Quer dizer, o Brasil estava assumindo a responsabilidade de atuar na área mais complicada e enviar um contingente bastante expressivo para o Haiti. A outra variável que você colocou aí é uma variável militar operacional. Nós tínhamos participado de muitas missões de paz, e não sabíamos, não tínhamos noção do que nos esperava no Haiti. Se nós tivéssemos informações suficientes para avaliar como seria a missão do Haiti, provavelmente a missão não teria sido aprovada no Congresso.

40 • MISSÃO HAITI

Por quê? A situação era pior do que se imaginava?

Porque a Constituição brasileira não abre essa oportunidade de o Brasil participar de operações regidas pelo capítulo sete.[11] Eu estou dizendo isso, mas eu não assino embaixo, eu não tenho conhecimento jurídico de até onde se tem amparo legal para bloquear uma operação de capítulo sete. Mas tem meandros constitucionais ali, que meio que brecam o país para uma missão, mas que não é uma missão de manutenção da paz: é uma de imposição da paz. E muda de figura.

Por isso a brincadeira com o capítulo "seis e meio".

Que é uma bobagem sem tamanho. Isso não existe. São artigos da carta da ONU, então não tem missão "seis e meio". Mas, na verdade, isso existe. A imposição da paz é a marca das missões de paz do século XXI. Todas as missões do século XXI, por mudança de características dos contendores que geram a possibilidade de acontecer uma missão de paz, são de imposição da paz. Então é outra situação. Quer dizer, a tropa vai sabendo que vai ter que impor sua vontade para chegar ao objetivo. Nós não sabíamos. Mas a partir do momento em que se caracterizou como uma missão de imposição da paz, do ponto de vista militar, para nós foi sensacional. Nós adestramos a tropa, foi importante que ela fosse adestrada numa missão exigida. Muito mais do que a tropa de soldados — que leva uma experiência sensacional, mas ele vai embora —, os nossos oficiais e sargentos passaram por uma experiência que jamais teriam passado em qualquer treinamento. Eles passaram a se conhecer, a se respeitar, a se autoavaliar. A doutrina de operações de

---

[11] O capítulo VI da Carta das Nações Unidas refere-se à solução pacífica de controvérsias que possam vir a constituir uma ameaça à paz e à segurança internacionais. O capítulo VII, por sua vez, aborda ameaças à paz, ruptura da paz ou atos de agressão, demandando, portanto, medidas a fim de manter ou restabelecer a paz e a segurança internacionais que podem apresentar maior recurso ao uso da força. A Minustah foi estabelecida pelo Conselho de Segurança da ONU com base no capítulo VII, porém a referência a um emprego mais robusto da força e o caráter humanitário da missão entravam em constante tensão. Fonte: <www.un.org/en/charter-united-nations/>. Acesso em: jan. 2018.

Garantia da Lei e da Ordem foi totalmente modificada, aperfeiçoada, consolidada. Hoje, nós temos uma doutrina de operações de Garantia da Lei e da Ordem, graças a tudo que nós vivemos no Haiti. Não existem situações iguais. Agora, estão falando em mandar a tropa brasileira para a República Centro-Africana. Será outra experiência. A história não se repete, mas os ensinamentos podem ser muito bem aproveitados.

O que seria diferente na experiência do Haiti em relação à operação em favelas do Rio ou em outro lugar?
A atuação. Uma das coisas fundamentais em qualquer operação militar... eu vou usar um termo forte aí, porque nada disso que nós estamos conversando aqui caracteriza a existência de um inimigo, mas uma *força adversa*. A força adversa atua de forma completamente diferente. Duas forças adversas, no Haiti, eram flagrantes: os ex-militares e as gangues. Atuações completamente diferentes. Os ex-militares, em grande parte, tinham sido militares haitianos, tinham uma formação militar, atuavam com um comando, com subordinação. O grande objetivo dos ex-militares era ter seus direitos reconhecidos pela ONU, pelo governo haitiano, e participar ativamente do restabelecimento das forças armadas no Haiti. O que tem isso a ver com a gangue, que era criminosa, sequestrava, roubava caminhão? Os objetivos eram totalmente diferentes.

Mas e no caso aqui do Brasil?
No caso do Brasil, é crime organizado. Crime organizado entre aspas. Tem muito lugar que é crime desorganizado, mas que, aos poucos, vai se organizando. Muito bem armado, muito bem equipado. Com uma grande diferença do Haiti: eles *defendem* pontos. No Haiti, eles não defendiam. Se você entrasse pela força numa comunidade haitiana, eles não iam oferecer a resistência que esses caras oferecem aqui por um ponto de venda de droga. Quanto você acha que vale, operacionalmente, um ponto na Rocinha, do lado da Zona Sul, vendendo droga

para rico? No Haiti não tem tráfico de droga dentro da favela. Então o estado de ânimo do bandido é outro. Eles querem é um lugar para se homiziar, para guardar o caminhão que eles roubaram, para guardar o sequestrado que eles roubaram.

São situações que têm alguma semelhança, mas que, quando você espreme, são muito diferentes. E essa adaptação, essa flexibilidade é que você tem que ganhar. E isso você ganha com treinamento, com prática. É muito diferente você sair com munição de festim, essa munição de treinamento, de sair com munição real. Munição real é outra conversa. Dá medo. Eu tive muitas situações de medo intenso no Haiti. Foi uma das coisas que eu descobri, que era uma curiosidade minha: por que o cara andava para frente? Num desembarque como o da Normandia, por exemplo, por que o cara não deitava dentro d'água e ficava ali, esperando a coisa melhorar? Eu tinha vergonha de transparecer para o soldado que estava ali do meu lado que eu estava com medo, e eu era impulsionado na direção do objetivo que eu tinha traçado, muito por essa vergonha. Porque medo, todo mundo tem. Essa sensação é uma sensação que você só tem numa situação real. Pode treinar... A gente faz o nosso treinamento, nós temos um centro de instrução ali na Vila Militar, no Rio. É muito próximo da realidade? É. Mas não tem nada a ver com a realidade. Não vai levar um tiro no peito. Você leva um tiro de *laser*. É *muito* diferente.

Então as diferenças em relação às operações do Rio de Janeiro, do Haiti e essas... Tenho certeza de que as do Congo eram diferentes. O Santos Cruz fez um ataque convencional no Congo, contra aquele M23, um ataque de Segunda Guerra Mundial, que não existia há muito tempo. Resgatou uma barragem de artilharia, que era coisa que não se via há muito tempo. Então, a situação é muito diferente, os cenários são diferentes. Há pontos de semelhança? Há. Mas o importante é você perceber e atuar nas diferenças.

Havia, também, muita presença de ONGs. Como é que o senhor se relacionava com elas?

Eu me relacionava bem. Tive alguns atritos pontuais. Mas aí é o tal negócio. Eu acho que uma das coisas fundamentais numa operação dessa, e principalmente para o comandante, é ter algum grau de flexibilidade. Você não pode ser um cara inflexível, porque a situação é tão mutável, com uma série de variáveis, você tem obrigação de saber que você tem que flexionar. Você não pode dar uma ordem e achar que aquilo vai ser cumprido. Daqui a pouco, vem um cara para você e diz: "Olha, não é bem assim, o negócio está assim, assado. Então, vamos mudar".

Então eu tive alguns atritos. Vou citar dois que foram evidentes. O cara que acabou dando margem a uma grande operação em Cité Soleil, "Dread" Wilmer,[12] que virou um bandido famoso, porque ele era marqueteiro... Ele dizia que estava ferido, aí eu mandava mobilizar os hospitais. Os hospitais eram poucos, o melhor hospital era o da ONU, era um hospital argentino, era tipo 2, nem era tipo 1,[13] mas era muito bem equipado de gente e tinha um material bem melhor que o dos hospitais haitianos. Eu mobilizava hospitais haitianos. Não iam levar o cara para o nosso, iam levar para um hospital haitiano. Eu esperava para ver se o cara chegava lá. Não chegava. Bom, se ele foi ferido gravemente, como a rádio haitiana anunciou... Essa era outra vantagem que a rádio haitiana tinha sobre nós. Eles iam lá para dentro da comunidade, e ninguém atirava nos caras, e eles falavam *créole* e

---

[12] Emmanuel Wilmer, criminoso haitiano conhecido popularmente como Dread Wilmer. Foi morto por forças da Minustah em um ataque armado a Cité Soleil em 6 de julho de 2005.

[13] Hospitais tipo 1 são hospitais especializados que contam com recursos tecnológicos e humanos adequados para o atendimento das urgências/emergências de natureza clínica e cirúrgica nas áreas de pediatria, traumato-ortopedia ou cardiologia. Hospitais tipo 2 são hospitais gerais que dispõem de unidade de urgência/emergência e de recursos tecnológicos e humanos adequados para o atendimento geral de natureza clínica e cirúrgica. Fonte: <http://bvsms.saude.gov.br/bvs/publicacoes/urgencia_emergencia.pdf>. Acesso em: jan. 2019.

44 • MISSÃO HAITI

faziam transmissões em *créole*. Eu tinha gente na nossa comunicação social, intérpretes que ficavam escutando as rádios haitianas, para ter acesso a essas informações que quem não falava *créole* não ouvia. E aí, o cara foi gravemente ferido, vai chegar num hospital nosso. Não chegava. Eu disse: esse cara vai morrer. Daqui a pouco, outra operação, dois, três dias depois, o cara de novo, inteiraço. Isso vai criando na população uma aura de que o cara é um mito. O cara toma tiro, dois dias depois está combatendo? Então, o cara está acima do bem e do mal, o cara é uma entidade divina, ninguém mata o cara. E lá então, isso aí é uma coisa quase que cultural, por causa do vodu.

Montamos uma baita de uma operação para pegar o "Dread" Wilmer. Mas os Médicos sem Fronteiras iam para dentro da favela, na ambulância deles, e queriam passar nos nossos postos de controle na entrada da comunidade, sem revista. Falei: "Mas de jeito nenhum! Mas não passa mesmo". "Ah, mas isso é um conceito internacional na Convenção de Genebra."[14] Falei: "Olha. Vai me desculpar, mas Convenção de Genebra é para guerra. Para bandido, não tem Convenção de Genebra. Vai abrir a ambulância, eu vou revistar. Se ele estiver dentro da ambulância, ninguém vai matar ele na ambulância. Ele vai ser acompanhado para o hospital, e assim que ficar bom, vai ser preso e entregue para a polícia haitiana. Agora, passar nos postos sem revista da ambulância... Mas não passa mesmo!". Aí é o tal negócio: quem tem a força é quem manda. Eu tenho a força. Então vai revistar.

Outro atrito que eu tive foi na enchente de Gonaïves, uma cidade com 250 mil habitantes, onde estavam os argentinos. Um contingente excelente. Eu não consegui chegar lá no dia da enchente, mas no dia seguinte eu cheguei, e o alojamento deles, que já era *hard wall*, já era permanente, fora invadido pelas águas. E eles não pararam de trabalhar. Tiveram um comportamento exemplar nessa calamidade. Mas aí a Cruz Vermelha Internacional combinou com a gente que ia levar

---

[14] A Convenção de Genebra abarca uma série de tratados que definem as leis e normas internacionais relativas à guerra e ao direito humanitário.

mantimentos para lá, as doações internacionais. Tudo bem, mas aí resolveram dar uma de espertos... nem é de esperto, resolveram se mostrar independentes e deslocaram os dois comboios sem nos avisar a hora. Eu precisava tirar gente do contingente brasileiro em Porto Príncipe para... Eram 300 quilômetros, mas nas estradas completamente enlameadas, levava 13 horas! E qualquer coisa, para ser doada, tinha que ser escoltada. Ia chegar, numa cidade com 250 mil desabrigados, um comboio de comida? Claro que vai ser assaltado, saqueado. Tinha combinado com os caras. Mas aí, um dia, me ligou o cara: "General, nós chegamos com um comboio, e foi saqueado". Eu falei: "Mas estava com escolta?". "Ah, não. Nós resolvemos nos deslocar, porque chegou comida." Falei: "Olha aqui. Não tenho responsabilidade nenhuma. A única coisa que eu posso dizer para vocês é o seguinte: não fiquem tristes não, porque quem saqueou estava precisando de comida também, então foi bem entregue. Não foi para rico nenhum. Foi bater na mão de pobre".

Na distribuição de comida, eu tive outro atrito com eles. Montavam os postos de distribuição, marcavam distribuição às seis horas da manhã, começavam a distribuir às nove. O cara chegava às quatro da manhã e recebia a comida às nove. Uns sacos de comida de 50 quilos! Uma população enfraquecida. Se dividisse aquilo pelo pessoal que estava na fila, dava ali 1.500 calorias para cada um. Quer dizer, o cara já entrava devendo. E tinha que carregar os sacos. Só podia entrar mulher na fila. Aí a população se organizava e pegava aquele saco. Três, quatro mulheres, tinham uns sacos de reserva, para dividir. Falei: "Isso aí é uma maldade, rapaz! Vocês estão querendo ajudar os caras e estão fazendo uma grande maldade! Como é que essas mulheres, enfraquecidas, ferradas...". Pô. Ali era um verdadeiro campo de concentração. Não tinha ninguém gordo. Como é que esse pessoal vai carregar os sacos, com esse peso e com água que estava na altura do joelho?

Então, eu tive uns atritos assim. Tinha ONGs que não incomodavam, ONG que levava remédio, não sei o quê. O que me chocava em relação às ONGs é que o pessoal chegava e, muitas vezes, alugava uma casa bacana *pra caramba*, comprava ou levava dois carros muito bons, comprados fora do Haiti, e comparecia a essas reuniões. Mas eu não via assim uma produtividade que justificasse a presença daquela ONG. Outra coisa chocante nesse negócio, que eu fui aprender lá: doadores. Tinha países *donators* [doadores]. Aí, faziam lá uma reunião dos países *donators* e anunciavam: 1 bilhão de dólares doados para o Haiti. Aí depositavam no Banco Mundial, no Crédit Suisse, no Banco Nacional de Paris. E ficavam aguardando projetos para liberar o dinheiro. Os bancos adoravam, porque ficavam com dinheiro em caixa, esperando projetos e manobrando com o dinheiro. O projeto não saía porque, é óbvio, a sociedade haitiana não tinha capacidade de apresentar projetos para que esse dinheiro fosse aproveitado. Eu vou continuar, eternamente, cobrando da ONU para que, no organograma da missão de paz, tenha um escritório de projetos. A gente conseguia uma situação segura e estável no restante do Haiti. O único lugar que não tinha um ambiente seguro e estável era Bel Air e Cité Soleil. E depois, Cité Soleil, Cité Militaire. E o restante do Haiti? Por que não consertavam as estradas? Por que não construíam as creches? Por que não ajeitavam as escolas? Por que não ajeitavam os hospitais e os postos de saúde? Vai esperar o país todo ficar numa situação de Jardim Botânico? O que é isso? Então, se houver um escritório de projetos desde o início da missão, quando vier o dinheiro dos doadores, já tem projeto pronto. Mas não. O dinheiro fica lá, e não acontece nada!

O contingente militar é muito limitado nisso aí. Eu não tinha a Companhia de Engenharia brasileira no início, eu tinha uma companhia chileno-equatoriana. Ótima, dedicada *pra burro*, mas mal equipada. Foi constituída às pressas. Era uma companhia extremamente dedicada. Tiramos mais de 10 mil caminhões de lixo de Bel Air. Essa companhia não tinha como fazer nada além de apoiar as operações e uma ou outra coisa para os contingentes. Aí chegou a Companhia de Engenharia brasileira, de Primeiro Mundo, primorosamente equipada. Eu só peguei a chegada dela, peguei uns dois meses dela lá. O que esses caras fizeram, de abertura de poços, de melhoria de rua, de pavimentação, iluminação de rua! Só poços, que esses caras cavaram, foi um troço sensacional para o Haiti, desesperado por água. Os caras tinham dois baldes d'água por semana em Cité Soleil, para uma família de 13 pessoas.

O senhor começou a entrevista dizendo que se voluntariou na hora, que médico quer ver doente. Quer dizer, profissionalmente, era uma experiência que o senhor queria ter vivido. Olhando agora, retrospectivamente, para esse ano e três meses, o senhor acha que foi o que o senhor imaginava?
Ah, foi. Para mim foi extremamente gratificante, do ponto de vista pessoal, profissional. Aprendi o que eu não poderia...

Se o senhor pudesse voltar no tempo e fazer alguma coisa diferente ou não fazer alguma coisa que fez, o senhor teria alguma?...
Eu ia *agora* para a República Centro-Africana [risos].

E para o Exército, o senhor acha que foi uma experiência positiva?
Sensacional. Do ponto de vista militar, foi *muito* importante. Muito importante.

O período todo?
Tudo. Eu acho que nós chegamos a mandar 23 contingentes. Se você considerar mil, para facilitar a conta, são 23 mil militares que passaram por uma situação real. Como é que você vai conseguir uma experiência dessas com zero perda? Então, do ponto de vista militar, foi sensacional.

Quando a gente olha a lista dos force commanders, *o que a gente imagina? Um profissional que assumiu essa missão é um profissional que vai chegar até o topo da carreira. Mas alguns chegaram, outros não. Por quê? Outras características são levadas em consideração, obviamente.*
Você já matou a charada. A resposta é essa, não é a única coisa levada em conta. No caso ali era a promoção ao mais alto posto da carreira. O funil da promoção é muito ingrato. A pior coisa que existe na reunião

48 • MISSÃO HAITI

do alto-comando é quando a reunião é de promoção. O alto-comando tem reuniões administrativas e tem reuniões que são para promoção. As reuniões de promoção são traumáticas. O funil é mais ou menos: 20 generais de brigada, oito generais de divisão, quatro generais de quatro estrelas para cada turma. Esse funil já é brabo, porque de 400 que saem da academia só 20 vão chegar a general de brigada. Muitos ficam pelo caminho e são excelentes coronéis. E de 20 para passar para oito já é uma dose de... Às vezes, a gente brinca: unha encravada é uma doença grave, para um general de brigada sair general de divisão [risos]. Porque é uma escolha muito difícil. E para general de quatro estrelas, mais ainda.

São muitas as características que entram em jogo. Ele é avaliado e escolhido por um conselho de 15 generais, cujo único poder de decisão, em termos de alto-comando, é a promoção... Ali é assim. O comandante quer você. O chefe do estado-maior quer você. O cara quer você. Sete querem você. Oito não querem você? Não interessa quem são os oito. Conta oito a sete, você perdeu, você não sai. Então, a única coisa que é absolutamente decisória é a participação de cada um. Aquilo é um voto decisivo. E as experiências com aquele militar não são só essa experiência como *force commander* no Haiti. Essa experiência é muito importante, claro que é levada em conta. Eu acho que todos os *force commanders* foram bem-sucedidos. Mas tem outros atributos que são levados em conta. E muitos daqueles que estão sentados ali, participando da escolha, não viveram intensamente essa fase desse oficial como *force commander* no Haiti.

O senhor imagina que, no futuro, quanto mais o Brasil participar dessas operações internacionais, essa característica em particular vai contar mais? Não acho que vá contar mais. Porque o nosso sistema de promoções não é perfeito, mas ele é extremamente criterioso. Não tem nenhuma influência política externa. Tem influência política interna? Tem. Porque todos nós somos seres políticos. É impossível, com a responsabilidade que tem um general, ele não ser um ser político. Ele é um ser político. Mas tudo que é levado para dentro da sala do alto-comando é política interna do Exército. Eu estava na Presidência da República, era adjunto na Casa Militar, e um dia o general Agenor[15] me chamou e disse: "Olha, isso aqui chegou para o presidente da República, pedindo para o fulano ser promovido. O que é que eu faço?". Eu falei: "General, se eu fosse o senhor eu rasgava e jogava fora, e falava para o presidente que tinha rasgado e jogado fora. Para ele ter noção do que isso significa para nós".

Então, o nosso sistema de promoções é extremamente criterioso. Não é perfeito, mas é extremamente criterioso. Vamos imaginar que, desses 400 formados, 100 façam a Escola de Estado-Maior e tenham os requisitos para chegar ao generalato. É feita uma votação. E eles votam nos seus próprios companheiros. Todo mundo que está no quadro de acesso vota. Se você pegar a votação e comparar com o que aconteceu na verdade, você vai descobrir que, dos 20 promovidos, 15 são unanimidade. Cinco estão naquela faixa de o cara dizer: "Não, esse cara é muito bom, esse cara é muito bom também, mas...". Aí entra aquilo que você falou. Experiências anteriores. Eu tenho um coronel que está disputando com outro, foi meu assistente. É natural que eu o defenda. Mas isso não quer dizer nada. O meu assistente, quando eu era comandante militar da Amazônia, disputou uma promoção. É claro que eu o defendi, mas eu sempre fui da teoria: eu defendo, mas não ataco ninguém, vou defender e dizer quais são as qualidades dele. Ele perdeu, não foi promovido. E eu achei aquilo ali absolutamente normal. Mas por que é traumático? Eu tenho que ligar para o coronel que é meu assistente e falar: "Infelizmente, você não foi promovido". Isso é traumático. Mas estejam certos do seguinte: isso vai ser sempre assim. Porque são seres humanos que se pautam num critério extremamente rígido e antigo. O sistema de promoções nosso é muito... Já tentaram modificar e nunca conseguiram modificar para melhor. Então, isso vai continuar.

---

[15] O general Agenor Francisco Homem de Carvalho foi ministro-chefe do Gabinete Militar durante o governo do presidente Fernando Collor de Mello, de 1990 a 1992.

Elito

O general de exército José Elito Carvalho Siqueira nasceu em 1946, em Aracaju (SE). Estudou no Colégio Militar de Salvador de 1959 a 1963 e ingressou na Escola Preparatória de Cadetes do Exército (EsPCEx) em 1964. Graduou--se na arma de Infantaria em 1969, na Academia Militar das Agulhas Negras (Aman). Concluiu a Escola de Aperfeiçoamento de Oficiais (EsAO) em 1978 e cursou a Escola de Comando e Estado-Maior do Exército (Eceme) de 1983 a 1984. É doutor pelo Army Staff College de Camberley, Reino Unido. Em 1993, foi comandante-geral da Polícia Militar de Alagoas. Comandou o 28º Batalhão de Caçadores em Aracaju de 1993 a 1994. Entre 1995 e 1997, foi adido militar do Exército e da Aeronáutica na África do Sul. Chefiou a segurança da Presidência da República de 1997 a 1999. Comandou as Forças de Paz da Missão das Nações Unidas para a Estabilização no Haiti (Minustah) entre 2006 e 2007. Foi comandante militar do Sul de 2007 a 2008. No Ministério da Defesa, exerceu as funções de secretário de Ensino, Logística, Mobilização e Ciência e Tecnologia e foi chefe do Estado-Maior de Defesa entre 2009 e 2010. Foi ministro--chefe do Gabinete de Segurança Institucional da Presidência da República de 2011 a 2015.

Entrevista realizada por Celso Castro e Adriana Marques em Salvador (26/2/2018).

52 • MISSÃO HAITI

O senhor assumiu o comando das tropas da Minustah numa situação delicada, porque havia falecido o general Bacellar.[1] *Como o senhor recebeu o convite para o Haiti? Foi um convite ou foi uma convocação?*

Eu era general comandante aqui de Salvador, estava com um ano de comando, e o general Bacellar, meu companheiro de turma de mais de 40 anos — fomos paraquedistas juntos, amigos, irmãos, estudamos juntos, saltamos juntos —, faleceu dia 7 de janeiro de 2006. Era sábado, eu estava no clube dos oficiais quando o general Heleno me ligou de Brasília; sabia que eu era grande amigo dele. Ele me ligou umas 10, 11 horas da manhã, ele tinha falecido no Haiti uma ou duas horas antes. Foi um susto grande, tentamos falar com a esposa dele, muito amiga da minha esposa. À uma e meia da tarde, o comandante do Exército, general Albuquerque,[2] me ligou dizendo que estava em São Paulo, indo para Brasília para uma reunião com o presidente Lula, que tinha que indicar um nome e que eu seria o único nome que ele teria na cabeça para ir, mas queria saber se eu tinha algum problema. É claro que, como soldado, eu disse a ele que não teria problema, estava pronto. Enfim, aí depois vocês podem lembrar, todas as manchetes da situação... Mas eu tive que me concentrar, porque cinco dias depois eu estava indo para Nova York para uma entrevista na ONU.

A entrevista é uma mesa-redonda com seis principais diretores ou subdiretores da ONU diretamente ligados, e eles fazem perguntas sobre quaisquer assuntos — desde Haiti, área militar, área civil, área política, um teste de inglês absolutamente importante, mas também de percepções. Foi longa, porque era uma situação fora do comum, não era uma substituição de rotina; era um caos para eles. Fui com outro general, porque se fosse um não teria escolha, então fomos dois, fizemos a entrevista pela manhã; no final da tarde eu fui informado de que tinha sido aprovado.

---

[1] O general de divisão Urano Teixeira da Matta Bacellar foi encontrado morto no dia 7 de janeiro de 2006.

[2] General de exército Francisco Roberto de Albuquerque, comandante do Exército brasileiro entre 2003 e 2007.

No outro dia de manhã me encontrei a sós com o Kofi Annan, uma pessoa especialíssima, uma conversa de altíssimo nível. As primeiras palavras do Kofi Annan foram de elogios ao general Bacellar, do trabalho excepcional que ele estava fazendo e que de repente cortou radicalmente. Ele tinha quatro meses de missão. O Haiti estava a 15 dias das primeiras eleições presidenciais depois de um ano e meio de governo provisório. O Kofi Annan disse: "Eu queria que o senhor fosse o mais rápido possível para o Brasil, e voltasse logo, porque...". Respondi: "Já decidi que vou direto para o Haiti". Ele até brincou: "O Brasil continua me surpreendendo". E assim cheguei lá, não voltei mais aqui, não passei comando, foi totalmente inusitado. Eu fui em janeiro e voltei aqui para o Brasil pela primeira vez só em abril.

O senhor podia falar um pouco desses quatro meses do general Bacellar à frente da missão?
Faço questão, e com prazer. Porque, quando cheguei lá com aquele clima todo tenso — seja pela morte, seja pelas eleições que se aproximavam —, as palavras eram sempre de elogios ao Bacellar. Era uma pessoa especialíssima, muito calma, equilibrada. Enfim, foi excepcional. Ele teve realmente uma fase bastante pesada, porque foi a fase da acomodação e do *deployment* [emprego das forças] que o Heleno fez muito bem, mas aí ele começou a pegar a fase que tornava-se real, que era a obrigação de transformar o governo provisório em governo normal. Em outubro/novembro seriam as eleições, e ele assumiu em agosto/setembro. Então houve um problema muito sério de violência imperando e tendo que fazer eleição. Não havia cadastramento da população. A população do Haiti não tinha identidade. Foram cadastradas quase 3 milhões de pessoas por causa das eleições. Ou seja, ele pegou uma situação realmente inusitada.

Quando tem um fato inusitado nas forças de paz, há um acréscimo de efetivos. Quando teve o terremoto, em 2010,[3] nós mesmos mandamos

---

[3] Sobre o terremoto de 2010, ver nota na p. 144.

54 • MISSÃO HAITI

um batalhão adicional para lá, e depois esse batalhão retornou. Então houve tropas a mais por causa da chegada das eleições, e chegou mais um batalhão da Jordânia, por uma decisão do DPKO. Já tinha setores, o que o Heleno fez muito bem. O setor Porto Príncipe éramos nós mesmos, porque estávamos lá. Mas aí, com as eleições, a ONU politicamente definiu que o setor de Porto Príncipe teria que ser criado e um general ia ser comandante desse setor; não um coronel, como era nos demais. E foi um general da Jordânia para lá. A Jordânia tem um dos maiores contingentes de tropa do mundo em Força de Paz. E esse setor de Porto Príncipe, ao invés de ser uma solução, tornou-se um problema. Esse foi outro óbice com o qual o Bacellar teve que lidar. Quando eu cheguei lá, ainda tinha esse setor e tinha o general lá; foi uma das decisões que eu tive que tomar de forma muito drástica, mas tinha certeza de que tinha que fazer. Com uma semana, repatriei esse general da Jordânia e fechei o setor. Tive que fazer porque — e vocês vão entender apesar de não serem militares — não precisa ter dois estados-maiores planejando chegar ao mesmo lugar. Então eu estava lá — do meu gabinete eu via a favela de Cité Soleil e como não estava funcionando — e 50% e tantos dos votos eram ali. Eu não ia deixar na mão um setor que não estava funcionando; eu assumi. Eu não conhecia muito esse general jordaniano — era até uma pessoa muito educada, mas não era uma pessoa para aquela função, naquele momento —, e eu estava lá e era a mesma situação. Então foi talvez uma decisão bastante drástica da minha parte, mas não tenho dúvida de que foi ali que começou a inflexão da missão.

As tropas brasileiras estavam em Bel Air e os jordanianos estavam em Cité Soleil?
Ali é o seguinte: vamos caracterizar como o Rio de Janeiro, que é mais fácil para vocês entenderem. É como se fosse Copacabana, Ipanema e Leblon. Então Leblon seria Cité Soleil, mas na época que o Heleno chegou, Cité Soleil não era o *boom* do momento, e ele agiu muito certo, porque Bel Air era uma pequena elevaçãozinha, e ela tinha a visão do Palácio do Governo, então inclusive atirava-se de Bel Air no Palácio do

Governo. O Heleno deve ter comentado isso. Ele resolveu, corretamente, começar dali. E dali então tinha Cité Militaire, que seria Ipanema. Os bandidos não confrontaram tanto, eles foram escoando. Então, quando eu cheguei, a tropa brasileira estava em Bel Air, Cité Militaire, e eu atravessei a rua, tirei a Jordânia — acho que aí foi a segunda ação que mudou radicalmente a situação lá no Haiti. Os jordanianos são bons oficiais, bons soldados, mas eles tiveram uma situação muito triste, eles perderam dois capitães e dois sargentos, mortos dentro da favela. Isso baixou muito o moral deles, e não estava funcionando. Então, ao fechar o setor, eu também retirei a tropa da Jordânia, coloquei numa área menos vermelha — se podemos assim caracterizar — e atravessei a rua com o batalhão brasileiro, que já estava ao lado. Então é como se nós ocupássemos Copacabana, Ipanema e Leblon ao mesmo tempo. Foi o fechamento do setor e a repatriação do oficial-general, e a colocação da tropa brasileira no coração do problema. Foi essa a situação, e por isso esse foi o segundo ponto de inflexão.

A morte do general Bacellar apareceu na imprensa como suicídio, embora uns anos depois tenham especulado se foi assassinato. Com essa situação moral da tropa, o senhor chega numa situação muito delicada.
O Bacellar, acima de tudo, sempre foi o mesmo com a situação que ocorreu e nunca deixou de ser um excepcional soldado para todos nós. O moral da tropa, não é que não estava alto, estava abalado, porque ele era um cara muito querido. Então a tristeza, o moral baixo, não era pela dúvida se ele morreu, se cometeu suicídio, não era por esse aspecto. Era pela perda de um grande soldado. Eu o conhecia muito bem, eu diria a vocês que, se ele cometeu suicídio, só ele e Deus é que sabem, mas não foi realmente... Eu acho que ele surtou, não era o general Bacellar. Você sabe que, quando uma pessoa comete suicídio, deixa alguma coisa escrita, deixa algum indício, tem algum problema. O general Bacellar não deixou nada escrito, na noite anterior jantou com a tropa brasileira. Ele era muito bem casado, a Maria Inês é uma esposa fantástica, com dois filhos arquitetos morando nos Estados Unidos, até

mais próximos dele do que se ele estivesse aqui no Brasil. Quer dizer, eu preferia enquadrar da seguinte forma, que é como sempre faço: é a história dele, e preservamos ele assim, porque ele merece, apesar do inusitado que aconteceu com ele.

Na especulação de ele ter sido assassinado, o senhor não acredita?
Não, não foi. Eu morei no mesmo apartamento em que ele foi encontrado morto, e nunca me senti mal, porque ele era meu amigo, irmão, me sentia muito bem. Eu disse: "Bacellar, você está aqui para me ajudar", e me ajudou muito. Até, por exemplo, na repatriação de um general com uma semana. Talvez esse ato extremo que aconteceu com ele tenha me ajudado a ter força política de impor à ONU uma repatriação desse nível. Enfim, ele me ajudou muito. Mas, realmente, o local que nós morávamos era absolutamente guardado, isolado, na frente não tinha ninguém, não havia esse clima. Se fosse para assassinar alguém, assassinava um soldado que estava na rua o tempo todo. Ele ia morrer e você não ia saber nem quem atirou — o que era um grande risco nosso lá.

Mas surgiu essa especulação.
É, mas da mesma forma como o suicídio, fica nesse campo. Eu prefiro não concluir, porque realmente eu prefiro ter a imagem dele como ele sempre foi: um grande cara, um grande militar que estava fazendo um grande trabalho — dito por todos que ali estavam, seja em Nova York, seja no Haiti. Mas esse foi um lado importante antes da eleição, para voltarmos à cronologia.

Voltemos então à cronologia. As eleições eram 15 dias depois.
Eram cerca de 900 pontos de votação no país. O Haiti é um país pequeno, é como Alagoas, se pudermos assim falar. Então realmente era fácil de controlar. No entanto, era extremamente difícil, porque você não tinha uma estrada. As estradas que havia eram péssimas. Foi realmente um risco muito grande. Eu tive patrulhas que andaram oito horas com urnas para uma votação. A eleição seria em outubro ou

novembro. Teve três adiamentos, então teve adiamento em novembro, dezembro, janeiro. O Bacellar pegou esses adiamentos. Não se conseguiu o ambiente institucional para se fazer as eleições. Ou seja, quando eu cheguei, haveria uma quarta tentativa.

Chamei o chefe da missão e falei: "Ninguém fala de eleição a não ser dentro do *headquarter*" [quartel-general]. Então nós fizemos um quartel-general, e a cada duas horas tinha *briefing* sobre as eleições. Quem quisesse ouvir sobre eleições, ia para lá. E esses *briefings* ficaram sendo excelentes, porque havia uma onda de boatos a todo momento, e tivemos aquela ideia de centralizar no nosso *headquarter*, que era no subsolo do hotel que caiu no terremoto. E quem falava? Era o componente militar e, claro, o componente civil complementava, o chefe da missão etc. Ou seja, bloqueamos especulações, tínhamos as informações *updated* [atualizadas] que trazíamos e colocávamos lá. Isso foi muito bom.

Posso lhes dar um detalhe interessante, para vocês verem como as coisas são. O TSE da eleição era um TSE internacional, que tinha haitianos também, porque o Haiti não tinha estrutura para conduzir a sua própria eleição. Essas palavras não são minhas, são do Chevallier,[4] que faleceu no terremoto e era o *political affairs* [assuntos políticos]. Na opinião de Chevallier, havia uma situação muito complicada porque haveria, nas palavras dele, pessoas dentro do TSE que não queriam a eleição. Quando começaram as eleições, havia uma possibilidade de ter segundo turno, mas, em paralelo a isso, havia vários dias de apuração dos votos. Quando estava começando a apurar, eu chamei: "Chevallier, onde nós vamos guardar os votos para poder contar?". O nosso local de contagem estava muito bem organizado. Não havia um local para guardar os votos, vocês acreditam? E iam ser vários dias de contagem de votos. Sabem o que eu fiz? Botei as tendas com o pessoal do TSE dentro do batalhão brasileiro e assumi. Porque, apesar de to-

---

4 Gérard Le Chevallier foi chefe da Seção de Assuntos Políticos e Planejamento da Minustah entre 2004 e 2010.

58 • MISSÃO HAITI

dos os preparativos para as eleições, não havia um local seguro. Mas a imposição era a seguinte: só quem toca nas urnas são os membros do TSE. Mas alojamos, alimentamos, porque ninguém podia sair dali, 24 horas lá — não tinha jeito. Mas o milagre aconteceu. As eleições saíram, e por sorte o presidente Préval[5] ganhou em primeiro turno com 53%. O Chevallier chegou a me dizer isso: "General, se houver segundo turno, acho que o senhor vai entrar na guerra civil".

E a eleição de Préval para presidente, o senhor acha que foi boa, em termos políticos?
Ela foi absolutamente essencial. O presidente Préval, eu o conheci muito bem, porque praticamente todos os dias depois tínhamos que conversar seriamente. Como todos nós, ele tinha virtudes e defeitos, mas ele tinha uma grande virtude: ele não era um bom gestor, na minha opinião, mas era uma pessoa honesta, e foi o único presidente até aquela época que tinha terminado um mandato presidencial. E, ao terminar o mandato, continuou morando no Haiti de uma forma discreta, no interior do país. Ou seja, o Préval tinha esse dom e esse ponto altamente positivo. Era uma pessoa benquista pela população. Era o melhor nome, sem dúvida, para ganhar, e foi quem ganhou. Para o país, eu acho que foi bom.

Mas ele só podia tomar posse com o Congresso constituído. Então, apesar de ele ter sido eleito no primeiro turno, em fevereiro/março, a posse dele foi em 6 de maio, se não me engano. Solicitei então ao chefe da missão uma reunião com o presidente Préval, ainda não empossado, mas já eleito. Eu queria, vamos dizer assim, apertar o parafuso da segurança, mas, claro, não queria ir contra uma diretriz estratégica do presidente, já que ele tinha sido eleito. O chefe da missão achou muito boa ideia e nós fomos à casa de uma irmã dele, onde estava. Ele, muito atencioso, estava muito feliz por ter conseguido e tal.

---

[5] René Garcia Préval foi presidente do Haiti de 1996 a 2001, reeleito em 2006, cumprindo o mandato até 2011.

Aí eu comecei a falar com ele, e ele com um caderninho anotando o que se comentava. Mostrei a ele que nós estaríamos perdendo muito tempo, que o país já estava há um ano e meio naquela situação, e tínhamos condição de começar a fazer uma inflexão na área da segurança. Só para você ter uma ideia, quando nós ocupamos Cité Soleil de uma forma definitiva, a polícia do Haiti não entrava lá havia três anos. O Haiti é o contrário do Rio de Janeiro — as favelas são em Copacabana e Ipanema e nos morros moram os ricos ou aqueles mais abastados. Então as favelas não tinham observação nenhuma, você entrava, não via nada, só corredores e 100% sem água e sem luz. Ou seja, era um caos.

Eu queria acelerar um pouco a nossa presença, porque moravam 250 mil pessoas em Cité Soleil, das quais 249 mil eram honestas e querendo sobreviver decentemente. Mas aí falei com ele, e eu achando que ele estava concordando comigo e sentia um ambiente altamente favorável. Quando terminei, ele disse: "General, eu entendo muito claramente o que o senhor quer fazer, mas eu não vou dar a minha decisão antes de assumir o cargo de presidente da República". Eu olhei para ele: "Senhor, então eu vou continuar sendo comandante. Não vou perguntar ao senhor, mas vou tentar fazer o melhor para sua população". Ele disse: "Muito bem, general, mas eu não gostaria de dar uma opinião sobre o assunto agora".

Foi uma ducha de água fria, porque eu queria ter uma luz verde, como falamos no jargão militar, e não consegui. Mas eu decidi por mim mesmo. Na conversa, eu notei que ele não queria que Cité Soleil fosse uma coisa... Então eu entrei, mas fui mais lento, e com um pouco de cuidado, porque ele não era o presidente, não deu uma decisão clara. Perdi algum tempo ali, mas entrei e ocupei com a tropa brasileira, independente de qualquer coisa. Mas perdemos ali uns dois meses de uma coisa mais eficiente porque eu ficava ainda pensando nele.

Quando ele assumiu em maio, eu falei com ele de novo, aí me atrasou um pouquinho mais. Ele queria expatriar os líderes das gangues. Havia três dentro de Cité Soleil, e nós já sabíamos o que tínhamos que fazer sem efeitos colaterais na população, porque era uma situação muito

60 • MISSÃO HAITI

delicada. Você tinha que ir passo a passo, uma coisa com muito cuidado para não ter problema. Mas já sabíamos algumas coisas, porém ele queria expatriar, queria negociar. Eu sabia que não ia dar. Alguns dos chefes das gangues, inclusive, eram conhecidos de pessoas do governo; talvez até, indiretamente, ajudassem esses políticos. Enfim, eu não me interessava e não procurava saber quem eram. O meu problema era ajudar a população, e eu só ia ajudar se estivesse lá dentro. Quem atirasse em nós, nós eliminaríamos, claro.

Asfaltei Cité Soleil, botei luz, reabri escola, fiz mais de 50 mil atendimentos médicos, eu e meu pessoal. Com isso, nós tínhamos o apoio da população toda. E foi ótimo. Porque, naquela miséria, era a grande motivação dos soldados. Era você descer dentro da favela, com perigo ali, uma criança lhe abraçava, a moça dava tchau, as pessoas vinham conversar porque estava escrito Brasil aqui [no uniforme]. Enfim, isso era o que motivava. Porque você vê mortes, vê pobreza, vê miséria, a tendência de cada um de nós é o moral... O que dava essa consistência à tropa era justamente essa euforia que a população tinha com os nossos soldados.

Enfim, perdemos esse tempo. Para vocês terem uma ideia, posso lhes dar um valor numérico, um ministro dele ganhava, sei lá, 5 mil dólares. Um desses "Fernandinhos Beira-Mar" haitianos, que se chamava Evens,[6] era o mais perigoso deles. Depois o Santos Cruz o prendeu e ele morreu de Aids. Assim eu soube, não sei se é verdade. Mas o fato é que o Evens era um cara muito perigoso e ele pediu ao Préval, parece-me, 100 mil dólares por mês para que parasse as suas ações.

Eu continuava pressionando o presidente para que ele me desse uma resposta, e num determinado dia eu cheguei lá e ele disse: "General, *I give up*".[7] Aí é que começamos. Mas até esse *give up*, foram praticamente quatro meses. A gente já estava caminhando bem; podíamos ter caminhado mais rápido. Mas, claro, tínhamos que respeitar a diretriz do presidente.

---

[6] Evens Ti Kouto, líder de gangue preso no Haiti durante a Minustah.
[7] "Eu desisto, general."

ELITO • 61

A atuação das gangues foi ficando mais cercada, mas continuou ao longo da sua...?

O problema todo é o seguinte. O Haiti é pior em várias coisas que o Rio e é melhor em várias coisas que o Rio. Lá você não tinha água, nem luz, nem nada; isso era um caos. No morro do Rio você tem televisão, internet, padaria, escola, você tem vida. Por outro lado, na favela no Haiti não tinha um grande capital circulante de drogas, e no Rio de Janeiro tem em grau pior. Enfim, você não podia dizer que era a mesma coisa. Não é. Mas a maneira de atuar, só existe uma: estar lá dentro. Essas UPPs, que hoje criticam, foram ideias de todos nós que passamos por situações semelhantes. A UPP tem que ser um *strong point* [ponto forte], tem que ser um ponto forte dentro da favela. É a presença do Estado dentro. Dentro de Cité Soleil eu tinha três UPPs, três *strong points*, com mais de 100 homens, blindados, engenharia, médico, patrulhando dia e noite, ajudando a população, ganhando a credibilidade. Quem estava armado nós eliminávamos, não tinha dúvida.

Não me interessa se o bandido passa, dá tchau para você e está passeando, ok, não quero nem saber se é bandido ou não. Agora, mostrou arma, atirou? Não tem dúvida nenhuma: seleciona e elimina. Em prol da população. Era um trabalho que não tinha planejamento firmado, memorizado, doutrinado; esse era o grande óbice para mim. Eu assumia 100% a responsabilidade de todos os soldados. Se ele atirou, foi porque eu mandei. Então, na verdade, o grande peso era na minha consciência, mas eu tinha absoluta certeza de que estava certo, de que só tinha essa maneira de agir.

No Haiti você podia fazer uma ação hoje, ser 100% exitosa, e podia fazer a mesma operação amanhã e ser 100% fracasso, porque não havia uma lógica, uma doutrina firmada, consolidada, inteligência zero — coisa que no Rio a gente tem inteligência que vai ajudar muito. Eu tive que fazer emprego de forças especiais para criar inteligência, porque era o caos. Você vê na favela do Rio um carro subindo; no Haiti, nas ruas às vezes dava para passar uma pessoa, na verdade era um "corredor polonês" de paredes. Um caos. Você, de vez em quando, entrava numa porta de uma casa aqui, e ali tinha uma escada que levava para o telhado de uma outra casa. Ou seja, aquele morador não tinha uma saída para a rua, ele tinha que passar na sua casa. Então, para fazer alguma coisa, tem que ser com muita calma, e ir ganhando credibilidade — que é um ponto certamente fundamental.

O general Santos Cruz, que foi o comandante seguinte, falou que, logo que chegou, teve que tomar a decisão de terminar com as gangues.
Fui eu que passei o comando para o Santos Cruz, em janeiro de 2007.

Ele enfatizou bem isso, que teve que partir para cima para terminar.
Exatamente, foi o que eu falei para ele. Santos Cruz foi meu cadete, então o conheço muito bem. Nós tínhamos dividido Cité Soleil em 16 setores. Quando eu passei para ele, Cité Soleil tinha três setores, um de cada chefe de gangue. E o que falei para ele foi que ele não precisava ir nos três simultaneamente. Que fosse em um, à sua escolha, e os outros dois, como falamos, cairiam pela manobra. E ele fez excepcionalmente bem. Ele fez rápido, no mês seguinte, em fevereiro, um pouco precipitado pela atitude do Evens. Em Cité Soleil tem o mar, e na avenida tem uma caixa d'água, e do lado dela tinha uma casinha de dois andares que a gente chamava de Casa Azul. Essa Casa Azul inclusive caiu no terremoto e matou uns oito militares brasileiros, porque ali era um posto de observação. Mas o Santos Cruz, quando, corretamente, fez presença numa dessas três áreas, a reação foi muito forte, e ele não teve outra opção senão reagir mais forte ainda. Foi de uma eficiência muito grande. E a Casa Azul, que ele ocupou, foi o início. O Evens se assustou e aí não sei detalhes, mas aquela atitude do Santos Cruz foi altamente oportuna, porque, ao invés de recuar, ele atacou como tinha que ser. Não sei se era exatamente naquele momento, mas ele já tinha o planejamento para isso. E acabou ali, ele ocupou e os outros dois foram uma consequência menor de efeito, de ação. E ele realmente, em fevereiro/março zerou, zerou. Foi muito bom.

E a polícia haitiana? O senhor mencionou que há anos eles não entravam em Cité Soleil. Como era a relação com a polícia haitiana?
O relacionamento não podia ser melhor. No entanto, não era um relacionamento profissional, operacional, porque o componente policial militar não é do *force commander*. O DPKO tem a Military Division [Divisão Militar] e a Civil Division [Divisão Civil]. Então tem aqui a Unpol, aqui está o *force commander* com as *military troops* [tropas militares]. A polícia da ONU e a polícia do Haiti não fazem parte do braço militar. Então, todo o projeto para melhorar a polícia do Haiti não era um planejamento do *force commander*; era um planejamento da United Nations Police. No meu modo de ver, não era uma coisa tão boa porque — eu até falei e escrevi isso no relatório — devíamos ter mais policiais brasileiros lá. Havia, como não podia deixar de ser, um contingente muito grande de canadenses e franceses nesse componente de planejamento policial. Eles são muito bons, mas tinham um foco muito canadense e muito francês, que tinha que se adaptar ao modo haitiano. E nosso modo era muito mais semelhante ao de lá. Os nossos policiais militares brasileiros eram muito poucos e de alto rendimento, porque tudo que eles falavam tinha validade.

Então, no princípio, nosso relacionamento não era tão bom. No entanto, quando eu comecei a entrar firme nas operações, chamei o coronel André Sol, que era o comandante da polícia do Haiti. Tínhamos um relacionamento bom, mas eu não o envolvia, porque não era o caso — eles não eram profissionais para estarem ali dentro naquele momento. Mas eu o chamei porque queria que ele começasse a participar comigo, até para dar um amparo mais institucional ainda, que a polícia do Haiti também começasse, quando começaram a dar certo as operações. Eu disse: "Você não vai entrar com prioridade, mas você vai nos acompanhar, vai ver. Eu preciso que você tenha um 'estado--maiorzinho' seu dentro do batalhão brasileiro". Ele virou para mim e disse que não tinha ninguém com credibilidade, porque eu disse que tinha que ter sigilo. No Rio também tem esse problema, mas no Haiti era pior ainda. Então, o que eu fiz? Peguei um coronel dele, botei junto

64 • MISSÃO HAITI

com o coronel brasileiro, lá dentro, para saber quando ia ter a operação. E só depois ele chamava a tropa dele para lá, pequena, e lá dentro do batalhão brasileiro é que sabiam aonde iam. Mas começamos. Tinha problema, não tinha armamento, não tinha munição adequada, enfim... Mas começamos a levá-los para que eles até tomassem batismo de fogo, não ficassem medrosos, que eles vissem como atuávamos protegendo a população. Foi um *step by step* [passo a passo]. Naquela época, a polícia do Haiti tinha menos de 5 mil homens. Hoje ela está quase o dobro. Não tem Exército no Haiti; isso é um grande problema. O Aristides dissolveu o Exército em 1995, há mais de 20 anos, porque ele não era institucional, era um braço forte de um político, uma guarda pretoriana qualquer. Ou seja, era um caos, mas isso não era motivo para ser dissolvido. Porque hoje a polícia do Haiti é tudo, e ao querer ser tudo, pode não ser nada. Mas, enfim, certamente está melhor do que na nossa época — não tem dúvida nenhuma. Eu inclusive botei no meu relatório uma sugestão. Acho que eles fizeram, não sei se total ou parcialmente, de que ao longo dos anos — eu escrevi isso em 2007 — eles colocassem unidades policiais nas nossas unidades militares que estavam no país.

Eu não concluí sobre as UPPs, me desculpem, mas acho que vale a pena. UPP nunca foi um *strong point*, nunca, e era o que todos falamos para ser no Rio de Janeiro: um quartel dentro da favela para ajudar a população 24 horas do dia, 365 dias no ano. Tanto que quando nós ocupamos o Alemão, anos atrás, de cima para baixo, saíram nos jornais umas casas muito bonitas de chefes de gangues. Nós demos a ideia: façam aqui o quartel da polícia. Mas você tem que ter uma coisa 24 horas lá dentro, e forte. E o que fez a UPP? Um *trailer*, muito mal-acabado, na entrada da favela, com dois, quatro soldados dando tchau para você quando você passa. Isso jamais foi a ideia da UPP. Eu concordo, e o governo do Rio tem certa razão, que a UPP sozinha não resolve o problema. Precisa ter ações sociais também, claro. Mas uma coisa não exclui a outra. Então, quando entrei em Cité Soleil, eu tinha mais caminhão que o Ministério de Transporte do Haiti. Os meus médicos ajudavam mais a população do que os médicos do Haiti. Eu asfaltei, botei luz, eu abria poços de água, porque lá não tinha. Aqui no Rio tem quem pode ajudar a população, tem estrutura educacional, tem estrutura de saúde, tem tudo. Mas a UPP nossa não foi a UPP que tinha que ser.

Como o senhor faz uma comparação ou vê uma relação entre a experiência no Haiti e as operações de Garantia da Lei e da Ordem? E agora, com a intervenção federal na segurança pública, como vai ser?

O Decreto de Garantia da Lei e da Ordem, eu que fazia para a presidente Dilma Rousseff assinar. Há uma aplicação hoje, uma prática de GLO errada. Politicamente foi mudando — não com má intenção, não é isso —, mas o componente político fez uma alteração. Eu vou explicar o que é e muito rápido, vocês vão entender. Para apoiar a população e as forças de segurança pública não precisa ter GLO, já está previsto. O Exército inteiro — principalmente o Exército, pela capilaridade, mas também a Marinha e a Aeronáutica — apoia qualquer órgão que peça, para o caso de inundação, enchente, incêndio, inteligência, comunicações... Está previsto, não precisa ter decreto presidencial nenhum. Já para a Garantia da Lei e da Ordem, há um decreto presidencial, que autoriza o emprego das Forças Armadas. Não é o apoio.

Isso não é opinião pessoal, é o que está escrito na lei. E como é um emprego fora do usual, há as condicionantes do emprego, que são: a localidade, o prazo, o efetivo, os objetivos. Você não é dono da cidade, não é isso. Não é uma carta branca, mas é emprego das Forças Armadas, não é apoio. E o que difere o apoio desse emprego — porque as ações podem até ser semelhantes — é que, quando autorizado o emprego na GLO, todo o planejamento de todos os órgãos a serem envolvidos, quer seja no âmbito federal, estadual, municipal, passa a ter coordenação — não é subordinação. A coordenação é unicamente do Exército, e isto não está tendo no Rio de Janeiro. É uma pena. Não tem que apoiar. O soldado fazer um *check point* [ponto de controle] ali na esquina como está fazendo na avenida Brasil, isso não é apoio,

66 • MISSÃO HAITI

isso é emprego. Agora, ele tem que estar ali sabendo onde está toda a polícia que está trabalhando em volta daquilo ali.

Acho que a intervenção de agora na segurança pública é muito mais do que isso, e é ótimo que tenha tido. No entanto, o decreto de GLO tem que ser anulado e feito outro. Porque o decreto de GLO é específico. Por exemplo, esteve o papa lá, eu estava na presidência. Então o papa ia a Copacabana. Naqueles locais e naquelas áreas havia a GLO. Não tinha GLO em Petrópolis. No entanto, quando você faz um decreto de intervenção em todo o estado, a GLO hoje que você viu apoiando, você tem um soldado em Copacabana, daqui a pouco aparece soldado na avenida Brasil, ele está em todo o estado. Então o decreto de GLO está errado, ou melhor, ele está incompleto, tem que ser alterado. Não é de subordinação, porque continua a mesma coisa, o governo do estado do Rio está trabalhando, sua secretaria, e tem que ser assim. No entanto, a flexibilidade do emprego da GLO tem que estar sintonizada com os objetivos da intervenção.

Mas agora, com a intervenção, a polícia passa a ser subordinada.
A intervenção abrangeu todo o estado na segurança pública. Então, se os órgãos das Forças Armadas estão nessa intervenção, a GLO dele tem que abrir a área de emprego. Ou seja, no meu modo de ver, tornou-se uma situação na qual nós estamos saindo da lei ao invés de convergir para ela. Por isso é que eu falo, não é erro intencional, mas é um erro que politicamente se começou a usar e esse hábito está errado. Essa preocupação do amparo jurídico, de emprego com flexibilidade, de autonomia do emprego, de autoridade do emprego, isso tem que ter, porque senão você vai ficar no mesmo lugar.

Eu vou dar um exemplo claro. Teve épocas há pouco tempo, no Rio de Janeiro, em que o soldado dentro da favela não podia ir para o telhado da casa. Qual é o único lugar que você pode observar uma coisa, da favela? Dos telhados. O soldado não podia, mas o marginal podia. Então, como você pode querer resolver — mesmo estando com a polícia —, como você pode ajudá-la no emprego se você não está amparado juridicamente para fazer? Quando nós entramos no Alemão, estava a delegacia lá dentro, o Ministério Público. Eu fiz 52 regras de engajamento, claríssimas, do que todos podíamos fazer lá dentro, aprovadas pelo governo do estado e pelo Ministério Público. Porque você tem que amparar. Como você é um capitão, vai para um emprego desse, arriscando sua vida, e não pode ter... Como você vai trabalhar numa situação dessa?

A experiência do Haiti ajuda em alguma coisa ou não? Porque às vezes se fala como se o Haiti fosse um teste.
Não ajuda nem 100%, ajuda 200%!

Em que sentido? Quando foi criada a Minustah já havia experiência do Exército, das Forças Armadas atuando em favelas do Rio.
É, mas de uma forma muito... eu vou explicar as diferenças. Elas são basicamente as seguintes. Primeiro, hoje nós temos no Exército 30 mil militares com experiência não de Haiti, mas com experiência como tropa, não como soldado individual. Você tem pelotão, companhia, batalhão, de soldado a general, com experiência de missão real, de não ser "exerciciozinho" de dois, três dias e depois comer churrasco. Ficar meses fora, longe da família, vendo a miséria, vendo morte, tendo que controlar seus homens, tendo que ter controle emocional, cuidar das pessoas, ter contato com autoridades, ver passar seis meses só vendo problema. Isso é um ganho que não tem preço. Seis meses que o soldado passa no Haiti valem mais do que seis anos treinando aqui todo dia. Então não é tanto a maneira de operar — porque cada lugar tem suas particularidades —, mas é a formação sólida de autocontrole, de auxílio, de visão, de como atender a população. Ninguém sabe hoje melhor atender a população do que o soldado do Exército. Dentro de uma favela, ninguém sabe. Nem o policial militar talvez, porque ele não fica lá dentro.

68 • MISSÃO HAITI

Essa experiência, o senhor acha que hoje em dia é acionada?
Absolutamente clara. E não é só para a favela. Uma nação vive de
identidade. Identidade você tem se você preserva sua soberania. A
sua soberania vai desde a sua casa até as fronteiras. Nós temos 17 mil
quilômetros de fronteira com 10 países, 8 mil quilômetros de fronteira
marítima. Somos um país gigantesco, um dos 10 maiores países do
mundo, e não valorizamos isso. É um absurdo. A gente tem que valorizar um gigante que foi dado de presente ao nosso povo. Então essa
identidade, hoje, ninguém mais preserva do que as Forças Armadas,
em especial o Exército.

Posso abrir parênteses? Há 30 anos eu fazia curso de estado-maior
na Inglaterra, e ainda tinha o Muro de Berlim em 1988; o muro caiu
em 1989. E nós fomos duas vezes à Alemanha porque tinham as manobras da Força da Otan, nós participamos das manobras, uma coisa
muito interessante. Como major, tive uma experiência fantástica. E
teve um *summit* [reunião de cúpula] de uma manhã inteira, no *headquarter* da Otan em Berlim, onde as principais autoridades militares e
civis estavam presentes. O foco do *summit* era *future* [futuro]. E numa
dessas *presentations* [exposições], havia um professor da universidade
de Berlim, um senhor bem idoso. Eu era o único oficial da América do
Sul fazendo o curso; eram 130 ingleses e 50 estrangeiros. Esse civil
fez uma palestra brilhante e concluiu dizendo que no século XXI dois
países se destacarão no mundo: Brasil e China. Aí teve um *coffee break*,
eu fui lá falar com ele, ele não sabia que tinha um oficial brasileiro lá
dentro, mas me apresentei, cumprimentei pela palestra e disse que
queria saber por que ele falou assim tão bem do meu país. Perguntei
se conhecia o Brasil. Ele riu e disse: "Conheço o Brasil mais do que os
brasileiros. Eu sou professor emérito convidado da Unicamp. Vou duas
vezes ao ano pelo governo alemão e vou duas vezes por minha conta. Eu
estive na Amazônia, nos pampas, no Pantanal, no sertão". Aí falou assim
para mim: "Vocês estão sentados numa mina de ouro e não valorizam
o que têm". Eu nunca me esqueci disso. E é fato. O que entristece a
gente aqui é que quem está nos prejudicando somos nós mesmos. Isso

é triste. Porque os países do mundo — e eu conheci o mundo afora — têm influências externas, têm pendências irreversíveis, um monte de problemas. Já os nossos problemas são absolutamente internos. E aí vem a conclusão. Parece que eu saí do rumo, mas não saí. É que, na hora em que nós, Exército, pensamos em 17 mil quilômetros de fronteira, em 8 mil quilômetros de fronteira marítima, não podemos esquecer as centenas de problemas de segurança interna, entenderam agora? Isso é absolutamente essencial, porque é soberania nacional. Falamos muito sobre soberania quando somos invadidos, mas isso é coisa que há 60 anos não tem no mundo. Quando vocês estão hoje vendo os problemas no Oriente Médio e tal, não é a invasão clássica, é uma ocupação por interesses políticos, econômicos, coisas temporárias, coisas pontuais. Ninguém quer mais ocupar ninguém. Estou falando de uma forma genérica, é claro. Enfim, nós temos que ter a visão de soberania, nossa visão de segurança nacional — não apenas contra inimigos externos, mas contra qualquer coisa que afete a minha casa, a sua casa, a sua família, o nosso povo — seja externa, seja interna. Por isso é que temos que estar prontos para defender essa soberania e ajudá-la. Então quando a gente vê uma intervenção como essa, não é uma intervenção militar — corretamente colocada —, claro que não é. É uma intervenção para ajudar o povo que tem que ser ajudado, e o Exército consegue ajudar.

Na época dessa palestra que o senhor mencionou ainda não tinha a experiência do Haiti, mas apenas participações pontuais em missões de paz ou como observadores. No entanto, falava-se muito no Exército em "estratégia da resistência" e havia muito essa ideia da soberania ameaçada, da cobiça internacional, de ocupação da Amazônia.

Essa visão não era uma visão errada, absolutamente. Mas era uma visão de época. Quando você tem um grande país e uma riqueza como nós temos, as duas pressões hoje que se tem chamam-se *presence and deterrence*, presença e dissuasão. Se você não tem essa capacidade como país, você está seriamente comprometido. Em relação à Amazônia,

70 • MISSÃO HAITI

não vou dizer que isso acabou, mas a mudança foi a seguinte: há 20 anos a gente tinha 10 mil homens na Amazônia, hoje a gente tem 30 mil. Então, na hora que você tem presença e capacidade dissuasória, o problema some. Sumir é maneira de dizer, ele diminui, não há dúvida nenhuma. Então, hoje a gente tem *presence and deterrence* em qualquer lugar do território nacional, absoluta.

E como era o relacionamento com as ONGs?
O que você percebe claramente é que há ONGs de grau zero e as de grau 10. Então não dá para colocar tudo no mesmo prato, porque há uma heterogeneidade muito grande de ONGs, pela sua intenção, formação, capacitação. Lá no Haiti, tinha ONGs que funcionavam muito bem, como a Médicos sem Fronteiras. Mas, ora: quem apoiava MSF antes de eu entrar em Cité Soleil? Era o diretor do MSF com o bandido, porque se ele não tivesse um acordo com o chefe da gangue, ele não podia fazer o trabalho dele. Aí me deu um estalo e convoquei todas as ONGs lá no *headquarter*. Falei com elas muito claro e disse: "A partir de amanhã, se eu não souber onde vocês estão trabalhando e o que estão fazendo, para mim é todo mundo bandido. Ou vocês me dizem onde estão e o que estão fazendo ou então não posso me responsabilizar por vocês". Foi assim que eu soube dos problemas. Porque esse acordo — entre aspas — com os bandidos, elas eram obrigadas a fazer. E achavam que eu ia atrapalhar. Claro, porque estavam induzidas até pelos próprios bandidos. Eu disse: "Não irei onde vocês estão fazendo, não quero nem saber, mas eu preciso saber que vocês estão lá. Acreditem e vamos cumprir, não vou tirar o trabalho de vocês, mas têm que trabalhar se eu souber que estão na rua tal, na casa tal, senão…".

Eles responderam?
Responderam 100%, quem queria e quem não queria. Nesses profissionais, tem aqueles que fazem um excepcional trabalho, mas tem aqueles que se aproveitam desse trabalho. Então eu prefiro não criticar ONGs individualmente. Mas, como qualquer atividade, há ONGs que

merecem um grau 10, mas há ONGs realmente que merecem grau zero. Então, cabe a nós ter essa percepção, o bom senso de valorizar quem está cumprindo o seu trabalho. Por exemplo, o Médicos Sem Fronteiras, quando eu comecei a entrar, os bandidos metralharam o hospital e disseram que fomos nós. E quem dominava a imprensa eram as gangues. A notícia chegava a Nova York assim. Tanto que, depois de alguns meses dentro da favela, eu comecei a levar o *core group* para dentro das favelas. Peguei os embaixadores, alguns tomaram tiro lá dentro, foi ótimo, começaram a ver que não é brincadeira, e viram — o que era o mais importante — a população feliz com o que estava acontecendo. Isso foi também uma outra guinada, porque ficava parecendo que a favela era só uma situação na qual ninguém podia ir. Começou todo mundo a ir lá dentro.

Como foi a experiência de comandar uma tropa internacional?
Eu comandei 8 mil homens de 17 países mais ou menos. Aliás tinha mais, no *headquarter* eu tinha 20, porque tinha oficiais americanos, franceses que não tinham tropa, mas tinha oficiais no estado-maior. Foi uma experiência fantástica. Mas só há uma maneira de você comandar — é o exemplo da presença. Ou seja, não adianta você dizer que se julga isso, se julga aquilo, se você está ausente e demonstra incapacidade, demonstra incompetência. Então, quando eu dava uma ordem, eu estava com a tropa, ou seja, não ficava no meu gabinete. Era a única maneira. Até por formação, por ser um oficial de operações, eu me sentiria muito mal se eu não fosse. Então o soldado via o general, via o coronel, via o capitão, e esse é o grande trunfo da tropa brasileira. A tropa brasileira realmente se destacou. Não só a tropa, mas também os *force commanders* — aliás isso é um elogio a todos nós que passamos por lá. Os *force commanders* anualmente são trocados, mas são trocados por diferentes países, e a ONU pediu que, no Haiti, sempre fosse um comandante brasileiro. Ou seja, o Haiti é um caso único. Na época eram 17 ou 18 missões de paz, e todos trocavam. É o comando pela presença e pelo exemplo, não há outra maneira.

Apesar da diversidade nacional, de idiomas e tal, o senhor acha que, em termos de cadeia de comando, de disciplina, tem uma coisa meio geral entre os diferentes exércitos?

Tem. E há também o seguinte: hoje o Brasil senta em qualquer cadeira de qualquer assunto internacional pelo mérito. Eu sou forças especiais. Vou lhe dar um exemplo muito claro: nós temos um convênio com os Estados Unidos, com as forças especiais americanas, há mais de 30 anos. Por que temos? Porque temos valor. Se não tivéssemos, esse convênio já tinha acabado há muito tempo. Porque nós temos hoje presença em qualquer assunto. Hoje, na área militar, em qualquer discussão, estamos envolvidos. Ou seja, torno a repetir, quem menos nos valoriza somos nós mesmos, infelizmente.

O senhor faz parte da primeira geração de comandantes que teve a experiência não só de manobras, mas de situações reais. No que isso impacta a instituição?

Qualquer impacto que você imagine só é positivo.

O senhor acha que a participação só trouxe ganhos no terreno militar?

O ganho é em qualquer coisa que você queira imaginar, e é fácil de explicar. A escola prática da vida é que nos dá a vida. No nosso caso, sabemos que seremos melhores soldados se praticarmos na vida real. Somos um país de paz — o que é excepcional, estamos há 150 anos sem guerra, excelente. Por outro lado, a formação de nacionalidade não é tão boa. O inglês, o americano, o alemão, o israelense, o suíço, o francês, eles tiveram, ao longo desses 150 anos, "n" situações de sobrevivência nacional. Aí o tataravô e o bisavô vêm com essas memórias e passam naturalmente a todos. Nós, não. Então essa identidade de nação nossa, infelizmente, a paz de longuíssimo prazo, se a gente pode falar assim, traz essa desvantagem. No entanto, somos um dos maiores países do mundo. Uma responsabilidade imensa, mas nosso povo precisa somar cada vez mais. E a maneira de somar na área profissional é a escola prática da vida.

Agora se está discutindo se o Brasil deve ir para a República Centro-Africana, uma outra missão. O senhor acha que deve ir?

Olha, eu não tenho dúvida de que... Eu já falei isso várias vezes, não me canso de repetir. A ONU é um grande órgão, claro que tem que se modernizar, até pelas conjunturas que mudam. Mas o objetivo maior é um bom objetivo. No entanto, nós não somos servidores da ONU, nós somos servidores do Brasil. Então, olhando pelo aspecto da escola prática da vida e pelos ganhos que temos em prol do Brasil, sim. Agora, quem escolhe e diz as condições somos nós, não a ONU. Isso é muito importante. Seja República Centro-Africana, seja onde for. Vamos analisar e vamos dizer com a mesma naturalidade, sim ou não. Agora, que é realmente, para o país, uma oportunidade de praticar em alto nível, não há dúvida. Hoje nós temos realmente tropas equilibradas, sensíveis a situações críticas, e que vão ter um foco, que é proteger seu povo, proteger o seu país. Isso é fundamental.

Santos Cruz

O general de divisão Carlos Alberto dos Santos Cruz nasceu em 1952, em Rio Grande (RS). Ingressou na Escola Preparatória de Cadetes do Exército (EsPCEx) em 1968 e graduou-se na Academia Militar das Agulhas Negras (Aman) em 1974 na arma de Infantaria. Formou-se em engenharia civil no ano de 1983 na Pontifícia Universidade Católica de Campinas (PUC-Campinas). Em 1985, realizou o curso da Escola de Aperfeiçoamento de Oficiais (EsAO) e em 1990 concluiu a Escola de Comando e Estado-Maior do Exército (Eceme). Graduou-se pelo United States Army War College em 1996. Entre 2001 e 2003, foi adido de defesa na embaixada do Brasil em Moscou, na Rússia. Comandou as Forças de Paz na Missão das Nações Unidas para a Estabilização no Haiti (Minustah) de 2007 a 2009 e a 2ª Divisão de Exército na cidade de São Paulo de 2009 a 2011. Foi membro do grupo de conselheiros do Banco Mundial para o Relatório de Desenvolvimento Mundial 2011 e assessor especial do ministro da Secretaria de Assuntos Estratégicos da Presidência da República (SAE). Entre 2013 e 2015, comandou as Forças de Paz da Missão das Nações Unidas na República Democrática do Congo (Monusco). Foi secretário nacional de Segurança Pública em 2017 e 2018 e ministro-chefe da Secretaria de Governo da Presidência da República em 2019.

Entrevistas realizadas por Celso Castro e Adriana Marques em Brasília (29/1/2018) e no Rio de Janeiro (4/7/2018).

76 • MISSÃO HAITI

Como o senhor recebeu o convite para a missão no Haiti?
Foi uma surpresa muito grande, porque o Exército teve dificuldade, na época, de fazer a substituição e acabou ficando apertado no calendário. Me telefonaram num dia, me dando alguns segundos para eu responder se aceitava ou não, e três dias depois eu estava em Nova York para fazer a entrevista na ONU. Mas eu me dou bem sempre que tenho esse tipo de surpresa. Eu tinha ido ao Haiti levar uma tropa, tinha ficado lá só 24 horas, não estava pensando nisso — até porque a vaga era de general de divisão, e eu era general de brigada. Mas aí disseram: "Não, a ONU vai aceitar porque é uma emergência e tal". Falei: "Está bom".

Como foi a entrevista na ONU?
A entrevista é um painel. São cinco, seis avaliadores que fazem uma série de perguntas sobre várias coisas: o que você acha da situação no Haiti, por que você acha que foi indicado pelo seu Exército, o que você acha que é possível fazer no caso do Haiti. Uma entrevista de mais ou menos uma hora, com pessoas com larga experiência na ONU avaliando a qualidade das suas respostas e também a sua habilidade no inglês, idioma previsto para a missão. Era dia 22 de dezembro de manhã em Nova York, e eu tinha sido convidado no dia 18 à noite. Mas eu acho melhor quando é surpresa assim, porque você não tem que ficar se preocupando em planejar nada.

Aí o senhor voltou ao Brasil?
Vim em casa para passar o Natal e o Ano Novo. Eu tinha que ir a Cuiabá para desarrumar minha mesa, limpar o computador e tirar minhas coisas da gaveta. Depois foi a minha mulher que fez minha mudança, não tive tempo nem de fazer mudança. Voltei para Nova York dia 2 de janeiro, dia 10 eu já estava no Haiti. Foi tudo muito rápido, não foi um processo normalmente planejado. Normalmente o Exército lhe avisa com seis meses de antecedência para você se preparar.

Por que foi uma emergência?
Eu acho que o Exército tinha indicado alguns oficiais e houve alguma dificuldade, não sei, e aí a ONU pediu mais uma indicação. Tudo isso deve ter causado um retardo.

Chegando ao Haiti, qual foi a sua percepção?
Quando você chega num lugar desses você não precisa de mais de duas horas para ter uma percepção do problema. Eu tinha ido ao Haiti por um dia só, e aquilo ali, é lógico, você percebe nitidamente que é um caso — vamos dizer assim — de falta de liderança, falta de patriotismo, de governantes que deixaram ao longo do tempo que aquilo chegasse naquele ponto. Então você vê uma população que trabalha dia e noite de maneira bárbara para sobreviver, e você tem uns poucos privilegiados que normalmente têm o controle de todas as atividades comerciais, bancárias etc. É fácil de perceber, você não tem dificuldade nenhuma. Depois você aprende mais sobre a história, uma série de coisas, mas a sua percepção inicial é muito importante. E daí vem a sua personalidade também. Tudo o que fazer e a intensidade com que você vai fazer, isso é muito da personalidade de quem está comandando, é decisivo. Na política também é assim. Lá é a mesma coisa. Aquelas gangues de rua, chamadas *street gangs*, nós estamos vivendo no Brasil, também, um problema semelhante com o crime organizado. Ou você pega de frente isso com muita determinação ou então não dá certo, o problema fica se esticando. Tem que ter disposição para enfrentar os problemas de maneira bastante frontal. Esse tipo de problema não dá para ficar dando voltas.

A questão das gangues era o principal problema, quando o senhor chegou lá?
O Haiti tem vários problemas. Naquela época eram as gangues de rua. Não tinham nenhuma filosofia política, era o crime pelo crime mesmo, pelo benefício financeiro. Elas não eram grupos terroristas ou grupos políticos utilizando a luta armada como forma de política. Eram gangues criminosas que foram politizadas num certo momento

78 • MISSÃO HAITI

da vida haitiana. Elas dominavam algumas áreas e, quando começaram as eleições — naquela época logo depois da queda do Duvalier —, veio uma associação já de políticos com as gangues, pela qual as gangues garantiam o voto nas áreas que elas controlavam. No Brasil você tem esse fenômeno. Aí começa uma relação entre o poder político e as gangues; houve essa simbiose.

Fazia muitos anos que as gangues dominavam Cité Soleil, que é um bairro dentro da capital, a um quilômetro do aeroporto. Não tem cabimento, você tem que enfrentar. Elas acharam que podiam manter o território, não deixavam você entrar. Já havia alguns postos dentro de Cité Soleil que o pessoal chamava de pontos fortes, *strong points*, mas que eram muito atacados, regularmente, quase todo dia. Tinha as patrulhas que ligavam esses pontos fortes para levar substituição de pessoal, levar comida etc., então os veículos que passavam ali recebiam muitos tiros. Quando eu cheguei, vi isso como uma coisa extremamente positiva, porque nós somos treinados para o confronto. Se o oponente quer o confronto é o grande momento para nós, porque, como nós somos melhor treinados, vamos vencer o confronto. Nunca tive dúvida sobre isso. Se você é um militar que não acredita que no confronto você vai sair vencedor, então é melhor você nem entrar.

Assim a gente planejou ocupar de uma vez, indo por partes: um pedaço hoje, outro daqui a quatro dias, outro na semana que vem. E tinha essa reação, então foi possível estabelecer um confronto muito forte, de altíssima intensidade, no qual a gente derrotou as gangues e as extinguiu, praticamente. Depois continuou uma fase policial muito forte, continuamos prendendo gente e entregando para a polícia haitiana.

A pacificação começou por Bel Air?
O trabalho inicial foi mais em Bel Air — que é um bairro central — em 2004, 2005. Já no ano de 2006 foi num bairro que é geograficamente contíguo a Bel Air que se chama Cité Militaire. Quando eu cheguei, praticamente estava bem resolvida a situação em Bel Air; a situação

em Cité Militaire também. Cité Soleil é muito bem marcada porque você tem a avenida, que na realidade é a continuação de uma rodovia, a Nacional 1, e ela se estendia até o mar; então estava muito bem definida geograficamente, o que facilitava o planejamento operacional.

Essas gangues conheciam o terreno, estavam muito misturadas na população. Isso dificultava?

Isso dificulta muito. Você tem que desenvolver a parte de inteligência. Quando você começa a estar presente no terreno, você naturalmente já começa a atrapalhar os negócios. Qual é a vida financeira da gangue, dos grupos armados? É baseada em extorsão, sequestro, tráfico de drogas, comércio ilegal, contrabando. A sua presença ali naturalmente já atrapalha, porque você faz *check point* [ponto de controle] na entrada do bairro, começa a atrapalhar os negócios e também aquele controle social que eles têm. Então isso já causa um desconforto muito grande.

Como o senhor fez para neutralizar as gangues em Cité Soleil?

Quando a gente faz, como agora, uma análise posterior, você pode até dar um *show* didático. Mas na hora você não tem tempo para isso. Então, havia aquela ousadia das gangues, que a gente vê até aqui no Rio de Janeiro, essa ousadia absurda de controle territorial, de domínio de comunidades. Esse domínio não implica só tráfico de droga. Tráfico de droga você tem em tudo que é lugar do mundo, talvez com raríssimas exceções. O que você não tem é o sujeito de fuzil e com essa ousadia que tem aqui. Lá também. Só que as gangues não fazem só o tráfico de drogas, tráfico de munições, de armamento. Também tem exploração sexual, de levar menores de idade para baile *funk*, prostituir menina com 12, 13 anos de idade, estupro, e por aí. A profundidade do crime é muito além daquela arma que você vê ali na fotografia.

Lá no Haiti também era assim. As gangues ali faziam esse controle, e uma base econômica da gangue era a extorsão, até do pequeno comerciante de rua. Sequestros, tráfico de droga, contrabando, tudo isso era dominado pelas gangues há muito tempo. E se eu fui contratado para um serviço para trazer um benefício para a população, não vou deixar isso acontecer na minha frente. Então é uma questão de decisão pessoal também. Não estou ali só para satisfazer os ideais da ONU nem do Brasil. Estou ali para satisfazer a minha filosofia de vida também. Então, a decisão foi enfrentar aquelas gangues. Eu cheguei numa sexta-feira de noite. No sábado de manhã foi a cerimônia de passagem de comando, no dia seguinte já fui visitar a área mais crítica, que naquele momento era Cité Soleil. Isso era 10 de janeiro de 2007. A decisão imediata foi a seguinte: as gangues não vão continuar dominando territorialmente aquilo ali — já fazia muito tempo que elas dominavam. Então, vamos ocupar isso aí, vamos restabelecer a ordem nesse negócio. E vamos convidar o Estado a comparecer, a reabrir as suas delegacias, reabrir o seu fórum etc. E como é que vamos fazer isso? Em 2004, um pouco, mas principalmente em 2005 e 2006, as tropas anteriores tinham colocado os chamados *strong points*, os pontos fortes, dentro de Cité Soleil. Você tinha quatro ou cinco pontos fortes dentro de Cité Soleil, que eram atacados quase todo dia. Os blindados iam fazer a troca de pessoal e levar a alimentação, e já faziam um patrulhamento. Mas sempre sob intenso ataque.

O depoimento aqui é muito pessoal, então são conclusões pessoais. O grande momento para o militar é exatamente quando o oponente quer combater, então esses ataques todos contra a gente, para mim, eram uma coisa boa. Então, vamos enfrentar e vamos para o confronto. Porque nós somos preparados para ir para o confronto muito mais do que os criminosos, somos profissionais do confronto. A gente faz o confronto dentro da lei, e nós temos mais logística. Eles não vão competir com a gente em munição, porque nós temos muito mais. Nossa logística é melhor, nosso profissionalismo é melhor, nosso amparo legal é total, porque estamos representando o Estado. Então, vamos para o confronto.

Para ir para o confronto você tem um monte de risco que tem que assumir. Mas a sociedade está pagando você para você se arriscar. Ela pagou seu treinamento, seu armamento, sua munição, ela espera que você tenha coragem de fazer o que você tem que fazer. Essa é uma exigência social. Ela paga para eu me arriscar e me dá o direito de usar armas, mas claro que exige que eu faça isso dentro da lei. Então você tem que fazer o que tem que ser feito, o que é esperado de você fazer ali: neutralizar essas gangues, confrontar. Aí tem várias maneiras. Em Martissant, por exemplo, na área do Sri Lanka, a opção não foi por confronto, foi por ações de cerco e busca. Então todo dia você deixava umas pequenas áreas completamente cercadas e fazia uma varredura, uma busca detalhada para recolher arma, com o batalhão do Sri Lanka e a Unpol junto com a polícia haitiana. Então você já aproveita e treina o policial local. Em Cité Soleil, não. Em Cité Soleil, o comportamento das gangues... Eles atiravam muito. Em 15 dias, a gente gastava uma média de 3 mil a 4 mil tiros, todo dia, para se defender. Se você for ver a história da missão no Haiti não tem acusações de morte de inocente, porque o pessoal atirava com critério. O soldado era bem treinado, então ele só atira naquilo que vê, naquilo que enxerga. O criminoso não, ele atira em automático, bota o dedo no gatilho e, se ele tiver munição, atira muito.

Então, a opção ali foi de confronto. A gente planejou, e nós fomos para as operações. Outra coisa: fazer um ritmo de operações muito forte. No mínimo, uma grande por semana, porque você tem que dar um tempinho para planejamento e ver a evolução das coisas. E não dar tempo para o cara se reorganizar. Você tem muito mais administração de pessoal, você tem muito mais logística nas coisas, então você não pode supor que não vai vencer o conflito. Você tem todas as condições de vencer o conflito.

O conflito, em si, foi dentro do esperado?
Eles cometeram um erro gravíssimo. Esses cinco, seis anos em que eles eram os donos do território, e toda essa frequência diária de ataque às patrulhas que se deslocavam durante o dia, deu para eles a sensação de que era possível defender o território. Para nós, isso foi o ideal. A primeira grande operação — não é que ela tenha sido tão grande, mas foi

82 • MISSÃO HAITI

muito significativa — se chamou Blue House. Eu tinha chegado no dia 10. A Operação Blue House eu acho que foi no dia 24 ou 28 de janeiro. A missão, naquele momento, estava com um prestígio muito baixo. Era considerada inativa, pois não tinha muita ação, e teve uma que não deu muito certo, o Uruguai perdeu um blindado etc. O ambiente naquele momento era de que a missão não era muito efetiva, não era muito de ação. Havia crítica na sociedade haitiana, na imprensa, em Nova York, na ONU também, o pessoal achando que a missão tinha que ser mais dinâmica. Então, era um momento assim de baixa. Em vez de chamar Minustah, eles chamavam de Turistah — pejorativo —, de que a missão estava fazendo turismo. As próprias gangues tinham uma jogada, assim, de guerra psicológica. Encontrei até alguns folhetinhos que eles imprimiram.

Também coincidiu com um momento em que o sequestro estava em alta. O sequestro, eu soube lá, pela conversa com o pessoal, era um crime que não existia no Haiti. De repente, sequestro de montão, para pegar resgate. A maioria dos sequestrados era de haitianos, mas também alguns estrangeiros. Um caso de estrangeiro que virou o caldo foi o de uma moça canadense que eles sequestraram, estupraram, mataram e, antes de matar, furaram os dois olhos com faca. Isso aí era muito comum, você ter crimes nos quais os olhos eram arrancados ou eram furados. São algumas visões absurdas das crenças deles de que aí, no outro mundo, você não vai enxergar o seu assassino, você vai ficar cego para sempre, a sua alma vai ficar cega. Teve também o caso de uma criança. Sequestraram o menino, a família pagou o resgate, e depois ainda jogaram o corpo por cima do muro, para dentro do pátio da casa. Então, coisas assim, absurdas, terríveis. Esse era o momento ali.

Havia uma caixa d'água na Nacional 1, no bairro de Boston, e o líder da gangue ali era um cara muito grandalhão, um cara novo, chamado Evens Jeune. O cara era realmente *jeune*, um cara novo. E sempre com as conotações de que o sujeito era um *voodoo priest*, um sacerdote vodu, que o cara tinha corpo fechado, não sei o quê... Esse cara morreu uns três anos depois na prisão, ele tinha Aids.

Bom, eles acharam que podiam defender o território. Então, o que é que fizeram? Eles tinham alguns indícios de que a gente ia fazer uma grande operação. Nós fizemos a primeira, a Casa Azul, que era na beira da Nacional 1. Era um predinho azul, não era muito alto, porque as casas ali são baixas; as mais altas têm o térreo mais dois andares, que nem as casas aqui no subúrbio do Rio de Janeiro. Esse predinho azul era um pouquinho mais alto e, pela localização, você tinha lá de cima alguma visão sobre o bairro. E, nessa visão, a uns 300 ou 400 metros dali, estava a base da gangue desse Evens Jeune. Eles copiaram de um sistema de guerrilha, onde a base era um espaço tipo uma quadra de futebol de salão, com um palco em volta, um centro comunitário, que também é dominado pela gangue, e a casa, ou as casas — nesse caso, o líder da gangue tinha cinco mulheres, então ficava também tudo ali. Aquela área ali era o centro da coisa, era defendida por gente armada, ninguém entrava sem autorização.

Nessa época de que estou falando, o que é que eles fizeram? Como as ruas são estreitas, eles fizeram umas valetas, cavaram um buraco de três metros de profundidade e quatro metros de largura, não passava blindado, não passava veículo nenhum, então você não tinha circulação de veículos dentro daquela área. Havia, se não me engano, 22 a 24 desses fossos. Isso demonstrava o quê? Que eles achavam que podiam defender o território. Nossa primeira decisão foi pegar a Casa Azul. Eles tinham destruído as paredes que davam para o fundo, então em todos os andares você ficava exposto ao bairro, para receber tiro. Na frente dessa Casa Azul eles faziam *check point*: paravam carros, extorquiam dinheiro de motorista, sequestravam. Então nós tivemos que planejar bem essa operação, ela teve que ser muito detalhada.

Cheguei ao Haiti num sábado e no domingo fui conversar com o Edmond Mule, diplomata guatemalteco, que era o chefe da missão e que o tempo todo dizia: "General, nós temos que fazer alguma coisa!". Ele estava meio desesperado. E também estava perto da época de o chefe da missão ir a Nova York fazer um relatório para o Conselho de Segurança da ONU, que é uma obrigação para renovar a missão.

Aí eu saí com o Gondim [José Eduardo Gondim Filho], que está aqui hoje trabalhando na Presidência, na segurança, e que era coronel, assistente do *force commander* anterior, e que ficou comigo mais um tempo. Nós fomos lá para aqueles lados, levamos um bocado de tiro e tal, e eu falei: "O que é a Casa Azul?". Ele falou: "É aquele predinho ali". Eu falei: "Vamos pegar esse prédio!" [risos]. Aí ele falou para mim assim: "General, os bandidos vão endoidar!". Eu falei: "Se endoidar, endoidou. Nós vamos em frente". Lembro que ele perguntou várias vezes para mim: "O senhor vai fazer isso?". Falei: "Vou! Agora! Vamos para o confronto e vamos fazer o que tem que fazer".

Aí foi bolada essa operação, que eu, sem criatividade nenhuma, chamei de Operação Blue House [risos]. Foi meia-noite, usando 18 ou 22 comandos e forças especiais nossos, do Brasil, reforçados por tropa regular, para ocupar a casa e rapidamente fazer umas proteções com saquinhos de areia levados na pá carregadeira dos tratores da Engenharia e levantar já no segundo andar para se deitar atrás delas e aguentar o contra-ataque — porque eles iam tentar pegar a casa. E jogar, rapidamente também, muito arame farpado em volta para não deixar o contra-ataque vir para a casa. Aquilo ali era para mostrar: olha, chegamos aqui, vamos ficar aqui, e daqui nós vamos para frente. Você tem que mostrar determinação. Nesse tipo de ambiente, se você não mostrar determinação, não tem saída.

Fizemos a simulação de ataques em toda a volta do bairro, com patrulhas tentando passar por esses buracos que eu falei. Sempre que você chegava com uma patrulha na beira de um buraco desses, você era contra-atacado na hora. E foi pega a Casa Azul. Quando eles perceberam que aquilo tudo era simulação e que o ponto forte era a casa — isso aí demorou uns 20, 25 minutos para acontecer —, nós já estávamos instalados.

Eles não contra-atacaram a Casa Azul?
Foram 15 dias de contra-ataque! Foi contra-ataque o tempo inteiro, de manhã, de tarde, de noite. Aí, o que é que aconteceu? Eles começaram

a atacar a Casa Azul, a atacar o *ponto forte 16*, que hoje é a delegacia de Cité Soleil, a atacar patrulhas na rua... A gente começou a perceber que eles começaram a coordenar mais as ações deles, então estava havendo uma evolução no negócio. Então pensamos: vamos ter que ocupar tudo agora.

Foi organizada uma grande operação no dia 9 de fevereiro, duas semanas depois. Aí foram todos os efetivos do Brasil, do Peru, da Bolívia. A Jordânia emprestou os blindados para uma companhia brasileira que não tinha blindado, a de Uberlândia. Os motoristas da Jordânia com o pessoal brasileiro embarcado. O Chile estava com um pelotão, se eu não me engano, e o Uruguai também estava com um. Então, foi todo mundo. Botamos entre 700 e 800 pessoas na operação, com mais ou menos 60 blindados para pegar só o primeiro bairro — e pequenininho — que é esse de Boston. Nessa segunda grande operação, tivemos que gastar 12 mil tiros. Nós recebíamos muito mais tiro do que isso. Eu nunca tinha visto coisa igual na minha vida, de tanto que eles atiraram. Eles acharam que podiam defender, juntaram todas as gangues e foram se defender da nossa entrada. Então isso nos deu chance de ir para um combate mais ou menos decisivo. Tanto que, depois, as outras reações foram praticamente zero. Aquela ali foi a grande operação. Então, essa falsa noção de que era possível defender território...

E teve muitas baixas do lado deles?
Bastante, sem dúvida nenhuma. Mas não sei quantos.

Nós fizemos a operação na Casa Azul à meia-noite. Essa outra foi às três horas da manhã. Por que você faz essas operações nesse horário? Porque você não tem criança na rua, você não tem mulher na rua. Você não pode invadir a comunidade, a favela, seja lá onde for, que tenha população, durante o dia, para não ter dano colateral. Quando são quatro horas da manhã as pessoas já estão saindo da comunidade, da favela, para ir trabalhar. E 99% é gente decente, é 1% que faz esse estrago todo. Então você tem que escolher um horário que você não tenha o chamado dano colateral, ou ao menos que ele diminua.

Segunda coisa: você tem que orientar a população. A gente fez um trabalho de preparação muito grande. Você prepara folhetinho, que pode distribuir do blindado, ou jogar do helicóptero, dizendo: "Quando começar o tiroteio, pega as crianças, entra para dentro de casa, deita no chão, não sai para a rua". Você tem que orientar a população para não ter dano colateral, para não ter tiroteio com criança passando, indo para o colégio. E eles percebem quando vai começar, porque eles veem, lá dentro, os bandidos armados, se preparando para o confronto, então o pessoal já recolhe todo mundo. Nós não tivemos dano colateral porque a gente se preocupou em preparar a população. Você faz reuniões com os líderes comunitários, que são muito fortes nessas comunidades todas. Aqui no Rio de Janeiro também. Onde o governo é fraco, o líder comunitário é forte.

Essa segunda grande operação foi às três horas da manhã. Foi um volume de fogo impressionante. Seis horas depois, às nove da manhã, a Cruz Vermelha me ligou e pediu para parar o combate, para poder atender gente ferida, gente morta. Queria uma hora de interrupção. Eu conhecia o sujeito da Cruz Vermelha, era uma pessoa muito boa, um suíço chamado Cedric Piralla, que, casualmente, morava no hotel que eu também morava. Para a gente não interessava parar, porque estávamos andando mais ou menos bem. Mas você nunca sabe se tem gente inocente ferida ou coisa assim, você não vai dizer não para a Cruz Vermelha Internacional. Mesmo se fugir, como fugiu gente naquela parada ali. Você recupera depois. Você está vivendo um problema que tem 200 anos, não precisa resolver hoje. Então, você tem que ter essa noção e não prejudicar o atendimento daqueles que precisam. Por isso eu falei para ele: "Vamos parar duas horas, das nove às 11. Se eles vão atirar, eu não sei. O meu pessoal não vai atirar". E eles entraram com a ambulância, fizeram a evacuação que tinham que fazer. Eu estava em cima da Casa Azul. Depois me contaram que tinha um certo número de feridos e de pessoas que talvez tivessem morrido, mas essa estatística eu não tenho. E às 11 horas da manhã recomeçou.

Uma hora da tarde o pessoal falou para mim que já tinha chegado na base desse Evens. E uma e meia da tarde me disseram que a população estava saqueando a casa dele. O saque é uma coisa que caracteriza que você perdeu o poder. Se a população saqueou é porque o cara fugiu, perdeu o poder. Aí eu desci da Casa Azul pela avenida Soleil, fui até lá, mas quando cheguei, ainda não tinha percebido que havia alguns pontos de onde eles ainda estavam resistindo, ainda levei alguns tiros. Isso já era uma e meia, duas da tarde. Depois nós ocupamos, fizemos ali um ponto forte. Infelizmente, depois morreu um soldado brasileiro, eletrocutado num fio, naquela posição.

A operação começou às três horas da manhã e foi até as três da tarde. Tivemos que gastar 12 mil tiros e mais algum armamento pesado que você usa, não para atirar em pessoal, mas para efeito psicológico. O sujeito tem que ter absoluta certeza de que você foi para decidir. Você não pode ir para ficar um pouquinho e voltar. Esse negócio não adianta. O cara tem que ter essa convicção: ou ele se entrega, ou, se ele for para o confronto, ele pode morrer, ou ele foge. Você não pode fazer uma ação dessas sem convicção e sem transmitir a convicção para o outro lado. E se o sujeito escala o conflito, você tem que escalar junto. Se ele aumentar o calibre da arma, você aumenta o seu. Sempre um passo acima. Você tem que se impor. Isso aí é bom porque, quanto mais forte você for, menos possibilidade de conflito você tem. Você tem que ir com uma força muito superior. O seu armamento tem que ser superior. Sua superioridade tem que ser muito forte, até para evitar reação, porque quando a coisa é muito parelha o sujeito acredita que dá para reagir. Às vezes, as pessoas não entendem por que você vai com uma força tão superior. É exatamente para evitar a reação. E a tropa era muito bem treinada.

E a coordenação funcionou bem, mesmo tendo tropa de vários países?
Lá em Nova York tinha um dos assessores militares que condenava esse tipo de operação com tanta gente diferente. Eu não me importo, não. Eu acho que funciona. Só que tem uma coisa: todos os comandantes têm

que ir junto. Eu estava em cima da Casa Azul com meu estado-maior. Era eu, o meu subcomandante, que era um general do Uruguai, dois assistentes do Brasil que agora são coronéis, o oficial de operações que era da Argentina, um tradutor de árabe para inglês, porque tinha o pessoal da Jordânia envolvido. No terreno, você tinha brasileiro embarcado em carro com motorista jordaniano. Eu dei três dias para eles se adaptarem, e os brasileiros se entendiam perfeitamente com os jordanianos. Não sei como. Combinaram com os caras, em três dias de ensaio: quando eu bater no teu ombro esquerdo você vai com o blindado para a esquerda, quando eu bater no teu ombro direito você vai para a direita [risos]. Brasil com Uruguai, Bolívia e Peru fazem uma combinação muito homogênea, então também não era bem assim, de você ter um sul-americano, um asiático, um europeu. Os *hermanos* só não se dão bem no futebol, mas no resto o pessoal se acerta. E as tropas eram boas, os comandantes eram bons.

Essas coisas todas eu fui aprender com o tempo. Na hora é só percepção. Depois, você pode escrever até um livro explicando por que, mas na hora você não tem essa chance, não. Então, o que é que acontece? Quando é uma guerra nacional, um general dá uma ordem para o coronel, o coronel transmite para o major, o major para o capitão, o capitão para o sargento, o soldado — todo mundo está na mesma motivação. Na ONU é diferente, as motivações são completamente diferentes. Você tem um general que é brasileiro, você tem um subcomandante que é de outro país, você tem a tropa que é de outro, uma tropa da Ásia, outra da Europa, outra da África, então as motivações eram diferentes. Um país está ali mais por prestígio dentro da ONU. Ninguém quer arriscar a sua pele por um problema que não é dele, que ele não entende direito, que ele acha que é por culpa da corrupção política local, da falta de administração pública etc. Só tem uma saída na ONU: os comandantes todos na frente. Aí vai. Aí pode misturar quem quiser, porque os princípios militares são os mesmos. A hierarquia, nas Forças Armadas, funciona do mesmo jeito em tudo quanto é lugar do mundo. Um tenente brasileiro respeita um capitão da Argentina, o capitão da Argentina respeita um coronel do Sri Lanka. A hierarquia existe em todas as instituições. Então quando você dá essa misturada e os comandantes vão na frente, todo mundo respeita a hierarquia: o soldado brasileiro vai respeitar um sargento do Uruguai, o sargento do Uruguai vai respeitar um capitão do Nepal.

O senhor não teve nenhum problema por causa disso?
Nada! Zero problema.

O ataque começou às três horas da manhã, e às três da tarde já estava liquidado.
A gente chama de "consolidado".

E em seguida, foi o quê? Aproveitamento do êxito?
Aí, o que é que aconteceu? Teve gente que escapou. Só que quando o sujeito escapa, ele perde a base. Quando ele vai para outro lugar, ocorrem duas coisas. Em primeiro lugar, ele vai atrapalhar ou vai ser um intruso em outra área; segundo, ele vai chamar atenção da força de segurança que vai atrás dele. Aquele pessoal não quer ele lá porque ele está trazendo problema. Ele já é um estranho no ninho. Então, o fugitivo fica extremamente fragilizado. Esse Evens Jeune fugiu para perto de Gonaïves, onde morava a mãe dele. Pegou um táxi e foi para um lugarejo lá perto. O motorista de táxi entregou ele por cinco dólares! O sujeito é o rei ali, mas, saiu dali, fica vulnerável. É por isso que você também não pode se preocupar muito. Você vai, ocupa; quem fugiu, fugiu, não tem problema. Esse que fugiu não tem muita guarida em outro lugar. E se a inteligência, a força de segurança for atrás dele, ele é malvisto noutro lugar, porque ele está atraindo a atenção para lá. Então o pessoal faz qualquer coisa para que ele não fique.

O senhor está falando dessa experiência de combate. O militar brasileiro é treinado a vida inteira para um combate que nunca acontece. Mas aí aconteceu. Como o senhor pessoalmente se sentiu ao final das 12 horas? Eu sou um sujeito especializado, tenho curso de guerra na selva, tenho curso de comandos. Claro que é muito importante você ter um bom treinamento, você vai aumentar o percentual de pessoas que não tremem na hora do combate, mas tem um percentual mínimo que sempre vai tremer. Por quê? Porque aquilo ali não coincide com a característica da pessoa. Quando a sua tarefa não coincide com a sua personalidade, aquilo é um sofrimento. Com o combate ocorre isso. Eu cheguei no dia 10. No dia 11, já fui fazer o reconhecimento, já levei um monte de tiro. O tiro na rua não é a mesma coisa que no estande de tiro.

Eu estou lá em cima, três horas da manhã, tudo em absoluto silêncio, sem luz. Tudo escuro. Três da manhã a gente escutou os blindados entrando, cronometrado. Tinha um major comigo, hoje coronel lá no Coter, o Godoy [coronel Carlos Augusto Godoy Júnior] que marcou: disse que foram 27 minutos de tiroteio, de um volume de tiro absurdo. E eu quieto. Com 27 minutos já teve gente que começava a falar no rádio: "Está tudo bem aqui. Já estamos prosseguindo, já passamos o quarteirão tal, a rua tal". Aí começou a movimentação de combate.

O meu oficial de inteligência era um major dos Estados Unidos, muito bom oficial. Agora já está aposentado. Quando saí do Haiti, vim para São Paulo, fui assumir a 2ª Divisão de Exército. Ele veio dos Estados Unidos para a cerimônia, e falou para mim assim: "O senhor foi um grande comandante naquela situação. Naquele tiroteio, em que ninguém conseguia falar nada, aquele inferno, e o senhor, quieto. O senhor não falou uma palavra". Eu disse: "Sabe por que eu não falei uma palavra? Eu não estava tranquilo. Eu estava rezando" [risos]. Porque você não sabe o que é que está acontecendo. Pode estar soldado seu morrendo, eu pensava em vários soldados que eu conhecia, num tenente filho de amigo meu, tudo. Mas o pessoal é muito bem treinado. O pessoal era muito bom. Então, esse negócio de combate tem que coincidir com a sua personalidade.

Como foi a experiência de comandar uma força multinacional, de jordanianos a bolivianos?
Nunca tive dificuldade nenhuma, para mim é tudo a mesma coisa. Cada um tem a sua cultura. Uns são muçulmanos, outros não. O sul-americano gosta de um tipo de festa, outro é completamente diferente da celebração dele, mas isso aí é até divertido culturalmente. Não precisa você tecnicamente estudar isso aí; eu nunca tive dificuldade nenhuma.

Em termos de comando, hierarquia, disciplina, essas coisas funcionam?
Funcionam porque todos os exércitos do mundo funcionam baseados no mesmo princípio. Então o soldado de um país respeita o sargento do outro país, a cadeia hierárquica é a mesma. Pode misturar tudo que acaba dando certo, porque os princípios são os mesmos, os valores são os mesmos. Valor da disciplina, valor de cumprir a tarefa a qualquer preço — esse tipo de coisa é cultivado em tudo que é lugar do mundo. Depois eu fui para a África, fiquei lá com uma quantidade muito grande de países, entramos em combate com africanos, também não tive...

Só que na ONU tem uma característica, você tem que ir na frente. Por quê? Porque quando é um Exército nacional, o general dá uma ordem, o coronel repete, o sargento, todo mundo da mesma nacionalidade segue aquela ordem, pois todo mundo tem a mesma motivação. Já na ONU, você tem seis, sete, oito, 10 países, cada um com seu próprio interesse naquela questão. Uns aceitam mais risco, outros menos. Então aqui você não precisa estar o tempo todo na frente, mas na ONU não. Na ONU é muito importante você estar na frente puxando, liderando, porque os interesses são muito diversos, a liderança da organização é um pouquinho diferente da que você tem no seu país. Tem um pessoal que estuda isso teoricamente. Eu nunca me preocupei, não me interessei também de ficar estudando liderança do ponto de vista teórico, lendo livros. Você pode ler por curiosidade, mas não para aprender, porque isso não é coisa que se aprende em livro, não. Isso aí é uma questão de percepção — quando você vai, quando você não vai, quando é necessário que você apareça na frente para ir junto.

92 • MISSÃO HAITI

É uma questão até de personalidade também, de gostar de participar. Porque às vezes — taticamente, tecnicamente, estrategicamente — não é bom você estar na frente, mas por outro lado, às vezes satisfaz até você mesmo. Então isso aí não tem fórmula: ou dá certo ou não dá certo. Em geral, na ONU é muito importante o comandante estar na frente porque os países representados têm interesses diferentes.

E como foi sua experiência de relacionamento com os haitianos?

Olha, isso é uma coisa que vai muito da sensibilidade, porque você não consegue ficar o tempo todo fazendo uma análise, vamos dizer assim, pedagógica, técnica, de todos os componentes: como eu me relaciono com a mídia, como trato o governo local, como trato a força armada ou a polícia local. Se você for raciocinar sobre isso, você vai ficar fazendo um estudo acadêmico e não vai comandar a tropa. Quando você faz esse tipo de análise como eu estou fazendo agora, na realidade você faz *a posteriori*. Na hora, é tudo num segundo só de sensibilidade, ou então você não faz.

Eu nunca tive problema nenhum. Você tem que perceber a reação da população. No início, quando a gente derrotou as gangues, os haitianos eram um pouco mais reservados, mais fechados. Mas também eles não podiam se expor, eles tinham que viver ali. Se começassem a ter um relacionamento muito visível com a tropa, aqueles remanescentes das gangues poderiam se vingar em cima deles. Você vai entendendo aquilo ali, e aquilo vai descontraindo aos poucos conforme você vai se firmando no local e conforme o sujeito se sente mais seguro — mas isso é uma questão de sensibilidade. Você não consegue dizer: vai acontecer assim, assado. Hoje eu posso até dizer como mais ou menos vai acontecer porque eu vi acontecendo, mas na hora você vai analisando e vai aprendendo ali junto com o andamento das coisas. Essa análise bem dividida assim é posterior.

E às vezes está acontecendo uma coisa num lugar e no outro não, dentro da mesma missão. Você tem um ambiente às vezes lá em Gonaïves, outro ambiente numa outra cidade, e tem outro ambiente operacional aqui. Você tinha um ambiente operacional em Cité Soleil e a mil metros dali, você tinha um completamente diferente em termos de relacionamento com a população no local, onde ela já estava mais tranquila, acostumada. Então você tem que ir agindo de acordo com a sensibilidade.

Lá no Haiti também, nessa época, havia presença muito numerosa de ONGs dos mais diferentes tipos. Como o senhor lidava?

O Haiti é chamado de "a república das ONGs". É um país mais ou menos do tamanho de Alagoas. Você tinha 9 mil ONGs. Tem as organizações mais famosas, como a Cruz Vermelha, que não se consideram ONGs mas funcionam como ONGs. Tem o Médicos Sem Fronteiras, que faz um trabalho excelente, é uma das organizações de maior prestígio. Trabalha muito na linha de frente e é a organização internacional que mais perde gente em frente de combate. Você tem algumas organizações muito boas como, por exemplo, Partners in Health, uma organização americana muito bem administrada que também faz um trabalho muito bom. Não é muito conhecida porque não trabalha na capital, só no interior, nas zonas realmente mais carentes. E você tem outra infinidade, sem contar 20 e poucas agências da ONU, do Banco Mundial — problema mundial de alimentação, problema mundial de saúde, e por aí vai.

Você tem que considerar isso na hora em que faz uma operação. Você vai fazer uma operação noturna e vai ocupar um bairro onde você sabe que vai ter uma resistência forte, e que vai ter um combate muito forte. Ali dentro você tem um hospital da Cruz Vermelha, como tinha em Cité Soleil, um hospital do Médicos Sem Fronteiras. Você tem que avisar o hospital por duas razões: para o hospital mobilizar o pessoal dele e ficar à disposição, ou para tirar de lá. Normalmente eles mobilizam o pessoal até para atender os feridos, porque vai ter feridos. Então você alerta eles, e normalmente eles não quebram o sigilo das operações, não se envolvem nessa parte, nem para um lado, nem para outro. Eu sempre tive um bom relacionamento com eles, sem problema

94 • MISSÃO HAITI

nenhum. Porque se você não considerar as organizações, as ONGs que estão trabalhando na área, você pode ter problema: eles podem ficar no meio de um fogo cruzado, e eles não são gente preparada para isso. Então tem que haver esse tipo de consideração e não tem problema nenhum, tranquilo.

E com a população em geral?

A população desses locais é muito sofrida. O máximo do sofrimento humano você encontra ali naqueles locais. E eles sabem quem é quem, quem é bandido, quem não é; quem é traficante, quem não é. Eles conhecem tudo e procuram não se envolver porque têm que viver ali. Mas eles percebem o movimento todo. São áreas muito populosas, de muita gente. Se você estiver na rua fazendo patrulhamento e não tiver ninguém na rua, ou de repente desaparecer, mau tempo! Agora, se eles estão ali no mercado, normal, vendendo as coisas na rua, então tudo bem.

O senhor ficou dois anos e três meses no Haiti. Nesse período, de quando o senhor chegou até quando saiu, o que mudou na sua percepção do cenário?

Naquela época eu tinha mudado muito. Quando cheguei, tinha essa situação de Cité Soleil; resolvi que ali o conflito ia ser direto. Tem uma outra área chamada Martissant, onde estava o pessoal do Sri Lanka, também muito problemática, muito pior em termos geográficos de atuação e mais difícil que Cité Soleil — não é falada muito aqui porque o Brasil presta atenção onde está o batalhão brasileiro. Lá estava o batalhão do Sri Lanka, batalhão muito bom também. Lá a minha opção foi diferente. A operação foi de cerco e de busca; o batalhão do Sri Lanka normalmente fazia o cerco e a polícia da ONU, junto com a polícia do Haiti, fazia uma varredura, uma busca 100%.

Mas o que era decisivo para isso? Eram mais as características do terreno?

Características do terreno e também do nível de confronto. Cité Soleil é fácil porque é absolutamente plana e tem marcação de ruas, o que facilita o planejamento. Já Martissant não, é como favela nossa no Rio de Janeiro.

O senhor tinha a convicção de que em Cité Soleil um confronto direto e mais forte ia resolver?

Essa foi a opção tática, a estratégia foi essa: vamos enfrentar de uma vez e passar por cima, vamos atropelar e vamos dominar tudo de uma vez. Já em Martissant não, ao contrário. Lá minha opção foi de três em três, quatro em quatro dias fazer cerco, não muito grande, para ser bem fechado, bem forte, e a polícia passava o dia inteiro fazendo vasculhamento dentro daquela área cercada.

Foi mais ou menos o que aconteceu na Rocinha?[1]

É, mais ou menos. Só que a dimensão da Rocinha é muito grande, então você usa 2, 3, 4 mil, que nem usaram agora. A minha opção lá foi fazer por áreas menores e com muita frequência. De três em três dias, mais ou menos, uma aqui, outra ali, então foram duas estratégias diferentes, uma em Martissant e outra em Cité Soleil. Aí depende do terreno, depende da maneira como reage o oponente; não foi utilizada só uma estratégia, não. Isso aí o que te diz é também a percepção, não é o estudo. Você tem que ter imaginação para variar. Porque você também tem que variar muito porque esse tipo de grupo tem uma capacidade de adaptação muito grande, eles se adaptam muito rápido, normalmente até mais do que a tropa. Você repete duas, três vezes o mesmo modelo, eles já arrumam um jeito de desviar do modelo que você está usando. Aí você tem que mudar também. É um exercício permanente de criatividade.

---

[1] No dia 9 de junho de 2018, as Forças Armadas realizaram sua primeira operação na favela da Rocinha desde o início da intervenção federal no estado do Rio. Fonte: <www1.folha.uol.com.br/cotidiano/2018/06/militares-e-policiais-federais-fazem--operacao-na-rocinha-pela-1a-vez-desde-inicio-da-intervencao.shtml#>. Acesso em: 5 set. 2019.

Tem duas coisas que se falam sempre a respeito da experiência do Brasil no Haiti. Primeiro, do objetivo de ter assumido a missão, que era de projeção diplomática e política do Brasil no cenário mundial, de se qualificar para eventualmente ter um assento permanente no Conselho de Segurança da ONU. Segundo, de que era bom para as Forças Armadas brasileiras, pela experiência real no terreno, e que isso aprimoraria táticas, estratégias e tal. Como o senhor vê esses dois objetivos?

Em primeiro lugar, acho que nunca foi projeto do Brasil ir para o Haiti. O Brasil acabou indo para o Haiti talvez porque os Estados Unidos tinham solicitado ao Brasil aquela participação. Antes da missão da ONU, estavam os Estados Unidos na chamada Força Multinacional que foi para o Haiti, mas eles não podiam permanecer lá. Eles tinham outros afazeres no Afeganistão, no Iraque e tal. Então o Brasil foi mais ou menos convidado para liderar aquela tarefa. Não acredito que o Brasil tenha pensado nisso antes. Na hora que surgiu a oportunidade, achou que era interessante e foi.

Acho que isso dá para o Brasil, em termos de projeção regional, maior prestígio dentro da ONU. Agora, achar que isso é credencial para o Conselho de Segurança é uma distância mais ou menos igual à que vai de Nova York a Nova Iguaçu. Para você se candidatar ao Conselho de Segurança tem que ser muito mais do que isso. Você vê que os maiores contribuintes para as Forças de Paz da ONU não têm nada a ver com o Conselho de Segurança, como Nepal, Etiópia etc. São países que têm muita participação e nenhuma previsão de Conselho de Segurança. Prestígio na organização, sim. Para a parte militar, qualquer missão é missão. Para o militar, tanto faz onde é. Isso vai satisfazer o espírito de aventura, o interesse de treinamento, o interesse financeiro, não só dinheiro pessoal, mas principalmente de orçamento. Todos os governos deram muito dinheiro para preparação e treinamento, dinheiro extraorçamentário. Então, as Forças Armadas se beneficiaram desse recurso extra, porque sempre têm um orçamento apertado, mas que, para aquele contingente, era folgado. As bases brasileiras no Haiti eram fantásticas, tinham de tudo. E aí vai o espírito aventureiro do militar, vai o interesse profissional de exercer a profissão na sua plenitude. Isso trouxe muita experiência para o pessoal. Tem gente que nunca tinha saído de casa. Isso tudo trouxe muito ganho na parte da profissão militar, internamente.

Essa experiência do Haiti se transfere para a doutrina de operações de garantia de lei e de ordem?
É muito similar, principalmente depois que passou essa fase de conflito, que foi muito forte ali até fevereiro de 2007. Depois entrou num clima mais ou menos de normalidade, onde a força armada faz uma ação que a gente chama ação de polícia com força armada. Eu creio que isso se faz aqui no Brasil.

O que se faz aqui hoje é em parte resultado do que se fez no Haiti primeiro?
Quem começou primeiro não sei, mas é muito semelhante uma coisa com a outra.

Já havia participações das Forças Armadas no Rio antes do Haiti.
É, já tinha havido participação das Forças Armadas no Rio, já faz muito tempo. Você leva um pouco para lá, traz um pouco de volta, aperfeiçoa num lugar, no outro. Apesar de que o que muda, basicamente, é a legislação. A legislação mudando, impõe também uma série de modificações. Mas é muito similar.

Alguns autores colocam que o fato de os primeiros contingentes — principalmente os primeiros membros do estado-maior lá no Haiti — vieram muito de tropas de paraquedistas do Rio de Janeiro, e que isso, em certa medida, influenciaria a maneira como as tropas atuaram no Haiti.
Eu não sei, sinceramente não sei. Eu acho que o Brasil já foi para lá até com alguma experiência de atuação em área urbana por causa do Rio de Janeiro. Eu acredito que não foi o Haiti que ensinou o pessoal a atuar em área urbana. Quem ensinou o pessoal a atuar em área urbana foi o Rio de Janeiro mesmo, porque isso aí vem de longa data. Emprego de

98 • MISSÃO HAITI

tropa no Rio de Janeiro não é de hoje, é coisa muito antiga já. Se você for ver, por exemplo, na Eco 92, que foi uma das primeiras grandes conferências mundiais de problemas ambientais, teve representante quase que do mundo inteiro no Rio, e a força armada foi usada 100%. Então isso aí é coisa antiga, a maneira de atuação em ambiente urbano. Depois você vai sofisticando um pouco, vai refinando, mas acredito que o Brasil já foi para o Haiti sabendo 80% da lição.

A missão se encerrou há pouco tempo. Olhando para esse período, o senhor acha que essa experiência foi positiva para o país, ou para as Forças Armadas?
Militarmente sim, militarmente sempre. O pessoal pega bastante experiência, acredita mais que pode ir a qualquer lugar do mundo, então fica uma força armada mais experiente. Militarmente, eu acho que o ganho é muito grande. Para o Brasil, não sei se é tão grande assim. O Brasil conseguiu uma boa projeção regional, uma boa projeção dentro da ONU, o prestígio aumentou, mas o grande ganho foi diretamente para as Forças Armadas.

Em 2010, quando voltou do Haiti, o senhor atuou como consultor para um relatório que foi produzido pelo Banco Mundial sobre desenvolvimento. Como foi essa experiência?
O documento talvez mais importante do Banco Mundial se chama World Development Report, que é o Relatório de Desenvolvimento Mundial, e a cada ano eles dão ênfase em um assunto. Em 2011, era segurança e desenvolvimento. Então eles convidam 15, 16 pessoas todo ano, como conselheiras do Banco Mundial, só para aquele trabalho. Naquele ano de 2010, fui convidado para ser conselheiro do Banco Mundial para a realização do Relatório de Desenvolvimento de 2011, com ênfase em segurança e desenvolvimento — que tinha a ver com a minha experiência pessoal no Haiti, por isso que eles me convidaram. Nessas 16 pessoas estava também a Madeleine Albright, estava o Paul Kagame, o presidente de Ruanda... Eles pegam algumas figuras mais notó-

rias — eu não era dos notáveis [risos] mas fui convidado, e participei. Teve uma reunião com todos em Nova York, depois em Adis Abeba, na Etiópia. Só cinco falaram na União Africana. Eu fui um deles. Depois teve uma reunião na ONU onde também só cinco falaram e eu fui um deles, convidado por uma inglesa que era a chefe do trabalho. Fomos depois à China, uma experiência que valeu a pena, uma boa experiência.

Depois, em 2013, o senhor já tinha ido para a reserva, mas foi chamado para assumir a missão da ONU no Congo.

Em dezembro de 2012 eu fui para a reserva obrigatoriamente, porque na promoção para quatro estrelas só tinha uma vaga, eram cinco candidatos; um é escolhido e os outros quatro têm que ir embora. Processo normal. Eu estava convidado para ir fazer uma palestra no arquipélago dos Açores. Muito interessante, um lugar maravilhoso. No mesmo dia que voltei, fui chamado para trabalhar na SAE, fiquei lá só por dois meses. Um belo dia eu estava almoçando, me liga um assessor militar da ONU, lá de Nova York. Quando eu era o comandante no Haiti, ele era o comandante no Congo; depois eu voltei para São Paulo, a vida seguiu, e ele foi ser assessor em Nova York.

O que é que aconteceu no Congo? É um problema muito complexo, eu vou resumir bastante aqui. O problema é na parte leste do país, na fronteira com Ruanda e com Uganda, onde você tem as etnias tútsis e hútus. As etnias tútsis estão no poder em Ruanda e em Uganda, e às vezes apoiam grupos rebeldes dentro do Congo. Tudo isso é na faixa de fronteira, mas com trânsito de gente para lá e para cá. E tem a cidade de Goma, com mais de 1 milhão de habitantes, na fronteira com Ruanda. Em 2012, houve mais uma das soluções teóricas, acadêmicas, de fazer um processo de reconciliação nacional. Você pega todos os grupos armados e chama para um diálogo nacional; coloca para dentro do Exército e aproveita a capacidade militar que eles desenvolveram — apesar de não serem muito disciplinados, você faz uma reciclagem e um processo de reconciliação nacional. Isso é muito bonito no papel. Na prática, você tem que mandar para a Justiça, processar quem tem

100 • MISSÃO HAITI

que ser processado, quem cometeu crime, porque senão você vai fazer um exército de assassinos também. Eu sou radicalmente contra esse tipo de solução teórica. Fizeram isso lá. Só que a etnia tútsi que entrou para o Exército nunca, realmente, se adaptou, e manteve a estrutura paralela de comando. Em 2012, parte desses 2 ou 3 mil sai e leva caminhões de munição, artilharia, armamento pesado, carro de combate e faz um grupo rebelde chamado M23, apoiado pelos vizinhos — que logicamente dizem que não, mas estavam apoiando. Esse M23 pegou uma parte ali de território e ocupou Goma, uma cidade que tem um movimento de dinheiro muito grande, que fica dentro de uma das áreas mais ricas do Congo, de produção de ouro, de uma série de outros minerais. A ONU tinha uma brigada dentro de Goma, e essa brigada não reagiu. Ela não fez nada. Por quê? Dentro daquelas ideias de que: "Se eu não estou sendo agredido, eu não posso... Eu estou no capítulo seis, ou sete...". Aquelas discussões teóricas todas, que não levam a nada. E o Exército do Congo, que estava junto com a ONU, retraiu para uma cidade a oeste, a uns 25 quilômetros dali, chamada Sake.

Para não entrar em conflito com o M23?
É. Porque, o que é que acontece? Isso aí é tudo gente do mesmo Exército. Todo mundo se conhece, todo mundo sabe o telefone de todo mundo. É uma confusão generalizada. O chefe do M23 era o Sultani Makenga, um general congolês que era o comandante da região militar. Dizem que essa ordem para o Exército do Congo retrair foi dada pelo comandante do Exército do Congo, que dizem que estava envolvido em venda de armas para o M23. Então você está num ambiente... num campo minado muito grande.

Mas a síntese da história é que o M23 ocupa Goma, faz uma reunião com todos os comerciantes e empresários num hotel bonito que tem lá e começa a fazer uma administração. Isso é uma desmoralização total para ONU. A população se revoltou com a ONU, que não ajudou, que não fez nada. E incendiaram um carro da ONU, não só ali, como também em vários locais do país. Aí o Conselho de Segurança fez uma resolução reforçando as tropas da ONU no Congo com uma brigada, Intervention Brigade, com tropas só africanas, da África do Sul, do Malaui e da Tanzânia. Isso aí dividiu a ONU em Nova York: metade a favor, metade contra. Os países, também: metade a favor, metade contra. Os teóricos todos: metade a favor, metade contra. Essas discussões todas. Aí alguém falou: "Espera aí! Eu conheço um cara que pega esse mandato, vai lá..." [risos]. Algum voto de confiança, pelo que eu tinha feito no passado no Haiti. Que foi o quê? Foi o uso da força, mas sem dano colateral. Porque o problema é o dano colateral. O problema não é você morrer, ou matar quem está combatendo. O problema é o inocente que não tem nada a ver com essa história sofrer pelo meio do caminho. Como no Haiti tinha dado certo e não tinha nenhum dano colateral, alguém se lembrou de mim.

Aí me telefonaram. Eu não estava nem acompanhando, não sabia de nada. Ele falou: "Você aceita ser o comandante da tropa da ONU lá no Congo?". Aí eu até mexi com ele, falei assim: "Quando é que sai o avião?". Aí ele falou: "Não, espera aí, porque nós temos que acertar isso" [risos]. Aí fui para casa, avisei minha mulher. Havia três condições da ONU: tinha que estar na ativa, tinha que ser voluntário, e o país tinha que concordar. Eu era voluntário, mas o Brasil ainda não tinha sido consultado, e eu estava na reserva, não era da ativa. Aí liguei para o Exército, falei: "Recebi um telefonema assim, assado...". Responderam: "Não tem problema. A gente designa você para o serviço ativo de novo, você é reconvocado e vai". Falei: "Está bom". Quando bateu no Itamaraty, o Itamaraty gostou, e já começou a trabalhar. Então, deu tudo certo. Dias depois eu já estava embarcando.

Quando chego lá, o que é que acontece? Isso aí estava acontecendo no leste do país, próximo a Goma. A capital é Kinshasa, que fica a duas horas e 15 de avião. Eu viajei para Goma logo em seguida, fui lá ver a situação. A ONU fez uma pressão muito grande em cima do grupo rebelde e em cima dos seus apoiadores, para eles saírem de dentro da cidade, para o governo do Congo recuperar a autoridade na

102 • MISSÃO HAITI

cidade, e abriram as conversações de paz em Kampala, em Uganda. O grupo armado saiu de dentro da cidade, mas ele não foi para os 20 quilômetros de distância combinados. Ele ficou na beirada, a uns seis, sete quilômetros do centro da cidade. Eles tinham artilharia para 18 quilômetros e meio. Estavam a seis quilômetros do aeroporto em linha reta. No aeroporto, nós tínhamos todo o nosso depósito de munição, todos os aviões, uma grande parte dos helicópteros. Aí eu cheguei à linha defensiva da ONU, que era em Muni. O *check point* de estrada do M23 era a 80 metros do *check point* da ONU. Um de frente para o outro. E lá em Kampala, negociações de paz. Os chefes do M23 iam para Uganda. Quando eu cheguei e olhei aquele negócio, falei: "Não vai ficar aqui mesmo! Um grupo rebelde não vai ficar na beira de uma cidade com 1 milhão de habitantes com armamento, podendo atirar dentro da cidade, causar uma desgraça no aeroporto. Não vai ficar mesmo. Mas vamos ver como é que vai sair".

Aí tem uma característica desse grupo étnico: eles são absurdamente arrogantes. É o ponto fraco deles: a arrogância. Toda vez que você for arrogante, você vai cometer erro em cima de erro, você vai causar um desastre para você mesmo. Então, por que eles estavam ali? Porque, sendo uma ameaça, eles eram importantes na mesa de negociação. Se eles não são uma ameaça, não precisa nem convocar a reunião. Então, aquilo ali era importante para eles.

Cheguei lá em junho. No dia 14 de julho, eles atacaram o Exército do Congo, tentando fechar o cerco. O Exército do Congo conseguiu se segurar e até contra-atacou um pouquinho. Eu estava lá no batalhão do Uruguai, almoçando com eles. Quando foram servir o churrasco, tocou o rádio, dizendo que eles tinham atacado. Aí peguei o carro. Você andava seis quilômetros, cinco minutos, e já ia para a posição, assistir ao combate dali. São uns morros altos, tem uma baixada na frente. O Exército do Congo segurou. Aí dei uma ordem. Deve estar no YouTube.[2] Falei: "Quem estiver dentro dessa linha aqui tem 48 horas

---

[2] Disponível em: <www.youtube.com/watch?v=uQMAhUF9CXc>. Acesso em: jun. 2018.

para se desarmar, ou então vai ser considerado uma ameaça iminente para a ONU, e aí o problema vai ser com a ONU". Eu sabia que não tinha quase ninguém ali dentro daquela linha. Nova York não entendeu. Eu fiquei quase seis horas tentando explicar para Nova York. Queriam que eu voltasse atrás. Por quê? Porque em Kampala estava havendo negociação de paz. Aí eles reclamaram uma barbaridade. Ruanda estava no Conselho de Segurança também, reclamando que eu estava prejudicando as negociações de paz. Tudo conversa fiada. Eu falei que não, que ia manter. Eu sabia o que eu estava fazendo. Você não pode querer, de Nova York, resolver o que está acontecendo no terreno. No terreno, tem que deixar para quem está lá dentro.

Eu sabia que eles não tinham, pela arrogância, condição psicológica de receber ordem. Eles não aceitam que alguém dê ordem. Até falaram para mim: "Mas você está traçando uma *ligne rouge*" [linha vermelha]. Uma *red line*. Eu falei: "Estou. Estou traçando uma linha vermelha. Quem passar dali vai se ver com a gente". Mas o problema era mais psicológico. Eles aguentaram alguns dias. Isso aí devia ser a primeira semana de agosto. Eu fiz a tal da *security zone*, a zona de segurança, em volta de Goma.

Quando foi 22 de agosto, eles atiraram dentro da cidade. Eu estava lá, acima de Muni. Atiraram, caiu na cidade, matou mulher, criança. Aí violaram aquilo que eu tinha falado. O Exército do Congo atacou, ultrapassando as tropas da ONU. Uma tropa está em posição, e a outra vai e passa pelo meio dela. E o M23, os caras eram tão ousados e tão arrogantes que eles ligaram para o tradutor e disseram para o cara que eles iam atacar a ONU porque eu tinha deixado as tropas do Congo atacarem. Ora, o Exército do Congo ataca por onde ele quiser. Ele está no país dele! O que é que eles querem? Que eu proteja aqui, para o Congo atacar só por onde eles estão esperando? Vai por aqui mesmo! O cara veio falar comigo, eu falei: "É por aqui mesmo. É aqui que tem que ir". E estava com o melhor batalhão do Congo, que era o Batalhão de Comandos. Quem comandava era o Mamadou, que depois morreu

104 • MISSÃO HAITI

numa emboscada em Beni, feita pelo próprio Exército do Congo, da etnia tútsi.[3] O Mamadou era muito bom comandante, e ele atacou. Eu estava em cima, assistindo. Eu tenho a filmagem. Aí eles atiraram. Quando eles atiraram, eu falei: "Agora é com a gente!". E daí nós entramos em combate com eles, com artilharia, tudo. Foram oito dias de combate. Eu perdi um major, um soldado, e tive mais uns 15, 20 feridos. O Exército do Congo perdeu 158, e a informação que tenho é de que os rebeldes perderam 410, e tiveram que recuar. Mas aí é um combate de oito dias; a ONU gastou ali 500 foguetes de aviação.

A ONU já tinha feito um ataque dessa magnitude?
Eu acho que nunca. Seiscentas granadas de morteiro mais 500 granadas de artilharia — nosso apoio de fogo para as tropas do Congo. Eles fizeram duas vezes o ataque e conquistaram o objetivo, mas tiveram que voltar no contra-ataque porque já chegaram lá em cima meio sem munição. Num domingo, lá pelo dia 25 ou 26 de agosto, eles pediram para eu ir lá de manhã cedo. Fui lá às seis horas da manhã, lá em cima do morro; estudamos a situação. Aí fizeram o ataque. E eu mandei, também, apoiar o ataque com uma companhia da Tanzânia colando atrás deles e apoiando com um carro de combate, e as forças especiais da África do Sul apoiando, de noite, para eliminar as posições deles. Então, foi um combate convencional, muito forte. Nós atiramos em torno de 1.500, 1.600 granadas e foguetes, e o Exército do Congo atirou o dobro disso. Então, eu calculo aí uns 5 mil foguetes e granadas de apoio à tropa de Infantaria.

Aí eles perderam. E veio a outra arrogância. Quando você tem um volume de fogo muito forte, o que é que você tem que fazer? Você tem que se espalhar. E eles, para não recuarem, porque não queriam recuar, colocaram mais gente no objetivo. Quando você coloca mais gente no objetivo e o poder de fogo do outro é muito grande, vai morrer mais gente. É só isso que significa. Então eles tiveram que recuar. E atrás

---

[3] O coronel Mamadou Ndala foi assassinado em janeiro de 2014.

dessa posição deles, você tinha uma baixada de uns 20 quilômetros. Quando recuava mais 20 quilômetros, a cidade já ficava fora do alcance da artilharia deles. Aí eles não ameaçavam mais a cidade.

Depois de toda essa experiência, o senhor consegue imaginar um mundo no futuro onde a ONU teria as suas próprias tropas?
Não. Isso aí é altamente teórico, porque a ONU não é governança global. As resoluções da ONU não têm força de lei, têm força de resolução, que os países adotam ou não, e ainda têm que ser confirmadas pelos seus Congressos. A ONU não é um governo para ter tropas próprias, para estabelecer leis próprias. A ONU não tem tribunal, você não tem governança global no mundo. O genocídio de Ruanda aconteceu por uma série de coincidências, até de omissão, mas também por desequilíbrio social intenso, que vem da época das colônias.

A ONU ter mais poder não faria com que o uso da força fosse mais eficaz?
Não, porque a ONU não é um governo. Mas no ambiente acadêmico, é importante esse tipo de consideração teórica. Você cria esses modelos teóricos e acaba estabelecendo algum padrão, alguma referência, mas na prática não acontece do jeito que está idealizado.

Fala-se que a missão no Haiti foi muito diferente, por vários motivos, das missões que acontecem na África.
Eu fui a primeira vez ao Haiti em 2006. Morei lá durante todo o ano de 2007, todo o ano de 2008, uma parte de 2009; voltei em 2010, 2011 e 2012. Fui sete anos seguidos ao Haiti. Depois voltei em 2015. Quando saí do Congo, vim pelo Haiti. A missão do Haiti teve problema na chegada, é lógico, no primeiro contingente. Mas a missão, depois de 2008, nunca mais teve qualquer risco. O risco que o Exército correu aqui no Rio de Janeiro — se você for ver o número de tiros que o Exército levou, de feridos, mortos e a quantidade de munição gasta — é muito maior do que no Haiti. Depois veio o terremoto. O terremoto não tem nada a ver com o problema de segurança do Haiti. É um desastre natural.

106 • MISSÃO HAITI

Morreram 230 mil pessoas. E os problemas do Haiti, antes e depois, são exatamente os mesmos: de administração pública, de corrupção, de incompetência, de uma elite que está ligada mais a Miami do que ao país. Então são dimensões completamente distintas. O Congo é um país riquíssimo, o problema internacional dele é muito complexo, na região dos Grandes Lagos Africanos.

A missão no Haiti era uma missão de Garantia da Lei e da Ordem, se a gente for usar uma analogia com o que acontece aqui no Brasil. E as missões na África têm outra natureza.
Não, não são todas as missões da África. Por exemplo, eu agora, em novembro e dezembro, fui contratado pela ONU para fazer um relatório. A ONU está preocupada com o número de mortes em missões de paz, em consequência de ações violentas. Foram 56 mortes no ano passado. Então o secretário-geral queria alguém com experiência para fazer esse relatório. Como eu tinha vivido no Haiti, onde usei muito a força no combate contra as gangues, e na África, em combate contra grupos enormes, bem armados, pela minha experiência, me convidaram. Fui ao Mali, fui à República Centro-Africana. Eu já conheço muito bem o Congo. Não fui ao Sudão do Sul, mas a fronteira do Congo com o Sudão do Sul era também a minha área de atuação. Então eu fui, fiz o relatório, que está na internet.[4] As cinco missões da ONU que são pesadas mesmo, em que você corre risco, são: Mali, República Centro-Africana, Congo, Sudão do Sul e Darfur. É onde você tem 99,9% das baixas, de gente ferida, gente morta.

O Brasil quase foi para a República Centro-Africana.
Eu não sei por que o Brasil inventou essa história. Quando começou a onda para fechar o Haiti, os militares, particularmente o Exército, levantaram essa possibilidade de ir para a República Centro-Africana.

---

[4] Disponível em: <https://peacekeeping.un.org/sites/default/files/improving_security_of_united_nations_peacekeepers_report.pdf>. Acesso em: jun. 2018.

Nunca entendi o que é que o Brasil tinha a ver com a República Centro-Africana. Eu brinco com o pessoal. Acho que comércio não tem nenhum. Com o Congo, nos últimos anos, teve 7 milhões de dólares de comércio — é metade do dinheiro que um cidadão aí tinha dentro do apartamento dele lá em Salvador.[5] Quer dizer, é insignificante. Com a República Centro-Africana, é menos ainda. Você tem que ver qual é o objetivo de você participar de uma missão de paz. Para o militar, do ponto de vista militar, sempre é bom. Por quê? É dinheiro extra para treinamento, dinheiro extraorçamentário para compra de material, uma experiência do pessoal em outro local, ganha dinheiro... Até pessoalmente é melhor. Mas, e do ponto de vista de política exterior, qual é o objetivo? Essa é que é a questão. Quem tem que justificar a ida para uma missão de paz é o Ministério das Relações Exteriores, não é o Ministério da Defesa. O Ministério da Defesa executa. Ele pode até dar a opinião dele, o parecer dele, mas justificar para a nação, justificar para o Congresso, é o Ministério das Relações Exteriores que tem que fazer isso. Qual seria a justificativa para ir para a República Centro-Africana?

Casualmente, fui contratado pela ONU para fazer o tal do relatório, e fui para o Mali e para a República Centro-Africana. Fiquei uma semana lá. Entreguei o relatório para o secretário-geral no dia 20 de dezembro. Pelo contrato com a ONU, eu tinha seis semanas para fazer esse relatório. Voltei para o Brasil no dia 22 de dezembro. Aí me chamaram no Ministério das Relações Exteriores e perguntaram: "O que é que você achou da República Centro-Africana?". Eu falei: "É um grande Rio de Janeiro" [risos].

---

[5] Referência à quantia de dinheiro em espécie encontrada em um apartamento de Geddel Vieira Lima, então ministro do governo de Michel Temer, pela Polícia Federal no dia 5 de setembro de 2017. Fonte: <https://g1.globo.com/politica/noticia/policia-federal-encontra-dinheiro-em-apartamento-supostamente-utilizado-por-geddel.ghtml>. Acesso em: jun. 2018.

Em que sentido?

Em termos de incompetência de administração, em termos de falta completa de domínio do poder público sobre vários locais do país. Grupos armados que não têm nenhum objetivo político — com exceção de um, que tem agenda política. Quer dizer, esse que tem agenda política, você pode realmente sentar à mesa de negociação, você pode dar uma cadeira no Congresso, você pode negociar coisas. O resto são bandos armados que só querem explorar as condições locais de tráfico, cobrar taxa ilegal, fazer *check point* nas estradas, explorar os comerciantes etc. São grupos armados que não têm nenhuma agenda política. É só explorar. Briga pelo poder local. Mais nada!

É como aqui. Qual é a agenda política das gangues aqui no Rio? Nenhuma. Nem o governo. O Rio foi governado pelo crime organizado, só que desarmado. Mas você tem o crime organizado armado e o desarmado. A partir da hora que você tem o governador criminoso[6] mancomunado com secretários de Estado, com quase todo o Tribunal de Contas, o que é isso? Isso é crime organizado. Então, o Rio de Janeiro esteve na mão do crime organizado, que também não tinha nenhuma agenda política. A agenda política dele não era em benefício da população do Rio de Janeiro: era roubar o máximo possível. Esses grupos armados lá na República Centro-Africana, também. Por isso que eu falei para ele: "É um grande Rio de Janeiro" [risos].

O senhor acha, então, que o Brasil não devia pegar a missão?
Não. Sem dúvida nenhuma. Não tinha nada que ir.

---

[6] Menção ao ex-governador do estado do Rio de Janeiro Sérgio Cabral Filho, condenado por corrupção passiva, lavagem de dinheiro e organização criminosa, entre outros delitos. Fonte: <https://g1.globo.com/rj/rio-de-janeiro/noticia/2019/03/20/mp-rj-denuncia-sergio-cabral-e-outros-2-por-corrupcao-lavagem-de-dinheiro--e-organizacao-criminosa.ghtml>. Acesso em: mar. 2019.

Muitos colegas seus achavam que sim.

Claro. Do ponto de vista militar, se perguntarem se eu quero ir, eu vou agora. Só que tem uma coisa: aí morrem três ou quatro lá, você vai justificar aqui como? Você foi para lá com qual objetivo?

Parece que a possibilidade de o Brasil assumir a missão na República Centro--Africana acabou quando se decidiu pela intervenção federal no Rio, porque aí todo o dinheiro e os objetivos políticos passaram...

Sim. Como é que você vai justificar que você vai gastar milhões de dólares para mandar o primeiro contingente lá para a República Centro-Africana? Você tem que ter uma explicação lógica de política exterior. Você não consegue convencer por treinamento militar. Isso aí é uma coisa puramente militar e acaba dentro do limite militar da coisa. Se eu tiver que ir, boto a farda e vou lá agora, não tem problema nenhum. Mas isso aí é por gosto pessoal, por realização pessoal. Você não pode confundir a sua realização pessoal ou até da sua instituição com uma justificativa nacional. Justificativa nacional não tem.

Voltando do Congo, o senhor foi para a Senasp.

Meu pedido de exoneração foi publicado no dia 15 do mês passado [junho de 2018].[7] Quer dizer, eu estou fora há 20 dias.

O processo que o senhor descreveu de confronto no Haiti, em que medida é parecido com o que acontece no Rio com as UPPs?

Você pode mais ou menos comparar a UPP com o ponto forte. O ponto forte é um ponto militar que você instala no meio da área conflitada. Você pode estabelecer um ou mais pontos fortes, ligá-los através de

---

[7] No dia 13 de junho de 2018, o ministro da Segurança Pública, Raul Jungmann, informou que o secretário nacional de Segurança, general Carlos Alberto dos Santos Cruz, deixaria o cargo para atuar como consultor da ONU. Fonte: <https://g1.globo. com/politica/noticia/secretario-nacional-de-seguranca-deixara-cargo-para-ser--consultor-da-onu.ghtml>. Acesso em: jun. 2018.

110 • MISSÃO HAITI

patrulha etc., onde você começa a expandir a sua influência e fazer a parte de segurança funcionar. Isso aí, lá no Haiti funcionou muito bem. No Rio de Janeiro, a UPP funcionou, e funciona. O que não funciona é o sistema. Você não pode colocar só a UPP. E a escola, funciona? Tem merenda escolar? Tem material para o professor dar aula? Tem creche? Tem posto de saúde? Tem remédio no posto de saúde? Tem médico no posto de saúde? Tem limpeza pública? Tem iluminação? Tem serviço público? Então, é um conjunto. Você não pode querer solucionar um problema como o do Rio de Janeiro só com UPP. A UPP é um dos componentes de um contexto em que os outros elementos não foram implementados. No Haiti já não tinha essa responsabilidade de implementação, pois ela era por conta do próprio governo haitiano, e não por conta da gente. Lá foi mais a instalação de pontos fortes e depois teve um choque, um conflito muito grande no qual foram derrotadas as gangues: neutralizadas, eliminadas, presas. No Rio de Janeiro é diferente, a UPP foi e ficou sozinha no meio da área conflitada. Não foi acompanhada por serviços públicos.

E a questão da segurança pública, esse nível de militarização, esse número de operações de Garantia da Lei e da Ordem, o senhor acha que é por aí que a gente vai resolver o problema da segurança pública no Brasil?
Não. Segurança pública é assunto de polícia, não é assunto militar. Aqui, está tudo errado. A intervenção federal não vai dar em nada. É malfeita na sua origem.

A origem, o senhor acha que foi o presidente Temer querer fazer uma ação que aumentasse o seu prestígio político?
Tem que dar uma olhada política, para responder. Esse governo aí assumiu há cerca de dois anos, com dois graves problemas: corrupção e insegurança pública. Corrupção, o governo não atacou. Talvez até por ter vários ministros, o próprio presidente [Temer] investigado em vários casos. Eu acho que são nove ministros investigados pela

operação Lava Jato. Então, não atacou a corrupção. E não se dedicou à segurança pública. Ele saiu em dois caminhos diferentes: saiu na direção da reforma trabalhista e da reforma previdenciária, assuntos que só governos muito bem consolidados, com uma base muito forte, conseguem atacar. Na reforma trabalhista, ainda conseguiu fazer alguma coisa. Na reforma previdenciária, botou umas pessoas incompetentes na administração do assunto, que não conseguiram nem explicar as contas, a matemática, à população: faliu.

Aí cria um Ministério da Segurança Pública e, 10 meses antes do fim do mandato, oito meses antes de uma eleição presidencial, faz uma intervenção no Rio de Janeiro. Uma intervenção malfeita. Uma intervenção de meia-sola. Então, que tire o governador! Quem é o responsável pelo problema? O responsável é o governador. Você faz intervenção tirando o governador, aí interfere no estado. Porque segurança pública não é só assunto de polícia. Envolve Poder Judiciário, Ministério Público, órgãos de controle, sistema penitenciário, polícia e administração pública. Uma administração que, no Rio de Janeiro, tem um histórico político muito ruim e que teve uma deterioração de longo prazo. Então, se chegou num ponto de deterioração, aqui no Rio de Janeiro, que justifica uma intervenção? Justifica. Mas vamos fazer direito a intervenção. E não dar um presente para o governador, de governar sem ser responsável pela segurança pública.

O senhor acha que foi um presente para o governador Pezão?
Lógico! Sem dúvida. Foi um presente. Você tirar a responsabilidade da pessoa daquilo que ela ganha para fazer? Então, sai! Força armada não pode ser responsável por segurança pública. Quando a força armada entra na segurança pública — isso é um modo de pensar meu —, ela só tem uma missão: dar uma cacetada na bandidagem, para a bandidagem diminuir a ousadia. O resto é assunto de polícia.

Mas num quadro em que o grau de comprometimento das polícias é muito grande, ou de convivência com o crime — o sistema penitenciário nem se fala —, enfim, fica difícil ver qual seria a solução. Na época das UPPs, quem morava no Rio teve um alento de que se estava retomando o território; não havia mais garotos de fuzil na entrada da favela. Mas isso degringolou e, de repente, a sensação ficou pior.

Você não pode querer um ambiente bom de policiamento quando você tem o crime começando no palácio do governo. Isso não existe. Tem uma conexão *muito* forte, de tolerância criminosa, entre a corrupção e o crime armado. Todo mundo sabe se um governador é corrupto, se o Tribunal de Contas é corrupto, se a Assembleia Legislativa é corrupta. O cidadão comum, que está preocupado com o seu trabalho, ele não sabe, mas quem é da administração, do comércio, da indústria, sabe.

Você tinha que ter feito intervenção no estado, mostrar que o poder público não funcionou, portanto, que agora vai ser um interventor. O Rio de Janeiro guardou, da época em que foi capital, uma classe intelectual muito boa. Tem gente de muito boa qualidade; então, escolhe uma pessoa aí, um ex-desembargador, juiz, Ministério Público, seja lá quem for, e coloca de interventor no estado, porque aí ele pode trazer outros benefícios à segurança pública. Porque segurança pública não é só o enfrentamento. Eu acho que tem que fazer o enfrentamento, para tirar a ousadia da bandidagem — e aí é função da força armada, porque aquele nível ali de conflito não é para a polícia. A polícia não é feita para combater. A polícia resolve pequenos conflitos com uma gangue aqui, uma coisinha ali. Polícia é feita para fazer policiamento, não é feita para combater. Quem é feito para combater é militar, por isso o militar tem que entrar nesse nível de conflito para combater e acabar com a ousadia da criminalidade. E para a polícia continuar fazendo o trabalho dela.

Se você tem uma intervenção no estado, você vai poder influir no transporte público na favela, você vai poder influir no serviço público na favela, de recolhimento de lixo, de escola, de merenda escolar, de funcionamento de creche... Você tem que levar outros benefícios. Por que o crime tomou conta da favela? Por falta do Estado. O que é o Estado?

O Estado é energia elétrica, o Estado é transporte público, é assistência jurídica, hospital, saúde. Eu fui um cara pobre lá no Rio Grande do Sul. Eu ia ao posto médico. O posto médico tem que ter o médico ou enfermeiro, e tem que ter remédio. Quantas escolas públicas você tem no meio da favela? Essas escolas funcionam? Tem material para o professor? O professor, ele não consegue nem subir, se ele não pedir permissão lá embaixo! O problema não é só de polícia, o problema é de poder público. Então, força armada é para dar uma cacetada, para o enfrentamento, para diminuir a ousadia. O resto é assunto de polícia. Se a polícia não presta, reforça a corregedoria, muda o currículo na academia, troca os instrutores, traz instrutores de fora. O interventor pode fazer isso. Seleciona aqui quem são os melhores caras, porque tem gente boa na polícia. Tem que prestigiar os bons, e começar um processo. É um plano de 10 anos. Eu falei isso na frente do governador Pezão, na frente do presidente e de todos os deputados do Rio de Janeiro: "É um processo de recuperação de 10 a 15 anos. Qualquer auxílio que se mande para o Rio de Janeiro tem que ser parte de um plano *do* Rio de Janeiro". Qual é o plano do Rio de Janeiro? Eu fui três vezes ao Ministério Público do Rio, falei com o Gussem [Eduardo Gussem, procurador-geral de Justiça do estado do Rio de Janeiro]: "Vocês têm que cobrar do governo do Rio um plano estratégico de 10 anos. Vocês são os únicos que podem cobrar do Rio". Qual é a cobrança do Ministério Público daqui? Ele deixou o Rio de Janeiro ser roubado até o último centavo. Não teve *um* acusado. O Rio de Janeiro só começou a ter acusados depois que esgotou a última moedinha.

Mas o que ficou para a população em geral foi: se o Exército teve esse sucesso no Haiti, então, aqui, terá o mesmo desempenho, e o resultado será o mesmo. O sucesso no Haiti foi só na parte de segurança, não foi na parte de administração pública. A miséria continua a mesma, a corrupção continua a mesma, as eleições foram todas fraudadas, tiveram que repetir todas as eleições. A administração pública do Haiti não mudou nada. O Haiti não tem sucesso político nenhum. Não tem sucesso de

114 • MISSÃO HAITI

administração pública nenhum. Não melhorou a escola no Haiti, não melhorou a perspectiva do pessoal.

Em crise, você tem que ter liderança. Vamos pegar a Inglaterra. Teve um filme, que passou recentemente aí, sobre a vida do Churchill. Eu vi um pedaço num avião. Aqui foi *Destino de uma nação*, lá foi *Darkest hour*.[8] A Inglaterra cometeu o erro gravíssimo de cruzar o Canal da Mancha ali para Dunquerque, o que os alemães não aproveitaram: podiam ter destruído o Exército inglês. Disseram para a rainha, que tinha 19 anos, ir para o Canadá. Ela falou: "Não, eu vou ficar. Vou ser enfermeira aqui". Eu garanto que havia enfermeiras muito mais competentes do que ela; que não foi o trabalho dela de enfermagem que salvou muita gente. Mas é a presença do que ficou. Todo mundo sabe que o Churchill tomava uísque que nem eu tomo água, mas quando chegou na hora H, o que é que aconteceu? O Churchill tomava os tragos dele, mas ele falou aquela frase: "Nós vamos defender a nossa ilha com sangue, suor e lágrimas!". E o negócio ficou famoso, o sangue, suor e lágrimas. Ele mobilizou o pessoal.

O Rio de Janeiro só vai começar a ter resultado se um dia chegar na frente da televisão um líder civil, político — não um líder militar; pode ser um militar de terno também, não tem problema nenhum — tendo do lado dele o presidente do Tribunal de Justiça e o chefe do Ministério Público, e der um recado direto para a corrupção e para a bandidagem. Enquanto você não tiver essa liderança, você não tiver esses três poderes na televisão, juntos, esse negócio não vai para frente. Você não tem liderança no Rio de Janeiro. Esse é que é o problema. O problema é simples de resolver. Mas tem que ter gente disposta a isso. Tem que dar um recado claro. E não um estado com essa tolerância toda, que chegou a 62% de taxa de liberação em audiência de custódia. O Rio de Janeiro chegou nesse ponto por falta de vergonha na cara, ao longo do tempo. Esse é que é o problema.

---

[8] *Destino de uma nação* (*Darkest hour*). Direção: Joe Wright. Inglaterra/EUA, 2017. Fonte: <www.imdb.com/title/tt4555426/>. Acesso em: jun. 2018.

Floriano Peixoto

O general de divisão Floriano Peixoto Vieira Neto nasceu em 1954, em Tombos (MG). Graduou-se na Academia Militar das Agulhas Negras (Aman) na arma de Infantaria em 1976. Concluiu a Escola de Aperfeiçoamento de Oficiais (EsAO) em 1985 e a Escola de Comando e Estado-Maior do Exército (Eceme) em 1993. Em 2002, realizou o Curso de Política, Estratégia e Alta Administração do Exército (CPEAEx) na Eceme e o MBA Executivo em Administração de Negócios e Gerenciamento de Projetos na Fundação Getulio Vargas (FGV). É bacharel em administração de empresas pela Universidade do Sul de Santa Catarina (Unisul). Foi assessor militar brasileiro na Academia Militar de West Point, do Exército dos Estados Unidos, de 1996 a 1998. Em 2004, chefiou a Seção de Operações do primeiro contingente brasileiro na Missão das Nações Unidas para a Estabilização no Haiti (Minustah) e em 2009 retornou ao Haiti como comandante das Forças de Paz, função na qual permaneceu até 2010. Comandou a 2ª Divisão de Exército em São Paulo entre 2011 e 2014 e integrou o Painel Independente de Alto Nível da ONU para Operações de Paz de 2014 a 2015. Foi ministro-chefe da Secretaria-Geral da Presidência da República em 2019, assumindo em seguida a presidência da Empresa Brasileira de Correios e Telégrafos (ECT).

Entrevista realizada por Celso Castro e Adriana Marques no Rio de Janeiro (3/4/2018).

116 • MISSÃO HAITI

Antes de tratar da sua experiência como comandante da Minustah, poderíamos falar da sua experiência anterior como chefe da Seção de Operações do primeiro contingente, em 2004, cinco anos antes de o senhor ser o force commander? *Como foi esse seu primeiro contato com o Haiti, com a participação brasileira na missão?*

Meu primeiro contato com o Haiti, na realidade, antecedeu a minha designação como oficial de operações, porque eu servi em Brasília na quinta subchefia do Estado-Maior do Exército, que trata de assuntos internacionais, e fui ao Haiti, integrando uma delegação interforças em março daquele ano, fazer um levantamento estratégico de área quando lá se encontrava a força multinacional interina, que era uma força de intervenção integrada por tropas dos Estados Unidos, França, Chile e Canadá. Então, meu engajamento já foi um pouco antes da minha designação como oficial de operações. Depois, naturalmente, isso veio a ocorrer pela decisão do general Salvador [general de exército Américo Salvador de Oliveira], que foi o comandante, ao me convidar para ser o oficial de operações.

Nessa sua primeira experiência, qual foi a sua impressão do Haiti?

Minha impressão confirmou um pouco daquilo que se veiculava nos jornais em termos do estado de profunda deterioração das instituições haitianas, e do próprio Estado haitiano e do país, referindo-se aí à parte de infraestrutura e organização funcional do país, e serviu para que a gente conformasse um juízo que veio a facilitar muito na definição da composição da força que nós passamos a desdobrar lá a partir de 29 de maio de 2004.

Em que sentido?

No sentido, por exemplo, de capacidades, no sentido de treinamento prévio para chegar a atingir essas capacidades, do material a ser levado para o Haiti, da própria logística, de comunicações, de infraestrutura do país. Então, nós conformamos ali um estudo que propiciou ao final um planejamento mais orientado para a realidade que observamos lá, em cima desses conhecimentos. Ficamos no Haiti por volta de 10 dias, fizemos o documento, entregamos ao Ministério da Defesa, e aí a força foi conformada, mais especificamente, de acordo com aquilo que nós observamos.

E o convite para ser chefe de operações veio do general Salvador.
O convite veio do general Salvador. Na realidade, eu fui o primeiro oficial a ser convidado por ele para integrar o estado-maior. E ele me deu carta branca para escolher os demais que seriam levados ao Haiti, os chefes de seções que passaram a integrar a brigada brasileira da Força de Paz. Naquela época o Gabinete do Comando do Exército ainda não fazia uma seleção, como faz hoje, até porque o tempo não permitia. Então, foi numa relação de confiança, porque nós nos conhecíamos há muito tempo.

Na sua experiência em 2004, o senhor ficou quanto tempo?
Fiquei seis meses. Foi uma experiência muito interessante, em razão do dinamismo, do atrito enfrentado pelas forças naquela época e pelo ineditismo em que nós encontramos o Haiti. Aquela missão foi completamente atípica, porque hoje o que prevalece numa missão de paz é que a tropa vai ser desdobrada para funcionar como um *buffer*, uma interforça entre gangues, entre partidos, fazendo respeitar os termos de um acordo. Mas naquela época não havia partidos, não havia acordos, então nós chegamos lá para combater as gangues, e isso foi muito diferente daquilo que o batalhão, que saiu lá de São Leopoldo, no Rio Grande do Sul, estava preparado em termos de uma missão típica de operações de paz. Entretanto, da chegada em 29 de maio até a transferência de responsabilidade, que foi 15 de junho, nós tivemos um tempo para reajustar algumas capacidades que necessitariam ser integradas ao contingente.

118 • MISSÃO HAITI

Esse atrito era o confronto direto com as gangues...

É. O atrito a que me refiro é combate.

O senhor já havia antecipado no seu relatório essa possibilidade?

Tinha antecipado, mas não de uma maneira tão clara quanto aquela que nós passamos a vivenciar quando chegamos lá.

Às vezes se fala muito de uma possível ligação, em termos de treinamento, de doutrina, entre o que o Exército faz em missões GLO, em comunidades, em favelas no Rio, e o que se fez no Haiti.

Primeiramente é interessante separar GLO de operações contra forças irregulares. O que a gente viveu lá e o que estamos vivendo aqui no Rio de Janeiro hoje não é GLO. Garantia da Lei e da Ordem é outra missão. Infelizmente, esse termo ficou tão desgastado pelo uso constante das Forças Armadas nesse tipo de missão. Quando se vê tropa nas ruas, acha que aquilo é GLO. Não é. O emprego do Exército, ou das Forças Armadas hoje no Rio de Janeiro é o emprego contra forças irregulares, dentro de um conceito assimétrico de uma guerra de quarta geração. A mesma coisa lá no Haiti. Aquilo lá não era GLO, era um combate contra forças irregulares, capacidade que as Forças Armadas, por formação original, já tinham. Nós não passamos a enfrentar esse tipo de adversário agora. Institucionalmente, nós já vínhamos lidando com esse tipo de coisa. O que nós fizemos foi ajustar as capacidades, uma modernidade de nossas estruturas, de nossa doutrina e de nosso equipamento, para atender àquela demanda que se verificava lá no Haiti. Evidentemente, isso serviu muito para adestrar, para atualizar conhecimentos que hoje podem ser empregados aqui no Brasil, no contexto, por exemplo, do que se observa aqui, hoje, no Rio de Janeiro. Mas, novamente, isso não é Garantia da Lei e da Ordem.

Quando o senhor fala que o Exército já se preparava durante várias décadas para combater essas forças irregulares, o senhor pode detalhar um pouco melhor?

O Exército se prepara para diversos cenários, e tem que desenvolver suas capacidades para qualquer ambiente operacional, quer seja um ambiente regular ou um ambiente irregular. Isso o Exército brasileiro sempre teve, em suas estruturas de treinamento, de ensino, de adestramento — esse rol maior de capacidades a serem incorporadas. Capacidade num conceito regular, de combate regular, e no combate irregular, que foi empregado lá no Haiti. Num combate regular assimétrico, não se percebem, por exemplo, divisões de espaço nas quais há um entendimento de limites e de objetivos a serem conquistados. Isso tudo vai por terra abaixo. O que se observa ali é uma adversidade, é uma assimetria muito grande, em que as forças têm que empregar um elenco muito grande de capacidades de naturezas diversas, ofensiva e defensiva, fazendo apoio à população, tratando com comunicação social. Então é um contexto muito grande, muito heterogêneo, muito variado de capacidades e de aptidões que se utilizam para enfrentar esse que se chama conflito de quarta geração, em um ambiente assimétrico.

Nesse período em que o senhor esteve lá, em 2004, como foi cumprir essa missão? O que houve de dificuldades não previstas?

A dificuldade maior foi minimizada até com o apoio das tropas da Força Multinacional Interina, que nos passou todos os relatórios de inteligência — sabíamos, portanto, a localização das gangues, quais eram os seus líderes. A dificuldade maior foi a gente manter o tempo das operações. Na realidade, houve uma substituição em posição. As nossas tropas substituíram as tropas da Força Multinacional Interina, e a dificuldade foi, portanto, manter o ritmo das operações para que não cedêssemos espaço às gangues e para que elas não viessem a se projetar de uma maneira mais intensa.

120 • MISSÃO HAITI

O general Heleno falou na entrevista que nos concedeu que ele tinha uma preocupação muito grande em diferenciar o que eram as forças brasileiras no contexto da missão de paz do que eram as forças de intervenção que estavam ali anteriormente; que havia uma certa dificuldade no começo, até esclarecer que a missão era outra, que não era um contexto de intervenção, mas uma missão de paz. O senhor podia falar um pouco sobre como foi esse trabalho?

Eu não posso detalhar essa afirmação do general Heleno porque eu não tenho acesso ao que ele disse; portanto fica difícil inferir qualquer lógica em cima do que ele falou. Mas o tipo de missão cumprida por ambas as forças é bastante diferente, embora ambas — a MIF como força de intervenção e a Minustah como força de pacificação — tivessem respaldo legal, jurídico, internacional, pelas Nações Unidas, para estar lá. Então não foi uma intervenção goela abaixo. Foi algo consensualmente admitido pelo Conselho de Segurança. Isso é muito claro. Porque às vezes as pessoas criticam muito — evidentemente, pessoas que não têm o conhecimento necessário e esse entendimento — que a Força Multinacional Interina foi uma força de intervenção à margem de qualquer regulamento, de qualquer instrumento legal que viesse autorizar sua presença. Não foi, não. Mas, então, houve uma mudança muito súbita de procedimento. Isso é verdade.

A força de intervenção estava lá como uma força de choque para, desde a saída do Aristide em fevereiro até a transferência de responsabilidade, assegurar uma estabilidade mínima, razoável, para que as tropas da ONU pudessem ser desdobradas, e a partir daquela condição mínima de estabilidade pudéssemos avançar, buscando a pacificação. Então, eles tiveram que implementar ali uma força muito grande no início. Ela foi continuada pela nossa tropa da ONU, que era uma tropa de estabilização atuando sob a égide do capítulo VII. Portanto, de acordo com os artigos 39 e outros, da carta das Nações Unidas, o capítulo VII, nós tínhamos autorização para empreender qualquer tipo de ação para valer os termos do mandato. E isso foi feito, desde o primeiro dia em que entramos em ação até o término da missão. Mesmo com o terremoto, a missão não mudou, a natureza da missão continuou sendo missão de estabilização — o "S" em Minustah entende-se como *stabilization*. Então é uma missão onde a segurança estava sempre em primeira ordem, em primeira grandeza. Nós mantivemos essa iniciativa, essa ação inicial empreendida pela Força Multinacional Interina.

É claro que muitas das dificuldades que tivemos para o primeiro contingente decorreram de questões logísticas. Por exemplo, quando fomos para o Haiti, não tínhamos condições de moradia permanente, nos mudamos de base três vezes. Ficamos em barraca quase o tempo todo, nos alimentando com ração operacional. Não tínhamos, desde o início, essa estrutura logística suportada pela ONU. Até mesmo a questão de desdobramento. O memorando de entendimento firmado entre o Brasil e a ONU dava conta de que nós ficaríamos em Porto Príncipe, na capital. Só que, quando chegamos lá no dia 29 de maio e fomos recebidos pelo general Heleno, nós chegamos antes da ONU, cujo quartel-general ainda não estava todo estruturado e, em consequência, não havia outras tropas para atender ao planejamento maior da ONU de desdobramento em outras áreas no país. Nós tivemos que desdobrar nossas tropas em oito bases diferentes, inclusive fora de Porto Príncipe. Então foi uma dificuldade muito grande na parte de logística. Havia essas dificuldades, somadas à dificuldade de familiarização com o ambiente. Esse legado nós passamos para o segundo contingente em melhores condições, e a coisa foi, portanto, melhorando, até que chegamos em 2008 com a pacificação *total* do país. Podemos admitir o ano de 2008 como o ano em que o Haiti foi verdadeiramente pacificado. Até então havia um engajamento muito grande no sentido de se alcançar essa condição.

O senhor volta então ao Haiti, agora como comandante do contingente militar da missão, em 2009. Como foi o convite para comandar a missão?
Na realidade, com militar não é muito bem convite; são missões que nos são atribuídas. Éramos três oficiais-generais candidatos ao posto de *force commander* e passamos por um processo seletivo conduzido

122 • MISSÃO HAITI

pelas Nações Unidas. Fui selecionado para ser o *force commander*, em 2009, e para lá eu me dirigi.

O processo seletivo é uma entrevista, basicamente?
É uma entrevista, conduzida por um painel de nove profissionais de diferentes setores das Nações Unidas, e que dura horas. Além disso, tem uma análise de currículo muito grande e do perfil profissiográfico muito detalhada, em que se busca escolher um nome que se adéque ao que a ONU espera.

Quando o senhor volta ao Haiti, cinco anos depois, como o senhor encontra a missão?
Encontro a missão muito bem-sucedida. Há que se dizer que a Minustah foi uma das melhores e uma das missões mais bem-sucedidas da ONU. Temos duas aí ao longo da história: a missão no Timor Leste e a no Haiti, que foram as duas missões da atualidade mais bem-sucedidas da ONU. Portanto, eu fiquei muito satisfeito, porque, tendo estado lá em 2004, vendo aquele universo de dificuldades, pude constatar que em cinco anos a ONU fez um trabalho espetacular de pacificar e de começar a reerguer o país, com o conceito de *peace building*, oferecendo à comunidade internacional uma credibilidade suficiente que estimulasse o aporte de recursos para projetar o país.

Foi muito satisfatório encontrar pessoas, funcionários da ONU com quem eu havia trabalhado intensamente em 2004. Isso facilitou muito o meu trabalho como *force commander*, pelo conhecimento prévio que eu tinha do país. Como oficial de operações, todo contingente internacional que chegava ao Haiti de outros países, por nós já estarmos lá há mais tempo, eu era o responsável por levá-los até as suas bases fora de Porto Príncipe. Por essa e por outras razões, e como já falei, de termos oito bases, eu circulei muito pelo Haiti, portanto eu era muito familiar com o país.

O Haiti era um país que estava pronto para se projetar. Todas as instituições funcionando, escolas, universidades, hospitais, porto, aeroporto, comércio, bancos. O país estava angariando uma credibilidade internacional, como eu já me referi, porque já havia recursos, já havia investimentos, na parte de turismo, por exemplo, na parte de indústrias, para se projetar de uma forma autossuficiente. As gangues foram completamente desmanteladas, os seus líderes, presos, e, portanto, a parte de segurança estava consolidada. A Polícia Nacional haitiana estava num cenário muito diverso daquele que eu encontrei em 2004. Então, quando nós chegamos lá, havia 3 mil policiais. Em 2009 já havia aí na faixa de 10, 11 mil, por aí, com uma credibilidade muito grande, uma aceitação muito grande junto à população; muito bem treinados, equipados. Então, o país estava pronto. Tanto era assim que já se previa um *downsize* da missão em 2011. Já estávamos fazendo estudos para propor essa redução em 2011. Algo que, lamentavelmente, não ocorreu.

Pois é. Em 2010 veio o terremoto. O senhor estava nos Estados Unidos.
Eu estava no meu único afastamento da missão, em Miami com a minha família, com minha esposa e minha filha. Deveria voltar ao Haiti na segunda-feira, na data em que ocorreu o terremoto. Mas aí a minha secretária, muito sensível àquilo tudo — era a minha única saída e a oportunidade que eu estava tendo de arejar um pouco lá em Miami —, conseguiu com o chefe da missão estender a minha permanência até quarta-feira e, então, eu fiquei. Foi isso que me salvou. Todos eles, lamentavelmente, faleceram, inclusive Patrícia Rodas, a minha secretária. Então foi isso que me levou a essa contingência de estar lá, e não junto com a minha tropa.

O senhor soube da notícia pela mídia?
Não, eu soube da notícia imediatamente. Eu estava me comunicando via celular com o meu ajudante de ordens e, de repente, a comunicação acabou, foi interrompida. Eu saí da casa onde estava, buscando sinal, não consegui. Então o conselheiro da ONU, o brigadeiro Dieguez [tenente-brigadeiro do Ar Neimar Dieguez Barreiro], que trabalhava em Nova York, ligou para mim me dizendo que o Haiti tinha sofrido

124 • MISSÃO HAITI

um terremoto muito grave, muito sério. A partir dali, me liguei com o Comando Sul dos Estados Unidos, eu tinha muita relação com o general Fraser,[1] e passamos, a partir daquele momento, do final da tarde, a estudar algumas opções de como os Estados Unidos poderiam ajudar, e como eu poderia retornar ao Haiti de uma forma mais urgente, mais rápida. E assim ocorreu. Na manhã do dia seguinte, o Comando Sul me levou de jato até a base Guantánamo em Cuba, e de lá peguei um helicóptero e fui para o Haiti. Às 11 horas eu estava reassumindo o comando do meu pessoal.

Quando o senhor chegou lá, qual era o cenário?

Quando cheguei lá, a primeira providência que tomei foi reunir a minha equipe, os oficiais de estado-maior e os comandantes que estavam trabalhando na capital. Na chegada, eu fiz um sobrevoo muito rápido e vi que a coisa, realmente, tinha sido muito séria. Mas pedi aos meus comandantes, aos meus oficiais de estado-maior que se recompusessem, que dessem uma pausa um pouco nas atividades — eles estavam direto desde as 17 horas do dia anterior — e que fossem até o batalhão brasileiro, tomassem um banho, trocassem de farda etc., e a gente pudesse então, às duas horas, iniciar formalmente os trabalhos.

Nesse período, eu peguei o helicóptero e fiz um sobrevoo, agora com mais detalhe, para ter o mínimo daquilo que a gente chama no jargão militar de consciência situacional do que eu iria enfrentar. A partir das duas horas, começamos, então, a estabelecer o ritmo de trabalho, abrindo uma nova frente, que até então era só de segurança, agora mais direcionada para a ajuda humanitária.

São temas que dá para a gente falar aqui durante horas, dias, detalhando o que foi isso aí. Mas uma nova frente de atuação me levou a trazer tropas que estavam em áreas não afetadas para Porto Príncipe. O contingente argentino foi quase todo ele levado de Gonaïves para Porto Príncipe, para colaborar na ajuda humanitária. Depois, no dia

---

[1] O general Douglas Fraser era o comandante do Comando Sul dos Estados Unidos.

19 de janeiro, houve uma nova resolução autorizando a ampliação do componente militar. Aí, o Brasil novamente — porque lá chegamos em 2004, fomos o primeiro contingente a chegar lá — foi o primeiro país a oferecer um batalhão, completamente autossustentável, independente da ONU, que se desdobrou lá em três semanas para atender a parte de ajuda humanitária. Isso me ajudou tremendamente. Outras tropas chegaram, mas não com a oportunidade desejada que eu consegui com o Brasil em três semanas.

O senhor já conhecia o general americano Ken Keen?
Isso foi uma coincidência muito feliz, de podermos trabalhar com as tropas internacionais. Chegaram mais de 10 mil tropas internacionais, então eu, que tinha o comando de aproximadamente 7 mil, passei a ter 17 mil tropas sob minha coordenação. Não sob o comando — o meu comando era a tropa da ONU —, mas é quase a mesma coisa. O efeito é o mesmo. Isso deu um trabalho muito grande, principalmente se levarmos em conta que o chefe da missão havia falecido,[2] e eu, portanto, estava respondendo pela missão até a chegada do próximo. O meu *deputy*, o subcomandante, era o general Toro, do Chile, cuja esposa havia falecido, também, no terremoto. Ele, portanto, estava liberado para achar o corpo da esposa, o que ele conseguiu uma semana depois. Então eu estava praticamente... não vou dizer sozinho, mas no comando dessa estrutura, desempenhando funções além daquilo que eu deveria. Cuidar da ajuda humanitária, o contato com os outros países, com o presidente do Banco Mundial, presidentes de países, secretário-geral do DPKO. Eles queriam falar com o general comandante, ninguém queria falar com meu chefe de estado-maior. Então isso me dava uma rotina de trabalho de mais de 18 horas por dia, em mais de 15 reuniões e *briefings* — e deslocamentos até a República Dominicana, até Miami, com bate e volta — para atender a determinadas reuniões.

---

[2] O chefe da Minustah, o embaixador tunisiano Hedi Annabi, foi uma das vítimas do terremoto.

126 • MISSÃO HAITI

Voltando à sua pergunta, os maiores contingentes que lá estiveram eram o contingente americano e o canadense. O Canadá já tinha participação tradicional. Se você pegar a história das Nações Unidas no Haiti, você vai ver que o Canadá sempre esteve presente. É uma tropa muito fácil, muito profissional, muito boa de se trabalhar. E o traço de latinidade que eles têm no sangue facilita muito a lida, o relacionamento deles com o povo. Isso os aproxima bastante.

Não havia tropa americana até então. Estava lá, visitando a embaixada americana, o general Ken Keen, que era o subcomandante do Comando Sul dos Estados Unidos, e eu nem sabia da sua visita. O fato é que, com o terremoto, ele ficou lá no Haiti, para comandar as tropas que passaram, então, a ser desdobradas no Haiti. Foi uma circunstância tremendamente feliz porque eu e o Keen somos amigos desde tenentes. Quando servi na brigada paraquedista, ele veio fazer alguns cursos conosco aqui, na década de 1970, depois fez a Escola de Estado-Maior aqui também, como major. Quando eu era capitão, fui ao Fort Benning fazer um curso avançado de Infantaria, um curso de paraquedismo, e ele servia lá no Batalhão de Rangers. Estou só descrevendo isso para dizer que o nosso conhecimento não foi pontual. Ele se estendeu ao longo das nossas carreiras. Quando estive em West Point como assessor, ele tinha um sobrinho, também, que se graduou lá, então a gente mantinha um contato muito forte.

Isso serviu para um acordo que nós fizemos: vamos mostrar ao mundo o que é um modelo de parceria entre duas tropas diferentes, mas com o mesmo propósito. E deu muito certo. Tanto assim que, após o término da missão, recebi um convite do Exército dos Estados Unidos para fazer um périplo — uma viagem pelos Estados Unidos, passando por unidades, como a 82ª Divisão Terrestre, Fort Benning, escolas, como Whinsec, West Point, Pentágono — transmitindo a nossa experiência. A importância de estabelecer uma amizade, uma parceria, uma relação enquanto jovem, acreditar naquilo, porque a gente não sabe o que vai acontecer no futuro. Quando voltei ao Brasil, eu o chamei para vir aqui e fizemos o mesmo périplo, transmitindo essa mensagem de que a gente não poderia imaginar, como tenentes e capitães, que a gente pudesse ter algo projetado no futuro e que nos levasse a uma circunstância tão difícil, mas que foi tão facilitada por nossa amizade. Até hoje, somos muito amigos. Eu vou agora aos Estados Unidos e vou visitá-lo. Ele vem aqui também. Então, somos irmãos de arma.

E a sua experiência de comandar tropas internacionais, como foi?
Eu não tive nenhuma dificuldade, foi uma experiência ímpar. O comandante de uma tropa internacional tem que incutir nos seus subordinados que, embora haja dificuldades, haja diferenças originais de cada país, há também muitos pontos de convergência pelo profissionalismo, porque as tropas, originalmente, têm a mesma formação, os mesmos valores, os mesmos objetivos. Existem também pontos de convergência levados pela própria ONU, que no preparo, por intermédio dos seus manuais, dos seus regulamentos, das suas instruções, das suas diretrizes, procura homogeneizar todos os *peacekeepers* de forma que eles, quando usam uma boina azul, perdem a identidade nacional e passam a ser tropas da ONU, idealmente homogêneas.

Claro que há, como eu disse, diferenças. Mas o comandante, tendo habilidade para identificar e resolver essas diferenças, superá-las, num balanço dos pontos de convergência, isso é muito facilitado. Eu me mantinha sempre muito próximo das tropas. Tanto que, na primeira experiência, eu não saí do Haiti nem uma vez. Fiquei seis meses lá. Como *force commander*, eu saí essa vez, no Ano Novo, estendi um pouco lá, com a minha família, em Nova York; depois fui para Miami. Mas eu não me afastei nem fim de semana. Nos fins de semana, eu aproveitava para visitar os meus contingentes nas bases afastadas. Pegava o helicóptero e ia visitá-los. Então, havia uma relação de confiança e uma identidade muito grandes. De fato, eu os conhecia. O comandante, quando conhece seus subordinados, sabe muito bem dimensionar o tipo de missão, a natureza da missão, e passa a conhecer as capacidades, para saber, realmente, o que pode esperar do subordinado. De forma que fui extremamente feliz no comando dessas tropas. E, ironica-

128 • MISSÃO HAITI

mente, principalmente depois do terremoto, onde de fato as coisas se complicaram muito e houve necessidade de um engajamento muito maior dos meus comandados para superar essa condição.

À margem da missão da ONU no Haiti, havia também a presença de várias ONGs, e depois do terremoto essa presença aumentou. Como era o relacionamento com as ONGs?

Eu gostaria que tivesse sido melhor, porque a maioria das ONGs, depois do terremoto, chegava lá ao Haiti e não procurava o coordenador da ajuda militar, no caso o *force commander*. Então elas chegavam sem saber por onde começar o trabalho, o que fazer. Várias delas chegaram ao aeroporto, montaram a sua barraca, tiraram uma fotografia e foram embora. Não trouxeram, não agregaram ajuda alguma. Não vou nominá-las, mas *muitas* delas assim fizeram. Havia outras que de fato colaboraram bastante, como a World Vision, que nos ajudou bastante. Então, o relacionamento com as ONGs poderia ter sido melhor se elas tivessem a lucidez de nos procurar e ver qual a forma que elas poderiam ser úteis e nos ajudar. Mas não fizeram isso.

Houve uma desconfiança em relação à dimensão militar?

Havia, não vou dizer desconfiança, nem rejeição, repulsa, mas nos olhavam com olhos diferentes. As ONGs que lá estavam antes passaram a se integrar muito conosco depois do terremoto. Eu não tenho absolutamente nenhuma reclamação, nenhuma observação. Até porque essa observação que eu fiz em relação às ONGs que iam para lá como se fosse um Epcot Center — no aeroporto, tinha bandeira de todos os países, mas ficavam lá dois dias tirando fotografia e iam embora —, isso não é reclamação, mesmo porque, essencialmente, não nos trouxeram nenhum tipo de contribuição, nem nos atrapalharam. Então eu vejo que não houve grande contribuição ou algo que realmente fizesse diferença na ajuda humanitária, além daquelas que já se encontravam no país, que nos ajudaram bastante.

De ONG brasileira, o Viva Rio já estava lá antes.
Já, com o Rubem [César Fernandes], já estava lá antes, fazendo um trabalho excepcional, maravilhoso. A gente tinha várias parcerias. Gosto muito do Rubem. Então, é um exemplo de uma ONG de nome, de prestígio, de resultado.

Em termos de carreira, a experiência de participar de uma missão de paz faz diferença?
Faz diferença, muita. A participação em operações de paz é muito benéfica, *muito* mais benéfica para os jovens militares, soldados, cabos, sargentos, tenentes, porque eles podem se transportar para um ambiente operacional de relativa complexidade e risco, praticando aquilo que eles aprenderam nas escolas militares. Essa é a observação militar. Agora, há outra abordagem também, que é uma abordagem de escala de valores, no sentido de valorização da existência humana. Isso aí se aplica a todos, até a generais, que não tiveram oportunidade de estar imersos em ambientes diferentes que lhes mostrassem diversos níveis da existência humana. Uma pessoa que participa de uma operação de paz, militar ou civil, ela volta depois com a sua escala de valores redimensionada por aquilo que viu e pela forma com que se inseriu dentro daquela realidade e daquilo que fez para melhorar enquanto teve essa oportunidade, o que ela fez para contribuir para aquele estado de coisas.

O senhor faz parte de uma geração de chefes militares brasileiros que pela primeira vez teve essa experiência real. Antes, a oficialidade não participava de missões de paz, não nessa escala. Qual é o retorno disso para o Exército?
O retorno é muito grande, exatamente pelo que você falou, porque o Exército tem uma estrutura de treinamento, de formação e de adestramento, em que procura sempre se atualizar, buscando referências internacionais, buscando estudos estratégicos que permitam atualização dos conceitos doutrinários, operacionais. Porém, uma imersão num cenário real dá uma outra noção da complexidade da formação e

do treinamento. Então, para o Exército brasileiro, foi muito interessante, para confirmar que a formação de nossos quadros, sargentos, oficiais é de alto nível.

Falo isso com uma tranquilidade muito grande, absoluta, porque fui instrutor na Academia Militar de West Point, do Exército dos Estados Unidos da América, por dois anos, além de ter passado também no Fort Benning, fazendo o curso avançado. Eu tenho de forma muito clara essa relação. E digo que as operações de paz, reportando-me ao Haiti — e sem falar da República Dominicana e Suez —, foram muito importantes para confirmar que nosso Sistema de Instrução Militar do Exército Brasileiro, o Simeb, é *muito* bom. O que nós tivemos que reajustar no Haiti foram detalhes relativos à logística: adequar equipamentos, adequar a forma de distribuição de suprimentos, de materiais. Nisso, o primeiro contingente foi um laboratório. Quando voltei do Haiti, já no Estado-Maior do Exército, passei também a trabalhar nisso, para conformar uma nova realidade operacional em cima de uma logística que melhorasse o resultado. Então, nós incorporamos, mudamos os nossos blindados e itens de equipamentos individuais, como o intercomunicador labial e a parte de armamento de menor letalidade. Também o emprego de forças especiais. Isso tudo foi num crescendo, baseado naquilo que o primeiro contingente fez, em observações — muitas delas, eu diria quase todas, em cima da parte operacional. Porque a parte operacional impacta a logística e vice-versa, mas o que dita a logística a ser proporcionada é a demanda operacional existente.

Então, isso foi muito importante para o Exército, tanto que ele evoluiu muito em sua estrutura logística, de material. E serviu também para projetar, fora do Brasil, uma certeza, algo que já existia, da experiência brasileira, da credibilidade e da eficiência, da confiança do soldado brasileiro em operações de paz. Coisa que não começou agora. Já existia na República Dominicana, já existia em Suez, mas que foi projetado. É interessante saber que nós tivemos quase 40 mil soldados no Haiti sem um único caso confirmado de abuso, quer seja abuso da força — de usar a força além do necessário — ou abuso contra mulheres e crianças haitianas. Não tivemos nenhum caso confirmado. Tivemos denúncia, mas que ao final da investigação constatou-se que foram denúncias produzidas, com fins de indenização pecuniária. Então serviu também para reafirmar o conceito do soldado brasileiro lá fora. E foi boa a decisão do Exército brasileiro em diversificar a participação, em nacionalizar, democratizar a participação, pegando todos os comandos de área. Nós tínhamos no Haiti soldados do Rio Grande do Sul, da Amazônia, do Mato Grosso, do Acre, do Nordeste, do Rio de Janeiro. Isso, então, nacionalizou a experiência. E com esses valores operacionais, que se refletiram na eficiência, no trabalho, na parte de doutrina, na parte logística. Agora, vejam como isso também impactou na vida pessoal, na vida de cada um. Um soldado, ao voltar para a sua família, ele vai, de uma certa forma, voltar diferente daquilo que ele saiu. Vai tentar dar um reajuste ali de valores, naquilo que ele viu, da forma que ele contribuiu, na sua condição existencial de ser humano, da sua realidade vivida lá. Então ele muda um pouco, no sentido positivo, como ser humano.

Agora está na pauta do dia a participação do Brasil na República Centro-Africana. É uma demanda da ONU. O senhor acha que é uma missão que se deve cumprir?

Acho que deve. O Brasil tem que cumprir essa missão. Nós não podemos ter um hiato de décadas como o que tivemos da República Dominicana para cá. Ou de Angola, passando pela África. Com esses hiatos perde-se a experiência; as lições aprendidas, às vezes, se diluem. Então o Brasil, por sua experiência, por sua credibilidade, por sua eficiência, não pode ficar fora das operações de paz. Até porque a participação do Brasil em operações de paz, seu efetivo, a quantidade de soldados que participa dessas operações não implica, não traz qualquer consequência em termos daquilo que, constitucionalmente, o Brasil ou o Exército brasileiro tem que cumprir no Brasil.

132 • MISSÃO HAITI

Agora, em relação à logística e à parte operacional, é um cenário muito diferente.

Vai complicar um pouco. Mas tudo isso são desafios. Temos que lembrar também que a ONU tem uma implicação muito grande com essa questão logística. A maioria dos itens de uma missão é suprida pela ONU. A dificuldade que teríamos na República Centro-Africana é de chegar até lá. É um país no meio da África. Diferente do Haiti, que a gente chegava de navio ou de avião, fazendo uma escala em Boa Vista. Então tínhamos que trabalhar melhor essa logística e ver como levar nossos soldados, como fazer os rodízios, como substituir nossos materiais lá. Mas há opções. Há bases próximas, em Entebbe, por exemplo. Há opções que podem ser facilitadas, fazendo um modal de transporte marítimo, aéreo, terrestre. Então são desafios para os quais nós temos lucidez intelectual, preparo, experiência para achar solução.

Do ponto de vista da natureza do problema, a situação da República Centro-Africana é diferente.

É muito mais complexo. Mas o Brasil está completamente preparado para esse tipo de demanda e para dar uma resposta adequada. Quando digo isso, de novo, eu tenho uma percepção muito clara, comparando nossos soldados com os de vários países do mundo, inclusive Estados Unidos, França, Canadá. Nosso soldado não fica atrás de nenhum desses. O que nos difere é tão somente a questão de equipamento, a questão do que é agregado ao combatente individual, o que não é fundamental. O fundamental é o que está dentro dele. Fundamental é, por exemplo, como ele vai gerenciar e resolver uma situação; é a criatividade, é a flexibilidade de raciocínio, é o preparo físico, é o condicionamento profissional. Nisso, nós não temos nada a perder. Muito pelo contrário. Podemos nos orgulhar de que nossas tropas são equiparadas às melhores do mundo. Então, se formos realmente para a República Centro-Africana, os nossos soldados estarão aptos. Agora, serão expostos a mais riscos? Sim. Poderão ocorrer baixas? Poderão. Mas isso faz parte, também, da realidade operacional.

Agora estamos vivendo um cenário de intervenção federal na segurança pública no Rio de Janeiro. No que difere a natureza dessa missão do que se viveu no Haiti, naquela primeira fase?

O que difere muito é que lá no Haiti nós tínhamos um mandato aberto para cumprir, tínhamos autoridade para operar que estabelecia tarefas, para que a gente pudesse cumprir nossa missão. Lamentavelmente, isso eu não observo aqui, no Rio de Janeiro. Se você pegar as regras de engajamento que os nossos soldados aqui estão obedecendo e comparar com regras de engajamento em um ambiente semelhante como, por exemplo, as do Haiti, são documentos completamente diferentes. A gente pode identificar aspectos positivos, por exemplo, da unidade de comando — que é fundamental e temos aí um general comandando toda a estrutura —, mas falta uma definição, falta maior cobertura legal, para que os nossos soldados possam apresentar os resultados que são esperados pela sociedade.

É importante, novamente, salientar que essa fase da intervenção não é uma operação de Garantia da Lei e da Ordem. Isso é um combate contra forças irregulares. Quando você vê em determinado bairro aí, que eu não vou mencionar, um "bonde" de traficantes em carros luxuosos, fazendo desfile com fuzis moderníssimos, isso não é GLO, isso é combate contra força irregular. Então, eles têm que ser enfrentados com o mesmo armamento e com a mesma disposição operacional. Além disso, o resultado não se obtém apenas combatendo esse tipo de força adversa. Há que, também, combater pessoas ilustres, que estão envolvidas aí, nesse contexto extremamente lucrativo. Então, é uma missão muito difícil para o gestor, para o interventor, por causa dessas particularidades, que diferem bastante daquilo que é obedecido em operações de paz.

A falta de clareza ou a abrangência em relação ao mandato gera insegurança jurídica, que limita as operações ou coloca em risco maior qualquer operação.
É isso mesmo. Embora agora já tenha sido definido que as ocorrências militares passam a ser tratadas pelo STM, mesmo assim precisa haver

uma cobertura maior, uma abrangência, uma segurança jurídica maior, para permitir ao soldado, na dúvida... Encontra um meliante transitando com uma arma. Lá no Haiti, nós não tínhamos dúvida: meliante com arma na mão é bandido, pode ser abatido, e vários foram abatidos. Consequência disso: está no mandato. Porque contra esse tipo de força só obtém resultado se for combatido com a mesma dosagem. Do contrário, a guerra será perdida. Isso no Haiti era muito claro; todas as nossas tropas sabiam. A ONU exercia o controle dessa letalidade. Não estimulávamos isso. Nunca a força foi aplicada além do necessário. Mas jamais um meliante, um gângster, com um fuzil AR-15 na mão, um AK-47, seria tratado como cidadão. Nunca! A pergunta que se faz é a seguinte: "Para que, então, você está segurando esse fuzil?". Ele constitui um risco à sociedade, ao local em que ele está vivendo. Mas são situações diferentes. Fala-se muito em estado democrático de direito, mas às vezes sem se saber o que isso realmente significa. E essa definição de estado democrático de direito, se quer comparar ao mandato, não há sustentação, porque as coisas são diferentes, as condições são diferentes. Embora o ambiente operacional seja quase igual, a cobertura jurídica, o apoio, é muito diferente.

O senhor falou da banalização da GLO. O Exército ficou na favela da Maré por mais de um ano. E ouvimos muito nas entrevistas dos outros force commanders uma comparação entre o que foram as UPPs aqui no Brasil e os strong points, ou pontos fortes, que vocês implementaram lá no Haiti. O senhor acha que não ter investido em outras áreas, além da questão da pacificação do ponto de vista militar, foi um problema aqui? Talvez, por isso, essa banalização das GLO?

Já existem vários estudos sobre isso, que chegam a essa constatação final, bastante racional, a que você se referiu. Nós, o primeiro contingente, é que iniciamos esse conceito de *strong point*. Vários *strong points*. E depois eles foram se ampliando. Então, o conceito nosso de ponto forte lá, que tínhamos, por exemplo, em Forte Nacional, era uma base militar, de onde saíam tropas para fazer um patrulhamento, o controle da área circundante, mas também levávamos para lá apoio de saúde, apoio para questões de gênero, apoio para violações diversas que ocorriam. Então, havia uma presença muito grande da ONU, por intermédio do Pnud e do *country team* que lá estava, e do próprio governo local, em levar ali para o ponto forte uma estrutura mínima que apoiasse a população. Evidentemente, isso não foi observado aqui. Não foi mesmo! Garantia da Lei e da Ordem é uma estabilização para uma fase que vem em seguida. Minhas tropas ficaram lá no Complexo do Alemão, quando eu comandava São Paulo, um ano e meio. Eu não tinha dúvida nenhuma de que, no dia que eu saísse, voltaria aquele estado de abandono, como ocorreu. Porque na cabeça dos governantes — e hoje, o principal deles está preso[3] — é só olhar para ele, e verificar o nível de comprometimento, a seriedade que se tinha em relação àquilo que estava sendo realizado lá na comunidade. Então, a UPP — de novo, já há muito estudo nesse sentido — funciona mais para dar uma estabilizada no local, na região ou no bairro, que possa assegurar, garantir, proteger a chegada do Estado, do município, de órgãos públicos, para atender à comunidade. Isso não foi feito. Então, a gente vê estudos dizendo que as UPPs fracassaram porque, ao longo desse período todo, não houve mudança, não se buscou compor as UPPs no sentido para o qual elas foram criadas. E você reverter essa situação hoje é muito difícil. Há muito esforço, o interventor vem trabalhando muito, de uma forma integrada com os três níveis da esfera da administração, para ver se melhora isso, para ver o que pode ser feito para contemporizar essa situação.

Depois do Haiti o senhor voltou a trabalhar com as Nações Unidas, participando de um painel independente sobre operações de paz. Como foi essa experiência?
Foi uma experiência riquíssima. Eu digo que a participação na ONU foi espetacular — e tem sido, porque ainda faço alguns trabalhos para

---

[3] Refere-se ao ex-governador Sérgio Cabral Filho.

136 • MISSÃO HAITI

a ONU lá em Nova York. Todas as experiências, espetaculares. Essa de integrar o painel da ONU foi uma surpresa, porque eu estava em Brasília e recebi uma ligação da Susana Malcorra, que é a atual chanceler da Argentina, que era na época secretária do secretário-geral Ban Ki-moon, me perguntando se eu estaria disposto a aceitar um convite para integrar um painel. Portanto, não foi indicação do país, não foi indicação do Exército, foi algo pinçado pelo secretário-geral.

Nós reunimos 15 representantes de locais diferentes do mundo e começamos a trabalhar, de outubro de 2014 a junho de 2015, em um painel que buscasse quantidade suficiente de conhecimento que nos permitisse elaborar recomendações, análises, observações, para tornar as operações de paz mais críveis, eficazes e efetivas. Nós tínhamos uma base em Nova York, mas circulávamos pelo mundo todo. Estivemos em várias missões, em vários países, fizemos viagens para as operações de paz, na África principalmente, para escutar diversas vozes, sugestões e observações. Escrevemos, ao final, um relatório que foi entregue ao secretário-geral no dia 15 de junho de 2015, que ele apresentou formalmente na assembleia da ONU que comemorou os 70 anos da organização.

Foi um trabalho espetacular. Em nível pessoal, eu conheci, eu expandi, ainda muito mais, o meu conhecimento global em áreas difíceis — aonde, às vezes, uma pessoa comum não tem condições de ir — e também no sentido de utilidade, porque eu trabalhei muito na área militar. Portanto, as propostas que foram incluídas no relatório, relativas à parte militar, tiveram muito da minha mão, da minha experiência pregressa no Haiti. Foi uma experiência espetacular, que até hoje a gente ainda contabiliza muito. Eu viajo para diversos países, passando a experiência desse painel, ajudando aqui, quando me solicitam, o Ministério da Defesa, o Itamaraty, a interpretar cenários, situações, dando sugestões para uma assessoria para nosso pessoal. Então, isso me deu uma experiência muito rica.

E desse diagnóstico que os senhores fizeram nessa época, o senhor viu aplicação?

Sim. Já existem várias recomendações sendo implementadas. Porque a ONU, logo depois que entregamos o relatório, compôs um grupo de trabalho para operacionalizar essas recomendações. Então existe uma matriz de sincronização, e várias dessas já foram implementadas pelo secretário Ban Ki-moon, e vêm sendo também implementadas pelo secretário António Guterres. Então vai ser uma contribuição muito importante. Esse documento tem um horizonte à frente de aproximadamente 15 anos. Espera-se que as missões de paz sejam mais eficazes, principalmente em relação às questões de baixas e resultados operacionais, resultados de comportamento. Fizemos ali diversas recomendações e observações, com esse propósito maior.

E agora o senhor está no King's College, qual é a posição que o senhor está ocupando?

Quando eu me aposentei, decidi que não queria mais trabalhar formalmente, das 8 às 17, usando terno e gravata, embora isso pudesse me trazer alguma compensação financeira. Preferi me dedicar realmente àquilo que eu gosto. Eu tenho um contato muito grande com a academia, com as universidades, giro muito aqui pelo Brasil, na parte de relações internacionais, na parte de ONU, em diversas universidades. Também faço parte do conselho, do *board* de consultores da Fundação Dom Cabral, em Belo Horizonte. E tenho uma contribuição mais efetiva com o King's College. Desde 2015, vou para lá todo ano, fico aproximadamente três meses, ministrando aulas e também atendendo a mestrandos e doutorandos. Vou também para a Universidade de Dalhousie, no Canadá, e para a Universidade Nacional de Defesa, nos Estados Unidos. Então eu giro muito, procurando transmitir minha experiência, enquanto eu tiver lucidez e ela for válida e possa servir no mínimo como referência para estudos, de alguma forma. É o que eu tenho feito agora. E participo, também, de eventos internacionais, quando me chamam. Eu fico muito nessa rotina, em sua maior parte, fora do Brasil.

Paul Cruz

O general de divisão Luiz Guilherme Paul Cruz nasceu em 1957, em Aracaju (SE). Estudou no Colégio Militar do Rio de Janeiro em 1969 e ingressou na Escola Preparatória de Cadetes do Exército (EsPCEx) em 1972. Graduou-se na Academia Militar das Agulhas Negras (Aman) como oficial de Infantaria em 1978. Concluiu a Escola de Aperfeiçoamento de Oficiais (EsAO) em 1987 e a Escola de Comando e Estado-Maior do Exército (Eceme) em 1995. Cursou uma pós-graduação no Instituto de Relações Internacionais da Universidade de Brasília (UnB) em 2002. Realizou o Curso de Política, Estratégia e Alta Administração do Exército (CPEAEx) na Eceme em 2004 e um MBA Executivo em Administração de Negócios e Gerenciamento de Projetos na Fundação Getulio Vargas (FGV) em 2005. Foi instrutor na Academia Militar de West Point, do Exército dos Estados Unidos, entre 1998 e 2000. Comandou o Batalhão da Polícia do Exército de Brasília entre 2002 e 2003 e chefiou a quinta subchefia do Estado-Maior do Exército de 2011 a 2014. Foi diretor do Escritório de Parcerias Estratégicas para Manutenção da Paz do Departamento de Operações de Paz da ONU de 2014 a 2017. Esteve no Haiti duas vezes: em 2008 comandou o oitavo contingente do Batalhão de Infantaria de Força de Paz do Brasil e entre 2010 e 2011 comandou as Forças de Paz da Missão das Nações Unidas para a Estabilização no Haiti (Minustah).

Entrevista realizada por Celso Castro e Adriana Marques em Brasília (31/1/2018).

140 • MISSÃO HAITI

Antes da sua experiência como force commander, vamos voltar no tempo e falar da sua experiência de comandar o oitavo contingente do Brabat. Como foi sua escolha para esse comando?

O processo para a designação dos comandantes do Batalhão da Força de Paz é feito no gabinete do comandante e, naturalmente, eles procuraram selecionar coronéis já bastante experientes. Com isso, a cada semestre convocava-se algum dos oficiais, e eu tive a sorte de ser designado, no caso, para o oitavo contingente. Nós fizemos nosso treinamento no Rio de Janeiro — o contingente era da área do Rio de Janeiro —, seguimos para o Haiti em novembro de 2007 e lá ficamos até junho de 2008.

Nesse período, o senhor ainda pegou, no Brabat, o período de pacificação?

O período mais forte da pacificação deu-se até o início de 2007. Nós ainda pegamos alguma coisa, algum enfrentamento, mas já não com a mesma intensidade. Nossa visão principal estava focada em Cité Soleil, para consolidar as ações que aconteceram. Havia um tempo que nós nos dedicávamos a apoiar a polícia e fazer o patrulhamento nas ruas, e nós investimos muito fortemente em ações que favorecessem a população.

As Nações Unidas têm, na parte da organização da missão, organismos, setores que se dedicam a este apoio à população, mas, em função da área de Cité Soleil ser uma área considerada vermelha, eles só podiam ir lá, por questões de segurança própria, com a nossa escolta. Então, alguns não iam, se dedicavam a outros lugares em Porto Príncipe. E Cité Soleil sofria, por não ter esse apoio tão forte. O fato da nossa presença, do estabelecimento dos pontos fortes — e demos essa continuidade a uma presença muito intensa em toda aquela área — favoreceu que todos os outros pudessem trabalhar. E era exatamente essa a nossa missão.

Mas nós não ficamos só nisso. Da nossa experiência de Brasil e o entendimento que a gente tinha da Força de Paz, nós já fizemos essa nossa presença favorecendo a população. Todo tipo de ideia que favorecesse a população, como mutirões de limpeza, apoio a escolas, qualquer coisa que eles percebessem a nossa intenção de que realmente as Nações Unidas e o batalhão brasileiro iriam permanecer enquanto fosse necessário. Depois, cuidamos de nos aproximar da população e conhecê-la melhor. E lá havia muitas organizações, de toda espécie — ONGs, igrejas, organismos das Nações Unidas, a OIM, o Unicef, que se dedicavam a apoio de residência, saúde, mesmo presença de instituições de auxílio de governos que mantêm interesse no Haiti. E de fato, quando Cité Soleil ficou mais calma, eles puderam entrar e circular, e não tiveram problema. Então, esse foi um efeito muito positivo, que era exatamente aquilo que se desejava.

Essas ONGs se coordenavam bem com o batalhão?

As ONGs, normalmente, têm seus propósitos, seus interesses. Algumas tinham dificuldade em coordenar. Outras viram e entenderam o nosso trabalho e ficava mais fácil. Outras, por definição própria, recusavam até o contato. A situação no Haiti é diferente da situação em outros lugares, como na África. As ONGs com atuação em muitas partes do mundo, em áreas conflagradas, têm suas regras de proteção, e nós entendíamos isso. Então, eu disse: "Está bem. Nos procure quando achar que for necessário, nossos contatos são esses, estamos sempre... Não quer que nós entremos nas suas instalações? Não faremos isso". E para cada uma nós tínhamos uma forma de conversar. Cada uma estabelece seus protocolos conforme as experiências que teve. Esse pessoal teve vítimas: foram sequestrados, morreram, eles têm que ter esses protocolos mundiais. Então nós tínhamos um perfeito entendimento e trabalhávamos bem com todas elas, mesmo aquelas que não nos queriam por perto.

142 • MISSÃO HAITI

O senhor mencionou essas ações de assistência, paralelas. Isso tem a ver com a experiência, por exemplo, das Acisos?[1] *Era uma coisa parecida?*
Sem dúvida. Inclusive, essa forma de atuar quebrou alguns entendimentos que as Nações Unidas têm, porque ela é setorizada: militar é militar; policial é policial; civil-político é civil-político; Assuntos Civis é que trata disso, que vai ter o contato. "Ah, não, para falar de escola é o Unicef." Ora, é simples, eu conversei com a diretora do Unicef e disse: "Em que posso ajudá-la?". Aí ela disse: "Em tudo!". "Então nós vamos ajudar em tudo o que pudermos. Vamos proteger o seu pessoal, vamos melhorar escolas... Me diga qual que você quer que a gente melhore." Desde escolas menores até algumas maiores, e de deixar arrumada, pintada, quadros, acertar um bebedouro... Coisas que parecem simples, mas, onde não há capacidade de investimento... As escolas lá são particulares. E aí dizem: "Mas vocês, então, estão favorecendo...". Não. Nós estamos favorecendo as crianças. E quem favorece as crianças, os pais começam a pensar: "Hum... Talvez eles não sejam tão ruins assim". Então você vai procurando o contato, para humanizar esse contato, com a orientação que nós tínhamos, que era sempre de reduzir o conflito, mitigar o conflito, que é a missão. Missão de paz é isso. Você diz: "Escalar ou reduzir?". "Reduzir. Ache uma solução." Se for necessário, você atua com força. Mas quando não é necessário... E é preciso sempre ter a opção de diminuir o conflito, de buscar um consenso. Isso era buscado, era entendido e assim fazíamos.

---

[1] Aciso (ação cívico-social): "conjunto de atividades de caráter temporário, episódico ou programado de assistência e auxílio às comunidades, promovendo o espírito cívico e comunitário dos cidadãos, no país ou no exterior, desenvolvidas pelas organizações militares das Forças Armadas, nos diversos níveis de comando, com o aproveitamento dos recursos em pessoal, material e técnicas disponíveis, para resolver problemas imediatos e prementes". Fonte: Exército brasileiro. Disponível em: <www.eb.mil. br/acoes-civico-sociais>. Acesso em: jan 2018.

E a polícia do Haiti? O senhor tinha que coordenar com eles algumas vezes, não?
Sim. A coordenação era junto com a Unpol. Então, eles tinham todo um contato com a polícia do Haiti, e nas nossas áreas de responsabilidade, isso era feito com a Unpol.

Qual era a qualidade, a capacitação da polícia do Haiti?
Olha, de 2007 para 2008 eles ainda precisavam trabalhar bastante.

Alguns eram ex-militares, não?
Sim, alguns eram oriundos das antigas Forças Armadas do Haiti, do Exército do Haiti, que entraram para a polícia para ter um emprego. Não era muito fácil, de início, mas é preciso entender a situação e... "Nós estamos aqui para quê? Para favorecer que eles cresçam, melhorem. E se eles melhorarem, nós vamos embora." Suas ações têm que ser pensadas e programadas, no sentido de favorecer aqueles que vão ficar. Aí eles crescem, e então é possível voltar.

Mais à frente, depois dessa experiência no comando do Brabat, o senhor retorna, aí como comandante da Minustah. Como foi o convite e o processo seletivo?
Foi em 2010. Já havia a programação de retorno do *force commander* anterior, que era o general Floriano. E, de novo, o Comando do Exército apresentou uma lista tríplice às Nações Unidas e o DPKO verificou o currículo. Nós todos tínhamos experiência já como Nações Unidas. No caso, a entrevista foi comigo, com o general Paulo Humberto e com o general Pujol. A minha experiência era um pouco mais recente, mas o Paulo Humberto tinha sido também comandante do batalhão. O general Pujol tinha experiência como observador.

O que perguntam?
Perguntam sobre a situação do país, qual o entendimento que você tem sobre o cenário existente. Verificar, naquele momento, o que seria

144 • MISSÃO HAITI

indicado, de acordo com o entendimento deles. Qualquer um dos três que fosse... tanto que o general Pujol foi a seguir. Foi só uma questão de data. Eu diria assim: o diferencial, naquele momento, é que eu também tinha um curso chamado Senior Mission Leaders, que é um curso da ONU preparatório justamente para quem assumiria essas funções de *force commander*, de *police commissioner*, de representante especial adjunto.

Esse curso, o senhor fez onde?

Fiz na Malásia, antes da entrevista. E assim foi. Houve essa preparação, só que aí aconteceu o seguinte: um tal de terremoto.[2] E o Haiti sofreu muito. O terremoto foi na parte sul da ilha, e a onda parece que veio na direção de umas colinas de Porto Príncipe e destruiu muitas construções mais frágeis. Realmente, a destruição foi grande. Quem teve o primeiro impacto e o impacto da missão, que colapsou, literalmente, junto com o Hotel Christopher, foi o general Floriano Peixoto. Ele estaria na reunião. Só que não; estava em *leave* [período de folga] e chegou no dia seguinte. A missão estava destruída. Aí as Nações Unidas precisavam levar para lá pessoal de outros lugares, para reconstituir a estrutura da missão. E ela tinha o seu QG nesse hotel que caiu. O hotel, caiu metade dele, não desabou completamente. Por sorte, o componente militar não sofreu tanto, porque uma boa parte estava em outras instalações e no subsolo da parte que não caiu. Mas vários tiveram que sair de lá no meio dos entulhos, procurando abrir caminho para sair do hotel. Alguns tiveram que voltar lá para resgatar computador para ter como trabalhar. Esse impacto imediato, então, o general Floriano Peixoto teve esse trabalho, e a seguir foi quando eu cheguei e assumi.

---

[2] Em 12 de janeiro de 2010, um terremoto atingiu o Haiti deixando uma série de vítimas, incluindo autoridades das Nações Unidas e diversos membros da equipe da Minustah que estavam no Hotel Christopher, que abrigava o quartel-general da ONU na capital do Haiti, Porto Príncipe. O então *force commander* da Minustah, general Floriano Peixoto, não estava no local no momento do incidente. Fonte: <https://istoe.com.br/144550_SEIS+HORAS+SOB+OS+ESCOMBROS/>. Acesso em: jan. 2018.

O senhor chegou quanto tempo depois do terremoto?
Eu cheguei em março de 2011, um ano e dois meses depois. E aí o nosso trabalho foi fechar aquele ciclo inicial, depois do terremoto, que foi a emergência e a urgência de todos os trabalhos, que se deu em salvar pessoas, atender e coordenar com todos que foram lá para prestar auxílio. Havia a Joint Task Force americana, com um efetivo grande, e foi feita uma coordenação com eles, e todos os órgãos de assistência humanitária que para lá acorreram, que têm a coordenação do Escritório de Coordenação de Assistência Humanitária. Quando cheguei, tinha que dar continuidade. Já não era total emergência, de caos causado pelo terremoto, mas nós tínhamos que fazer com que a coisa desse certo. Tínhamos milhares de ONGs, agências, governos, com coordenação, sem coordenação, enfim, de toda espécie, e é claro, aí volta uma preocupação com segurança. Muitos deslocados... E aí nós precisamos entender que eles eram *desabrigados*.

É curioso, porque essa palavra é um termo que nós entendemos muito facilmente, aqui no Brasil, por causa das enchentes, da casa que caiu. Mas, no inglês, qual é o termo? Eles têm o *displaced*, mas é o deslocado, e o *refugee* [refugiado], mas isso é de um país a outro. Estavam no mesmo país, então, não é refugiado. E era deslocado? Jura? Mas estavam no mesmo bairro. A casa desmoronou, eles estavam numa barraca por ali, ou próximo. Não é um *homeless* [sem-teto], porque a ideia do *homeless* é outra. É até difícil de explicar. E tem todo um conceito de campos de deslocados ou refugiados da África. Só que os campos, na África, têm um sentido de que quem está lá se reuniu naquele campo para procurar proteção, porque há forças de fora atacando aquele campo. Não era o caso do Haiti. Aquilo, embora eles chamassem de IDP *camp*,[3] não era, na realidade, IDP *camp*.

Eu insisto nessa questão do conceito porque eles... "Como é que vai ser feita a segurança?" "A segurança é feita por tal organização." Eu disse: "Pode parar. Nós temos aqui o maior efetivo, sabemos o que

---

[3] Campos que servem de abrigo para deslocados internos da ONU.

146 • MISSÃO HAITI

estamos fazendo, conhecemos a área, estamos aqui há anos, vamos continuar. E para mim isso é um bairro, não é um IDP *camp*. É outro conceito. Continuarei a fazer os patrulhamentos da forma como for necessário".

Algumas organizações expressaram preocupação, porque há a questão... "O soldado entrou, e como é o tratamento com as mulheres?" Isso é preocupação de quem veio de outras missões, em relação a preconceitos da África. Justificados, porque há histórico de problemas. Você pega a relação de problemas e vai ticar todos os problemas. Só que não era o caso. E nós conhecíamos a situação. Aí eu disse: "Você tem essa preocupação? Me mande seu pessoal e vamos instruir o nosso pessoal. Como é que vocês querem fazer?". De novo, o conceito de reduzir tensões, diminuir conflitos, fazer com que as pessoas se sintam confortáveis nas suas ações. Porque isso, na realidade — agora, falando em termos militares —, me daria uma rede de proteção. Na realidade, eu estava usando outros conceitos militares, de operações psicológicas, de estabelecimento das redes de proteção, que faziam com que tanto o meu soldado estivesse protegido como... um conceito que também nós entendemos com facilidade, que é o conceito de que a missão de paz é muito fortemente baseada na visão que as pessoas têm dela ali naquele lugar, no mundo, ou seja, no Conselho de Segurança, que lhe dá o mandato, e no seu país.

O senhor falou da experiência com os americanos. O senhor podia detalhar um pouco? Porque o primeiro impacto foi do general Floriano Peixoto, quando eles chegaram com os helicópteros Black Hawks...
Eles chegam com os meios que têm. E eles têm muitos meios. Eu tenho um helicóptero, eu preciso chegar rápido, então eu faço isso. E eles fizeram muito bem. Há até o entendimento que eu digo que não é um entendimento acurado, de dizer: "Ah, eles estavam lá para chegar e conquistar o país todo de novo". Não. Estavam lá para favorecer todas as ações humanitárias.

Quando estão com aquele uniforme completo de equipamentos, parecem um Robocop. Aquilo é assustador para quem olha.
Sim, porque volta a imagem de outras áreas, em outras questões. Não é. Tanto que o general [Ken] Keen e o general Floriano conversaram e os americanos passaram a andar desarmados, desequipados, com o gorro. Porque as tropas que na realidade estavam fazendo proteção eram as nossas tropas, as tropas das Nações Unidas. E, é claro, como os batalhões brasileiros estavam em Porto Príncipe, ajudou muito, fez toda a diferença. Mas o nosso relacionamento era muito bom. Depois, o general Keen retornou e ficou lá o general Trombitas [major general Simeon G. Trombitas], que era meu outro grande amigo. E a mesma coisa, de conversar. Eu disse: "Como posso lhe ajudar?". Eles podiam me ajudar bastante ajudando a população, trazendo meios. E eles trabalharam muito para recuperar o mais rápido possível o porto, eles operaram o aeroporto no dia seguinte, o controle aéreo. E aí você imagina 200 aviões querendo vir de todos os países. É um aeroporto de uma pista só e pouco espaço de estacionamento. É difícil. Eles fizeram a organização disso e *eles* retiravam o material do avião, faziam o desembarque e processamento, e fizeram tudo. Porque tinham os meios, o conhecimento, e fizeram. Cabia a nós reclamar? Não. Cabia a nós agradecer demais, porque faziam, e apoiá-los: "Agora, como é que eu posso também te ajudar nisso?". Aí foi melhorando o conhecimento um do outro, e foi excelente.

Depois do terremoto teve a epidemia de cólera também, não é?
Isso foi mais adiante. Após cada tragédia da natureza, acontecem outras tragédias, provocadas por nós ou como consequência daquela tragédia. Essa epidemia de cólera ocorreu no final do ano, em outubro, e onde ela bateu com grande intensidade foi numa área da cidade de Saint-Marc, no litoral; tem um pequeno porto e fica na foz do rio Artibonite. Não posso dizer que lá foi o primeiro caso, mas em quantidade foi lá. Aí você vem com a pergunta: foi o Nepal?

148 • MISSÃO HAITI

Porque teve a acusação de que foi um soldado nepalês, que estaria doente.

Sim. Porque o cólera veio do tipo do que ocorre no Nepal e, de repente, surge uma acusação para a tropa nepalesa, que foi acusada de ser a propagadora do cólera no Haiti. Mas a ONU tem contratado estudos da Universidade Johns Hopkins, que dizem que não. Saint-Marc foi o epicentro, onde apareceu, mas fica a mais de 100 quilômetros rio abaixo de onde estava essa tropa do Nepal. Eu fui de imediato e os médicos foram de imediato a essa unidade. Eu não estou falando "eu ouvi dizer", não. Eu fui. Eu era o *force commander*. Levei o médico da missão, o chefe dos médicos todos. Mas, é claro, aparecem os *experts* de tudo, com interesses diversos. E, naquele caso, um dos interesses que eu identifiquei foi que havia uma divergência entre o comandante do batalhão do Nepal e o prefeito de Mirebalais, que era onde eles se encontravam. Então é complicado. Mas também as pessoas precisam se questionar: quantas ONGs tinham lá? Quantas pessoas estavam entrando e saindo do país a qualquer momento sem controle sanitário? Eu tenho a convicção de que não foram os nepaleses. E esse estudo corrobora. Mas isso não foi divulgado, porque outros interesses das Nações Unidas... Aí deixo com eles. O interesse do Haiti, na minha cabeça, é dinheiro: "Me dê dinheiro, me indenize". Em outros lugares, eu chamaria de *blood money*.[4]

Porque as Nações Unidas tiveram que indenizar...

Não é ter que indenizar. Não é assim que eu vejo a questão. É trazer fundos para ajudar a resolver o problema. Mas aí você está falando de questão sanitária, de questão epidemiológica e todas as consequências. Se as Nações Unidas fizeram isso? Sim. A Organização Mundial da Saúde, apoio à Organização Pan-Americana da Saúde, apoio a países, acordos bilaterais, formas de injetar recursos nas organizações que pudessem trabalhar junto com o Haiti para proteger. Infelizmente, pessoas morreram. Isso é errado? É. Até pela circulação do vírus poderia ter ocorrido. Vale a pena dar uma olhada nesse estudo.

---

[4] "Dinheiro de sangue" ou dinheiro de indenização de conotação negativa.

Depois do terremoto e do cólera, como diz o ditado popular, desgraça pouca é bobagem, volta o Baby Doc. E aí tem motins, não tem?
Houve, nessa época, quando ele voltou. Mas não era só Baby Doc. Era ele, Aristide, a turma toda. Baby Doc era passado. Até me perguntaram: "O senhor se preocupa com isso?". Eu disse: "Não. Ele faz parte do meio ambiente". Só que ele era passado. Outros é que eram presente. E acabou havendo a eleição, com todos os problemas de uma eleição em um país com um grau de organização ainda precisando melhorar. Nessa eleição nós tínhamos também um papel de apoio logístico e de segurança para trabalhar. E fizemos com que as 1.502 seções de votação funcionassem. Tivemos problemas em oito ou 10 seções. E problemas menores. Tivemos um tiroteio, de um pessoal, na área próxima a Gonaïves, naquela baixada. Uma gangue foi assaltar, literalmente, algumas seções eleitorais que havia ali, e a tropa argentina fez corretamente, protegeu e repeliu esse pessoal. E assim foi.

E a sua experiência de comandar uma força com tropas internacionais, de várias nacionalidades? Como funcionou?
É muito interessante. Os comandantes brasileiros no Haiti foram privilegiados, porque sempre tinham uma unidade, e eu tive duas unidades, dois batalhões de Infantaria brasileiros, um deles também integrado pelo Grupamento de Fuzileiros Navais, e uma companhia da Engenharia brasileira. Então eu tinha uma tropa muito forte, que, se eu precisasse, eu usava. E eu fiz isso. Em época de eleições ou quando teve alguma tensão, eu reforçava quem estava no norte com uma força-tarefa brasileira lá em cima, outra no centro, outra lá embaixo e tudo bem. Porque a nossa tropa tinha recursos e tinha maior facilidade. Nós tínhamos lá a tropa chilena muito bem; os uruguaios estavam bem, mas tinham alguma dificuldade de material, principalmente viaturas, e nós apoiamos a tropa do Sri Lanka também, com muita experiência. Eles vieram de um conflito interno por muito tempo, então, eles vinham com gente bastante experiente. O Nepal, eles tinham duas unidades menores, mais tímidas, mas é outra forma de atuar. E trabalhar com

todo esse pessoal é muito interessante, é uma experiência que me trouxe um acréscimo profissional bastante grande.

Para além das diferenças culturais de cada país, a cadeia de comando, a hierarquia, a disciplina funcionam sem problema?

Funcionam. Mas é preciso entender por que o país foi para lá. Vou lhes dar um exemplo: o Japão. Tinham uma companhia de Engenharia com meios maravilhosos, faziam um trabalho preciso. Mas, se tinha confusão, eles tinham que se recolher ao quartel, porque a própria Constituição japonesa tem restrições sérias à atuação. E, é claro, eu conversei com o comandante japonês, e disse: "Olha, não se preocupe, eu não vou lhe pedir nada que você não possa fazer, e eu sei exatamente que você não pode fazer isso". Como eu pedi para o comandante da Engenharia brasileira mandar caminhões para o sul e reforçar os uruguaios, que estavam com problema de caminhão. E nas eleições eu disse: "Lampert,[5] preciso aí de você para mandar um reforço para o sul". Ele disse: "Só se for agora! Quantos?". "Bom. Boa resposta. Manda aí umas 12 viaturas de cinco toneladas lá para o sul, com motorista." Ele fazer isso não é o melhor procedimento internacional, a viatura que atendeu ao chamado para reforçar outro país porque estava em dificuldade, mas no contexto, estava perfeito. Se eu pedisse ao japonês, ele teria que me dizer não. Essa questão legal, é preciso entender.

Aí é que entram os *caveats*, que são restrições de emprego que os países fazem no próprio acordo com a ONU, quando mandam a tropa. No Haiti, nós tínhamos muito pouco, o que me facilitava. Mas alguns *caveats* estão escondidos. O comandante nacional de cada contingente tem muita força em relação ao *force commander*. A cadeia de comando existe, mas é uma cadeia colaborativa. Um comandante nacional pode dizer: "Não vai". E o *force commander* vai dizer: "Hum... E agora? Vou ter

---

5 Coronel Nilton de Figueiredo Lampert, então comandante da Companhia de Engenharia.

que dar outra solução". Isso acontece muito por aí; é uma das grandes discussões das Nações Unidas.

Volto ao Haiti. O *force commander* é brasileiro, com dois batalhões brasileiros e uma companhia da Engenharia brasileira. Eu, um general do Brasil; meus coronéis lá, que também eram meus amigos, o entendimento, a confiança mútua, é num outro nível. Mas a cadeia de comando, nas Nações Unidas, é mais tênue. Em uma operação nacional, um comandante dá uma ordem — e ele dá essa ordem de acordo com o Plano de Campanha, de acordo com a legislação nacional. Essa ordem é para ser cumprida. Não existe "veja bem", é "vá e faça o melhor". Nas Nações Unidas, essa ordem pode esbarrar nessas restrições de emprego, que são os *caveats*, porque o comandante nacional vai ligar para a sua capital e a sua capital vai dizer: "Negativo". E ele vai dizer, na maior tranquilidade, para o *force commander* dele: "Minha tropa não vai" e o *force commander* não vai fazer nada. Pode até reclamar, pode perguntar para as Nações Unidas, perguntar para a missão: "É isso mesmo?". E depois o DPKO pode dizer: "Olha, está bem, sua tropa não está funcionando, então nós vamos substituir". Não ocorre com frequência, embora as discussões sejam acaloradas.

O senhor depois foi dirigir o Escritório de Parcerias Estratégicas.
Na realidade, eu era o inspetor-geral para as tropas e polícia. A diplomacia chegou a este nome para não interferir. "Como assim?! Inspecionar as minhas tropas?" Sim. "Inspecionar a missão?" Sim. "Verificar o que precisa ser melhorado?" Sim. E eu fiquei três anos verificando todas as missões de paz no mundo, na parte do que tange aos militares e aos policiais.

E como foi esse convite?
Isso foi em 2013, quando foi criado esse escritório, que era ligado diretamente aos subsecretários-gerais, DPKO e DFS. Foi feito um processo seletivo, parecido com o do *force commander*. Só que esse era para generais que se inscrevessem, de todo o mundo. Então, oficiais-

152 • MISSÃO HAITI

-generais de todo o mundo se inscreveram nesse processo seletivo, que tinham experiência de operações de paz, que conheciam Nações Unidas, *force commanders* e tudo. Aqui, eu trabalhava no Estado-Maior, e o meu chefe, o general Silva e Luna, gentilmente me perguntou: "Por que você não se inscreve?". E me inscrevi. Naturalmente, com a aquiescência do comandante do Exército, que era o general Enzo. Aí participei do processo — análise de currículo, depois entrevista e verificação — e lá fui eu.

O senhor faz parte de uma geração de oficiais que passou a ter essa experiência de participar ou como observadores ou na missão do Haiti. A geração anterior não teve isso. No máximo, fazia manobras na Amazônia.
É, alguns foram a Angola e Moçambique. Mas estava mais afastado.

Qual é a diferença que faz, em termos de carreira, para um militar, ter essa experiência?
Olha, é muito positivo. Sua operação vai durar um ano, e isso faz a sua cabeça pensar em mais coisas. Você, quando está no comando de um batalhão ou no comando de toda a operação, tem que pensar no agora, no hoje, no amanhã, no daqui a uma semana, no daqui a um mês e no daqui a um ano. Nas escolas, você aprende o estudo de situação continuada, e você coloca isso em prática valendo vidas dos seus soldados e das pessoas que você protege. Então, há o entendimento dessa responsabilidade. Isso lhe dá um amadurecimento profissional muito grande porque são vidas.

Indo inspecionar tropas por aí, você chega num lugar e você encontra muita coisa errada. Na minha primeira missão, eu fui ao Mali, vi coisas erradas, aí tive que contar a história do centurião romano para alguns comandantes. O centurião ia lá, marchava com a sua tropa, parte da Legião Romana, aí parava. Parou, já ia um pegar umas estacas, botar a proteção, a paliçada, já mandava o pessoal fazer uma verificação no contorno, já ia alguma escolta. Porque, se acontecer alguma coisa, essa tropa vai receber o ataque, e os que sobrarem vão ser dizimados, literalmente. No Mali, eu encontrei uma unidade... Sabe esses bastiões em que você coloca areia, para fazer uma proteção? Estou passando e, de repente, aquele negócio se moveu com o vento. Se tivesse areia, aquilo ia pesar uma tonelada, não se moveria com o vento. E se moveu com o vento porque estava vazio. Aí eu pensei: "Nós estamos em Tombuctu, no deserto do Saara, a alguns quilômetros da curva do rio Níger. Não é por falta de areia: é por falta de vergonha na cara, traduzida em incompetência". Você bota 10 razões e eu lhe digo só uma: você vai morrer.

Eu voltei, apresentei o relatório e disse: "Vai colapsar. As tropas estão mal equipadas, mal instruídas, sem preocupação com segurança. Vai morrer gente". Dez dias depois, emboscada. Foram 10 mortos. Mais uma semana, outra emboscada, mais 10. Esse lugar levou mais uns três meses. Veículo bomba, cinco mortos. Feridos, mais um tanto. Não dá! Para você chegar ao entendimento de operação de paz, você tem que ser militar. Então, minha primeira afirmação era: "Você precisa passar pelo curso Military 101". Você precisa saber o que é segurança, como é que faz manutenção, como é que você pega sua logística, como é que você faz o planejamento das suas ações, como é que você cumpre as atribuições que o *force commander* e o seu estado-maior estão lhe pedindo para fazer. Agora, um posto de observação tem que ser um posto de observação, um controle de trânsito tem que ser um controle de trânsito, uma escolta tem que ser uma escolta. E uma escolta não é fácil. Você tem que se preparar, você tem que ter comunicações, você tem que ter aquele que vai à frente; aquele que vai do lado; você tem que ter proteção na retaguarda, você não pode parar para descansar num ponto e reiniciar o seu movimento sem fazer tudo de novo; você não pode entrar em áreas de convergência sem fazer a verificação para liberar para aquele ali ver. Me parece, na minha cabeça, intuitivo. Não é. Você precisa ter a certeza de que aquela tropa está instruída. Não está. Há 194 interesses em missões de paz, um de cada país. Os países têm interesses, e o apoio a essa tropa se dá segundo o seu interesse.

Depois de 40 anos no Exército, você é capaz de entrar num lugar, olhar um armamento e dizer: "Já posso ir embora". Se aquilo está limpinho, arrumado e está tudo certinho, eu já posso voltar, a partir de agora é só alegria. Mas se você encontra, numa guarda que está fazendo a sua recepção ali no portão da unidade, na formalidade militar, você encontra três ou quatro tipos de armas diferentes: um de linha chinesa, um de linha russa, um de linha francesa... Aí você olha com mais atenção e vê que são também de calibres diferentes, que os carregadores não estão lá e que ele não está com o equipamento onde botar o carregador. E você vê três tipos de coturno diferentes, dois tipos de cobertura... Provavelmente, aquela tropa está mal equipada. Aí você olha a manutenção daquela arma e vê que ela está enferrujada. Aí, sem querer, o seu auxiliar abriu o cunhete de munição, viu pouca munição e a munição feinha, para dizer o mínimo. O que vai acontecer? Aquela arma não vai atirar. Você chega numa unidade e pergunta: "Comandante, bom dia, como é que vai?". A intenção não é apertar ninguém. Não se preocupe, os problemas pulam na sua frente. "Comandante, qual é a sua missão aqui?" Uma pergunta assim, para quebrar o gelo. Eu esperava uma resposta do tipo: "Nós temos que fazer uma proteção ali, a vila é ali, e estamos em contato com isso...". Resposta que eu ouvi: "*Peacekeeping*". Aí eu disse: "Já posso ir embora, ele não sabe o que está fazendo aqui". O que cabia a nós? Voltar, conversar com outros parceiros, para que houvesse programas de orientação, de instrução, de treinamento, de tal forma que esses países da área fossem favorecidos com novos programas, com novos apoios e tudo.

Seu país tem uma Força Armada de 10 mil. É um país com limitações econômicas, é um país pobre, tem um Exército de 10 mil. Este Exército está mandando três batalhões: um para Darfur e dois para o Mali. Você acha que está equipado? Como está o treinamento? Aqui no Brasil, o Centro de Treinamento de Força de Paz, nós temos, entre a unidade de Infantaria, a unidade de Guarda e de Cavalaria, 100 batalhões. Você tira um. Todos voluntários, todos selecionados, de acordo com o conhecimento necessário, com a visão de resolver. Porque o interesse do nosso país é: "Eu vou lá? Vou participar? Então, vou para ajudar a resolver". E o interesse das forças é: "Minha tropa está lá? Então, todo o apoio à minha tropa, em tudo que eu puder". Não é isso que acontece. Uma unidade, eu tive que mandar um e-mail na hora, para o subsecretário-geral: "Chefe, isso aqui não pode mais, não dá". E acabou que essa unidade foi retirada, na República Centro-Africana. A unidade teve que sair. Essa unidade tinha combatido no seu país, o Congo. Aí foi designada para uma missão de paz em Darfur, no Sudão, e passou um ano lá; daí a União Africana criou uma missão na República Centro-Africana e essa unidade foi colocada lá. A unidade não foi substituída, estava há três anos fora de casa, sem contato com a família; recebendo os 30 dólares que a ONU dá. Sem saber o que é uma guarnição. Porque aqui, você fala um quartel, aí você imagina uma construção, uma guarda aqui, uma guarda ali, alguns procedimentos. Não. Estava ali espalhada na região da cidade de Bambari, passava gente e tal. É duro dizer, mas você acha que não vai ter problema de abuso sexual? Pelo amor de Deus! Não seja ingênuo. O país não tinha condições de participar, foi retirado.

Uma consequência interessante: depois, conversando com o general [Jean] Baillaud, um francês que foi até o *deputy* [o subcomandante] do general Santos Cruz no Congo... Ele voltou para prestar uma assessoria ao Congo. O chefe do Estado-Maior do Congo, a RDC, perguntou: "Mas o que nós fizemos de errado?". Eu disse: "Tudo. Como é que pode a unidade proceder assim?". Aí eles criaram um curso de alto nível para o alto-comando da força, do tipo dos cursos que nós temos aqui, na Escola Superior de Guerra, no CPEAEx, para passar algumas informações de relacionamento internacional, de administração superior, de entendimento até de Força de Paz, essas coisas todas. A consequência é que esse chefe do Estado-Maior foi a todas as aulas. É claro que todo mundo foi a todas as aulas. E isso provoca uma revisão de conceitos em toda a força. A gente tem aqui no Brasil todo o conhecimento tanto de administração como de estratégia e de operações.

O senhor mencionou a República Centro-Africana, que está na pauta agora, se o Brasil...

Depende agora do processo decisório e do processo político. Dentro das forças já há toda uma preparação.

O senhor acha que seria positivo?

Sem dúvida.

Há críticos dizendo que a República Centro-Africana não é uma área de interesse do Brasil. Por outro lado, é um país enorme, não tem a ver com o Haiti, que é pequenino. As condições são diferentes, tem muito mais violência. Como o senhor vê esse tipo de crítica?

Olha, o próprio general Villas Bôas me perguntou, em 2016: "Nós estamos de saída do Haiti, vai encerrar a missão. O que você pensa sobre isso?". E o que eu respondi foi o seguinte: "Quer uma missão de luxo? Líbano, Unifil. Só que aí tem que pegar a senha, sentar num banquinho e esperar. As outras missões, cada uma tem uma característica, pelo cenário do conflito, o que está ocorrendo lá. No caso da Centro-Africana, uma tropa como a do Brasil faria a diferença".

Por quê?

Qualidade. Conhecimento. E não é exatamente o que tem lá. O grau de violência é menor do que em outros lugares, principalmente para uma tropa que vai sair do quartel, vai sair do seu acampamento. Se você for para o Sudão do Sul e ficar dentro de um aquartelamento, para que você foi? Você ir para o Mali e ficar dentro do aquartelamento, para que você foi? No cenário no Mali, principalmente nas regiões mais ao norte, há uma questão do problema da guerra assimétrica, que é mais difícil. Entretanto, já em conversa com esse novo *force commander*, eu voltei ao Mali, fiz nova inspeção lá com ele. As tropas que se posicionaram como o centurião romano, que se deslocavam em formação tática, que tomaram todas as medidas de segurança, essas não perderam ninguém. As tropas que apresentavam falhas já perderam muitos. Em particular, no Mali, estamos falando de 140 vítimas ou algo assim. É muito. Mas da primeira vez que eu fui, disse: "Vai colapsar". A República Centro-Africana é um lugar em que, se o Brasil decidir participar, fará a diferença. Outro ponto de vista a ser apresentado: o Brasil é um país grande, tem um peso econômico, mas tem muito pouca presença política no cenário internacional. Essa era a minha percepção, vendo as coisas acontecerem nas Nações Unidas. Eu vi país de muito menor expressão, em todos os sentidos, mas com presença forte e trazendo conceitos, até participando da elaboração do que você vai pensar. Nós já mostramos que somos competentes na missão de paz. Outros países participam com números, mas não com a mesma competência. Nós participamos com números menores, mas com grande competência. Então, se for para participar de alguma missão de paz, a minha sugestão ao nosso comandante é que a República Centro-Africana seja uma opção, porque lá nós podemos fazer a diferença. Não há, na Centro-Africana, os mesmos aspectos da guerra assimétrica, influenciada por esses grupos radicais, seja um radical islâmico ou outros grupos, como tem no norte do Mali, que é uma questão de conflagração. Seria uma guerra civil. Não está nesse ponto, mas há uma conflagração norte-sul e, em consequência, com adesões de uma série de organizações que são organizações terroristas. Os grupos em choque na República Centro-Africana são divididos em dois grandes: anti-Balaka e ex-Séléka, que são, fundamentalmente, cristãos e muçulmanos. Mas não é só isso. A complexidade não é essa. É maior. Tanto que o ex-Séléka, que é mais para o lado muçulmano, se divide em vários grupos, que, na realidade, inicialmente, eram de autoproteção ou grupos de poder político. O país eu posso dizer que melhorou, embora ainda com todo o conflito latente e tal. E com o entendimento de uma operação que faça para diminuir tensões, embora seja forte.

Eu tenho um exemplo de uma tropa de Bangladesh. Eles são responsáveis pela estrada que vai da fronteira dos Camarões até a capital, Bangui. São 600 e poucos quilômetros. É comboio para lá, comboio

158 • MISSÃO HAITI

para cá, numa região que vinha sendo atacada, houve vítimas, houve soldado de Bangladesh morto. E, é claro, quem atacou também morreu. E eles identificaram esse lugar e foram lá. "Por que vocês estão nos atacando? Nós estamos trazendo esses comboios que, no final das contas, vão trazer comida para vocês, porque vai acabar a comida na capital. E outra coisa: se vocês continuarem nos atacando, nós vamos usar a força, e nós podemos perder alguém, mas vocês vão morrer. Então, como é que a gente pode acertar isso aí? Trazer alguém de organização, de governo, para acertar uma mediação?" Naquele período, então, passou a não ter mais nenhum ataque. Eu disse: "Parabéns, comandante. Isso é o entendimento de uma situação para diminuir o conflito". Agora, se não houver esse entendimento, vai lá e usa a força, aí encerra. Mas isso requer inteligência, força, manutenção, movimentação, flexibilidade, conhecimento. Assuntos Militares 101. E, é claro, toda a proteção. Você está indo em uma operação em que você tem que pensar o hoje, o amanhã, o daqui a pouco e se adaptar o tempo todo e estar preparado para muito. Do ponto de vista operacional, para a força e seus profissionais, esse desafio é muito interessante.

Qual sua opinião sobre a relação entre a experiência no Haiti e a experiência em operações de GLO em favelas do Rio? É parecido? Aprende-se de um lado para o outro?

Sim. Sem dúvida que se aprende, de um lado e do outro. Aprende de toda forma. O Haiti ensinou procedimentos e técnicas a aplicar em operações da lei e da ordem e estas nos ensinaram bastante, também, com procedimentos, técnicas e visões que podem ser levadas ao Haiti. Uma não conflita com a outra. Ao contrário. Nas operações da lei e da ordem aqui no Brasil, é preciso também entender o que você está fazendo. Primeiro: são brasileiros, então, temos marco legal, proteção às pessoas, todos os cuidados. É bandido, mas são os nossos bandidos. Então a operação tem, de um lado, a questão da força, mas do outro lado tem toda uma questão de inteligência, de acertos que é preciso fazer para que você crie as suas redes de proteção. Você cria a imagem de que aquela tropa está lá, que vai ficar, para proteger as pessoas, e o Estado, então, terá a oportunidade de estender seu braço lá dentro dessa área. Infelizmente, em algum ponto não aconteceu, por negligência do Estado. Mas, em qualquer lugar: uma área pobre, transforma aquilo num bairro, mesmo; resolveu quase tudo. Vai resolver tudo? Não, não vai. Sempre, em algum nível, a criminalidade vai acontecer. Para isso você tem a polícia, o sistema judiciário, que vai seguir. Agora, não pode chegar ao ponto de instabilidade.

Como militar, se o senhor tivesse que escolher entre integrar uma tropa numa ação de GLO ou uma missão de paz?...

É claro que eu prefiro a missão de paz. E digo logo por que eu não quero operar como GLO: porque GLO eu estou operando no meu país. Significa que há um problema no meu país, e isso eu não quero. Mas tem que fazer essa operação? Ah, então, vamos fazer, e fazer bem. E esperar também que as outras instituições apareçam. O aprendizado, também, em GLO, não foi só da Força. Foi de todos os outros órgãos. Você precisa do Judiciário, você precisa do Ministério Público, para que se mantenha na lei. Você precisa de orientação de todo tipo. Você não pode expor a sua tropa; você não pode expor a população. A dosagem do que você vai fazer, o trazer todas as instituições de segurança, o trazer a mídia para entender e fazer a parte de inteligência... Há uma guerra de mídia social. Entender imediatamente esse conceito e trabalhar neste conceito, neste campo de atuação, também, que vai trazendo as suas redes de proteção. Houve emboscada de mídia, com mídia social. Você cria um fato, um conflito, e se você entende aquilo que está acontecendo, você não escala o conflito, você desescala. Mas se houve uma ameaça direta, com tiro, aí há o acerto, dentro da regra de engajamento, que é uma coisa muito difícil de treinar e precisa ser muito treinada. Porque você tem menos de meio segundo para acertar a resposta. O seu dedo vai apertar o gatilho ou não vai apertar o gatilho?

Isso é muito fácil de dizer aqui, no ar-condicionado, eu estou sentado, está ótimo, é fácil falar. Mas quando está voando tiro para tudo

160 • MISSÃO HAITI

quanto é lado e você começa a sentir pela sua segurança, faz toda a diferença ser treinado, saber que eu tenho um apoio, saber que tudo aquilo ali está funcionando. E aí você terá a resposta certa: vai ou não vai? É um desafio grande. Nossas tropas aprenderam muito, sabem muito e temos muitos conceitos em que fomos pioneiros, jogando para a Força de Paz, até desafiando na Força de Paz. O estabelecimento dos pontos fortes, o estabelecimento imediato de Acisos naquelas áreas; o projetar poder sobre uma área, não com o significado de esmagar aquela área, mas de trazer para si.

Hoje a gente tem um conhecimento bastante forte, e um sentimento, daqueles que participaram — esse é o grande ganho. É intangível, mas a qualidade do nosso profissional é outra. Por isso vale a pena. Eu vi uma entrevista agora de um professor dizendo: "Não é a nossa área de atuação". Me apropriando da expressão da ministra do Superior Tribunal, eu digo: "É se apequenar". Nós somos grandes, nós podemos fazer. Fazemos parte do mundo, e isso nos traz responsabilidades mundiais. Vai ter custo? Vai. Vai ter problema? Vai. Agora, há também ganhos intangíveis, há ganhos imediatos, há ganhos futuros, e cabe a quem tem a responsabilidade e, espera-se, engenho e arte de fazer o melhor e trazer o melhor. Porque é possível trazer boas consequências, bons resultados, cumprindo esse desafio. Não é só um peso, um ônus. É possível ter bônus, de alguma forma. Tenha engenho e arte, ou pergunte para aqueles que sabem.

Ramos

O general de exército Luiz Eduardo Ramos Baptista Pereira nasceu em 1956, no Rio de Janeiro (RJ). Ingressou na Escola Preparatória de Cadetes do Exército (EsPCEx) em 1973 e graduou-se na Academia Militar das Agulhas Negras (Aman) em 1979, na arma de Infantaria. Concluiu a Escola de Aperfeiçoamento de Oficiais (EsAO) em 1990 e a Escola de Comando e Estado-Maior do Exército (Eceme) em 1997. Na Eceme, realizou o Curso de Política, Estratégia e Alta Administração do Exército (CPEAEx) em 2006. É mestre em operações militares e doutor em ciências militares. Foi observador militar na Força de Proteção das Nações Unidas, na ex-Iugoslávia, de outubro de 1992 a outubro de 1993. Entre 2003 e 2005, foi assessor parlamentar do Comando do Exército no Congresso Nacional. Serviu como adido militar da embaixada do Brasil em Tel Aviv, Israel, de 2005 a 2007. Comandou a Força de Paz da Missão das Nações Unidas para a Estabilização no Haiti (Minustah) entre 2011 e 2012 e a 1ª Divisão de Exército, na cidade do Rio de Janeiro, durante a realização da Copa do Mundo de Futebol (Fifa 2014) e dos Jogos Olímpicos e Paraolímpicos em 2016. Nesse mesmo ano, foi nomeado comandante militar do Sudeste, função que exerceu até junho de 2019. Tornou-se, em seguida, ministro-chefe da Secretaria de Governo da Presidência da República, em substituição ao general Santos Cruz.

Entrevista realizada por Celso Castro e Adriana Marques em São Paulo (4/9/2018).

162 • MISSÃO HAITI

Como foi o convite, ou a convocação, para o senhor comandar a Minustah?
Recebi uma ligação que eu nunca me esqueço, porque eu estava já para ir para uma outra missão, também muito relevante, mas o general quatro estrelas que me ligou falou assim: "Você está sabendo que seu nome está no processo para o Haiti?". Eu falei: "General, não estou sabendo. O senhor me fez o convite para ir comandar uma escola muito importante do Exército, que, para mim, é prioridade". "Então se prepara; você vai ter que decidir: isso ou aquilo." Na semana seguinte recebi o contato e fiquei realmente radiante. Eu não esperava. Mas eu ainda estava no processo seletivo, com dois generais brilhantes da minha turma. Um faleceu, infelizmente. Acabou sendo *force commander*, o Jaborandy. Na época, eu concorri com ele, como a gente fala, e com o general Franklimberg, que foi presidente da Funai. Bom, encurtando essa parte, eu acabei tendo sucesso na entrevista, que foi feita por videoconferência.

Como foi essa entrevista?
Como eu estava muito na expectativa de concorrer, eu me preparei. São quatro elementos da ONU: um é o general responsável por todas as missões de paz. Ele não é o comandante, ele é o *military advisor*, o assessor do secretário-geral da ONU sobre missões de paz. Tinha um outro que era de direitos humanos, não me lembro... Eram quatro. Você entra numa sala sozinho. Primeiro, eles querem ver a sua fluência. O general Floriano Peixoto é um grande amigo meu, ele me deu uma orientada. Falou: "Ramos, é o seguinte: eles querem saber a sua vida militar, a sua capacidade", de que eu já fui observador militar na Iugoslávia, eu fui adido militar em Israel. "Você foca nessa parte, principalmente de relacionamento diplomático." Porque, na ONU, o *force commander* é quase mais diplomático do que a parte operacional. "Mas o fundamental é se você vai conseguir se expressar em inglês." Eu, graças a Deus, já tinha sido adido e vinha, desde a Iugoslávia... A gente vai evoluindo.

Então consegui, na entrevista, passar meu entusiasmo. Eu estava realmente muito entusiasmado. O Floriano falou assim: "É igual político: você tem que dizer 'eu preciso do seu voto'". E eu disse na entrevista: "*I wanna be force commander. This is my dream. I wanna be responsible for the security of lives in Haiti*".[1] Então eu deixei claro para eles: "Eu quero ir. É o meu sonho". Aquilo, eu acho que foi muito importante. Bom, aí acabei sendo selecionado, fui para Nova York, passei uma semana. Eu tenho uma característica: valorizo muito a inteligência emocional. As pessoas às vezes fazem coisas incríveis, por motivação. Não é só se preparar; você tem que estar motivado. Coisas incríveis ocorreram na história, por pessoas que fizeram uma diferença — Martin Luther King e vários outros exemplos —, porque eles tinham algo que os levava a fazer coisas que você não imagina. Eu dou muito valor a essa parte emocional. Então, quando recebi a designação, a primeira coisa que fiz... Você lá é um civil. Não sei se vocês sabem, se os outros *force commanders* falaram, mas para a ONU você é um civil contratado para a função de general. É um troço meio complicado. Inclusive, a identidade que a gente recebe é D2. A minha foto era civil, apesar de ser general. Mas o primeiro dia no prédio da ONU — aquilo foi um impacto interessante — eu fui fardado, botei as medalhas, tudo, e entrei no DPKO, só com oficiais, mas todos de terno, para começar as instruções. Aquilo foi um impacto. Eu sei porque lá estava um coronel amigo meu, que falou: "General, todo mundo já achou o senhor diferente, porque o senhor veio fardado". Eu falei: "Ué?! Mas eu sou general!". Ele falou: "Mas aqui na ONU eles têm muito essa sensibilidade". Um exemplo: eu fui adido em Israel, a gente usa terno. Você só põe a farda, como adido militar, em alguma atividade fora da embaixada. Na embaixada, você trabalha como civil. Tem essas sensibilidades, na área diplomática. Mas eu fui fardado e, realmente, aquilo já... Em uma das conversas, o cara me perguntou, eu falei: "*I'm a general in Brasil. I don't have any problem to put my uniform. I'm so proud to use this uniform!*".[2] Então, o

---

[1] "Eu quero ser comandante da força. Esse é meu sonho. Quero ser responsável pela segurança das vidas no Haiti."

[2] "Eu sou um general no Brasil. Não tenho problemas em vestir meu uniforme. Eu uso esse uniforme com muito orgulho!"

tempo todo eu passei para eles que eu estava muito entusiasmado. E estava mesmo. A missão, quando se confirmou, não tenho medo de falar, eu fiquei com medo. Não é medo, a sensação era a seguinte: eu vou dar conta? Com muita sinceridade, sabe aqueles momentos... Você está com a esposa; minhas filhas são casadas... E eu sou muito falante... Eu sou desse jeito aqui. Eu estava muito quieto nesse dia, faltava uma semana para eu embarcar. E a minha mulher: "Amor, o que está acontecendo?". Aí eu falei assim: "Amor, eu estou com receio. Será que eu vou dar conta?". Eu até me emociono.

Foi difícil, porque você encara aquilo ali... Primeiro, não é o Ramos: é um general com a bandeira do Brasil. Seus amigos, chefes militares, todo mundo na expectativa... O *force commander* que eu substituí foi o Paul Cruz, que é uma referência para mim. No Exército, esse processo de promoção é complicado. Por que eu sou quatro estrelas e o Paul Cruz, que é um oficial brilhante, não? É um processo de escolha, não é? O alto-comando decide essas coisas. Mas, resumindo, esse imaginário na minha cabeça me deu receio. Receio normal.

Bom, aí eu fui, cheguei lá no Haiti. Cada *force commander* teve uma experiência. O meu caso foi o seguinte. O Floriano Peixoto foi o terremoto, foi o caos total. Ele só não morreu porque Deus não permitiu, porque era para ele estar na sala no dia que caiu o hotel Christopher. Ele ficou o restante dos três meses naquele caos. Vamos definir caos: era o Haiti. O Paul Cruz chegou, dando continuidade ao rescaldo de recolher os corpos, de enterrar, e muita gente sem ter onde ficar. Ele, então, administrou muito a parte humanitária. Quando eu cheguei, em março de 2012... O Paul Cruz não deve ter falado isso, porque ele é muito fechado, é uma pessoa muito reservada. Eu nunca me esqueço de que, eu chegando em Porto Príncipe, ele veio na minha direção sorrindo. E ele não era disso. Até hoje eu mexo com ele. Ele disse para mim que era a alegria de saber "eu estou indo embora e você está chegando". Porque realmente é muito difícil. E ele me passou a situação em que estava.

Com duas ou três semanas, verifiquei que tinha que ser dado prosseguimento à parte humanitária, mas eu estava já, pela inteligência da própria ONU... Porque, quando você chega lá, já existe todo um trabalho que vem, independente de terremoto. Eu assumi em março. Começaram a me passar a preocupação com o aumento da criminalidade. Eu vivi isso. O Floriano viveu o terremoto, o Paul Cruz viveu as pessoas no meio da rua, o Ajax encerrou a missão. Eu acho que o diferencial que aconteceu comigo foi o seguinte: quando foi em julho, pela quantidade de informações que eu recebi, eu decidi... Isso realmente eu decidi sozinho. A gente brinca: decisão isolada do comando. Eu conversei na época com o meu assistente, que é um grande amigo meu, e ele falou: "É, general, vai ter reação". Porque eu decidi fazer uma grande operação nas favelas, operação policial, para tentar diminuir a criminalidade. Porque, depois do terremoto, não sei se o Floriano falou, muito preso fugiu. Então, de novo voltaram os estupros, voltaram os problemas. E no campo dos desabrigados tinha muita violência também.

Fui ao SRSG, que era um chileno, o Mariano Fernández, e falei: "Eu gostaria que o senhor me autorizasse a fazer uma operação militar, empregando toda a minha tropa". Aí ele ficou meio assim... "Mas, general, é momento para isso?" Eu falei: "Olha, é momento para isso. A coisa está saindo de controle". Aí eu fui literalmente bombardeado por todo mundo que estava na missão. O chefe da missão ficou diplomaticamente, vamos dizer, na posição dele; o *human rights* [direitos humanos] disse que não era o caso, que tinha muita coisa mais para fazer, distribuir comida e tal, não era a hora de retomar a operação. Eu fui literalmente, além de bombardeado, sabotado. Sabotado no bom sentido. Dificuldade que as pessoas entendessem. A tropa, não. A tropa imediatamente fechou comigo, porque minha vida inteira... Eu sou paraquedista, igual aos outros. A gente sempre dá o exemplo: é o primeiro a sair do avião; é o primeiro a estar de madrugada para receber o soldado; na linha de servir para comer, é o último a se servir. Isso aí é básico. Logo que cheguei, fui para a favela, andava de noite.

166 • MISSÃO HAITI

O soldado tomava um susto, porque, uma hora da manhã, eu chegava de fuzil, capacete... "General!?" "É, sou o general. Eu não durmo durante a noite." Aí eu faço uma *mise-en-scène*. Eles gostavam. Então a tropa imediatamente entendeu a minha posição e eu tinha os comandantes comigo. Mas os civis... Mas eu entendo. Veja bem, eu mesmo tinha algumas dúvidas. Eu falei: "Vai dar certo?".

Resumindo, eram dificuldades de toda ordem. Para vocês terem uma ideia, a polícia da ONU, que estava na época lá, era chefiada por um canadense, Marc Tardif, uma pessoa maravilhosa, depois ficou um grande amigo. Mas no dia ele discutiu comigo, falou que eu estava sendo precipitado, que não era o caso e que ia ter muito problema. Eu falei: "Marc, é o seguinte: eu decidi". Bom, aí tive que realmente vender o meu peixe, e parti para a operação, três horas da manhã — fui junto com o batalhão brasileiro. E aí é um troço que nunca mais eu vou esquecer. Cadê a polícia da ONU? Dois policiais nos apoiaram nessa operação. A polícia haitiana também não... Quer dizer, eu resolvi fazer e fiz. Mas teve um sucesso muito grande. Saiu no *Miami Herald*, saiu notícia na CNN, saiu sei lá onde. Porque, até então, desde o terremoto, não se falava mais em operação militar visando à segurança, à estabilidade. A missão era estabilizar o Haiti. A coisa estava perdendo o controle.

Em fases anteriores as gangues tinham sido desmanteladas. Elas estavam se reconstituindo? Ou era uma coisa mais dispersa?

Tinham sido controladas, estavam presas, a maioria. O problema todo foi o seguinte: quando houve o terremoto, pelo caos que foi criado, quem já era bandido e conseguiu fugir da cadeia voltou à criminalidade. E, pela dificuldade de comida e tudo, teve gente que se voltou para o crime. O que me fez levar à decisão foi uma análise feita por um oficial americano, e ele me impactou, porque ele me deu dados, muito bem levantados, do risco que a gente estava tendo de aquilo sair do controle. A polícia haitiana com muita corrupção, com muitos problemas. Quando fui falar com o presidente [Michel] Martelly, que também acabou ficando... não digo amigo, mas tivemos um relacionamento muito interessante, ele até foi na minha passagem de ir embora. Ele falou assim: *"General, please, don't tell anything for my people... for my military"*.[3] Simplesmente, ele não confiava na polícia dele. Então, imagina: você, general, precisando da polícia haitiana, e ele diz para que eu não falasse que ia fazer a operação, nem a que horas eu ia lançar a operação.

Então, nesse quadro, eu comecei, fiz, teve repercussão muito positiva, aí as pessoas foram entendendo que eu estava bem-intencionado, que eu queria que as coisas melhorassem. E passei a tomar algumas decisões. Por exemplo, comecei a ver o seguinte: "Poxa! Eu estou aqui dizendo que o ambiente está seguro e eu ando de colete, ponho capacete e ando no meio das crianças assim? Não, não está legal. Se está seguro, eu tenho que andar sem colete". Aí comecei a ter essas decisões. Corre-se risco. Tudo na vida, você corre risco. O trânsito do Haiti é um inferno. É tudo cheio de carro, e ainda entra aquele urutu, grande, branco. Eu falei: "Não quero mais saber de blindado; só em patrulhas e em áreas consideradas perigosas". E fui fazendo essas coisas, como eu falei, de inteligência emocional.

Com relação ao Martelly, foi interessante o seguinte... No Haiti, eles usam uma expressão *tèt kale*, que significa "careca". O Martelly era completamente calvo, liso, ele raspava mesmo com navalha. Ele era muito querido, apesar de todo o problema no Haiti. Mas, na gíria popular, *tèt kale* é um cara firme, que o povo gosta, porque ele é um cara que resolve as coisas. Eu descobri isso e, malandramente — sou carioca, não é? — entrava nas favelas e tirava o capacete. Eu tinha um intérprete, porque eu falo inglês, mas não falo francês. Aí comecei a falar com a população: "Olha, vocês não gostam do presidente Martelly?". "É *tèt kale*." O intérprete falava, eu batia na cabeça, tirava o capacete... "Eu sou o general *tèt kale*." Aí eles gostavam.

E eu fazia coisas que normalmente um general não faz. Entrei um dia numa favela, estava tendo um *reggae*. Lá tem muito *reggae*, igual ao

---

3 "General, por favor, não conte nada para o meu pessoal... para os meus militares."

da Jamaica. Eles estavam ao longe, cheguei para a minha segurança... Foi logo no início, tinha um mês e pouco, eu ainda andava de colete e tal. Falei: "Fica com a minha arma...". Era assim, tipo um barzinho, um troço de plástico, um troço esquisito, no meio da favela. Eu cheguei sozinho e comecei a dançar. Você imagina um general, *force commander*... Olha, quando comecei a dançar, eles começaram a dançar e, é lógico, alguém deve ter visto a minha segurança e falou assim: "É o *force commander*, é bom general". Olha, eu tive que ter a segurança, para sair dali, porque, do nada, veio uma multidão para dançar. O imaginário popular começou a correr.

Por que eu estou falando do Martelly? Ele era presidente eleito do Haiti. Afinal de contas, eu estou em um país... eu tenho que respeitar tudo. Chegou um assessor lá e falou: "General, o presidente Martelly quer conversar com o senhor". Eu não imaginava o que era. Quando cheguei, ele, muito sério, falou assim: "General, o senhor está se intitulando general *tèt kale* pelas favelas, usando um codinome, *the nickname that I have with my people?*".[4] Aí eu derrubei ele, falei assim: "Presidente, eu estou no seu país, na sua pátria; eu, um general, querer que o povo me veja como o senhor é um privilégio, é uma honra, é um motivo de felicidade". Aí quebrei ele, não é? Ele começou a rir, me abraçou e tal. A partir dali, ele ligava para mim, eu falava com ele. Quer dizer, foram coisas que eu fui fazendo... Me ajudou muito. Foi um exemplo. Os outros, eu não sei. Acredito que não. Porque quem me substituiu foi o general Goulart. Você deve ter entrevistado. É muito mais formal. Cada um é cada um, não é? O Floriano talvez lembre um pouco mais o meu jeito.

Eu tinha isso na cabeça. Eu falei assim: "Eu preciso conquistar o coração do povo e da minha tropa". A primeira vez que eu fiz isso foi no batalhão do Sri Lanka, que estava em Porto Príncipe. Na véspera, eu cheguei para o meu assistente, o Pasinato [Igor Lessa Pasinato] e falei: "Me arruma uma bandeirinha pequena do Sri Lanka". Eu mesmo, no meu alojamento, costurei a bandeirinha do Sri Lanka no uniforme.

---

4 "O apelido que eu tenho com o meu povo?"

Ou seja, eu sou brasileiro, mas, nesse dia, eu sou Sri Lanka. Um país que viveu 30 anos de guerra, a maioria dos caras tinha sido ferida, aquilo já impactou.

Mas o *boom* dessa atitude foi na semana seguinte, quando eu fui ao batalhão argentino, que era em Gonaïves, e eu ficava em Porto Príncipe. Quando eu desci do helicóptero, o coronel argentino veio, olhou para mim e olhou para a bandeira argentina, aí ele sorriu. Eu não falei nada. Passamos pela guarda, aí ele não se conteve, falou: *"General, usted está con la bandera argentina en su pecho"*.[5] Eu falei: *"Espere que yo voy hablar con la tropa"*.[6] Aí, durante a formatura, o batalhão em forma, eu falei: *"Estoy acá hoy como un general de Brasil,* force commander, *comandante de la fuerza, pero hoy mi corazón es argentino. Tengo en mi pecho la bandera argentina porque amo su patria"*.[7] Olha, aquilo foi realmente... eu nunca mais vou esquecer. A sensação que você tem de você fazer uma coisa simples, que é botar uma bandeirinha no... Mas mudou tudo. Cada *force commander* teve o seu papel, a sua importância. Eu acredito que, realmente, nessa área, eu fui feliz.

Na Coreia do Sul, eles são muito emotivos. Eu fui à companhia coreana — é outro troço que me marcou —, e eu gosto de apertar a mão do soldado. É outro troço que eu faço. Tem gente que não faz. Não adianta, isso tem que ser da pessoa. Quando eu era capitão, andava na Amazônia, eu sou forças especiais, aprendi a trabalhar como um bando de irmãos, como aquele filme *Band of brothers*, a gente rachava a mesma panela de comida. Então eu sei o valor que é um soldado. "Então, o que me resta" — eu sempre faço esse discurso — "nesse momento, é cumprimentar cada um dos senhores", e eu desço e aperto a mão de todo mundo. Fiz isso no Haiti, que também foi uma coisa que o pessoal não esperava. Mas, na Coreia — os coreanos, eu não tinha ideia de como eles eram —,

---

[5] "General, o senhor está com a bandeira argentina no seu peito."
[6] "Espere, que eu vou falar com a tropa."
[7] "Estou aqui hoje como um general do Brasil, *force commander*, comandante da força, mas hoje meu coração é argentino. Tenho no peito a bandeira argentina porque amo a pátria de vocês."

170 • MISSÃO HAITI

isso foi tão impactante... Na despedida dessa companhia, eles fizeram um corredor e eu vim saindo com a bandeira coreana, fazendo a continência, e eles batendo palma. Eu, já achando aquilo muito bonito. Eu estava indo embora do Haiti. Era a minha despedida. Aí eu ouvi um barulho. Quando eu olho para trás, os soldados vieram correndo, me pegaram e me botaram no ombro. Eu: *"Please, please, don't do that, don't do that!"*.[8] Mas não teve jeito. Eu saí carregado por uma companhia coreana até o portão, até a minha viatura. Aí eu pergunto para vocês: quanto é que custa isso aí? Eles nunca mais iam ter contato comigo; eu não ia promover o coronel deles. Quer dizer, era uma coisa espontânea. Então, é o que eu digo, tudo que eu fiz, eu vi esse resultado. E fora outras manifestações que também eu tive.

No período depois do terremoto, houve um aumento muito grande de ONGs no Haiti. Como era sua relação com elas?
O Santos Cruz fez um estudo. Ele dizia que, do que era arrecadado, não lembro agora se eram 10% ou 20% o que chegava na ponta da linha. Você via um elemento de ONG com um carro Toyota, Mercedes, morando em Vivy Mitchell,[9] em casa de luxo. Quem pagava isso? Mas você também tinha pessoas de outras ONGs vivendo humildemente em apartamentos apertados. Para mim, tinha essa dicotomia: ONGs que realmente participavam e outras que não, que estavam mais para discurso. Como tem aqui no Brasil, não é?

Na tarefa de auxílio e reconstrução, o Batalhão de Engenharia teve um papel grande nessa fase?
Essa eu tenho certeza de que os outros *force commanders* falaram. Se me perguntassem se eu gostaria de ter redução de efetivo de tropa, eu diria: "Tudo bem, menos a Engenharia". A Engenharia, seja a minha, seja a do Japão, a da Coreia, a do Chile e Peru, a do Paraguai, é o que

---

[8] "Por favor, não façam isso!"
[9] Área nobre da cidade de Porto Príncipe.

havia de mais valioso. Por quê? Porque a Infantaria só anda na rua com o fuzil. A sensação de segurança, como a gente diz, é uma coisa subjetiva. A Engenharia, não; ela ia lá, abria canal, construía campos de refugiados... Ou seja, o povo identificava materialmente, uma coisa que você pode ver que a Engenharia fazia. Então ela era fundamental. As companhias de Engenharia, para mim, eram as meninas dos olhos da missão da ONU. Para todos nós.

Em termos de carreira, qual é a diferença que o senhor vê da participação numa missão de paz? Até uma geração antes do senhor, o oficial fazia manobras, exercícios e tal. Outra coisa é estar no terreno. Embora não seja numa situação de guerra, é uma situação de emprego efetivo. Na carreira, o que significa, em termos de uma geração que passou por isso, em relação a outras? É uma excelente pergunta. Basicamente todos os *force commanders* falam... Não que eu tenha mudado, mas o Brasil e em particular as Forças Armadas, depois do Haiti, elas agregaram muitos valores e uma experiência incalculável. Tem uma expressão que eu gosto de usar muito: é uma coisa anímica, porque você não consegue dizer quanto isso aí foi para o Brasil, apesar dos custos de enviar a tropa. Primeiro, a gente verificou, acho que todos devem ter falado, como o Brasil é respeitado na comunidade internacional. Isso, só participando de missões aí fora. Nós estamos com o general Elias [general de divisão Elias Rodrigues Martins Filho] agora no Congo, o Santos Cruz também esteve lá, e nós não nos damos esse valor.

Então, essa experiência brasileira de 13 anos no Haiti realmente foi incorporada às Forças Armadas — porque a Marinha participou também, com os fuzileiros, e a Força Aérea, com as aeronaves, levando as tropas —, permitiu que a gente enxergasse algo mais de valioso dentro das Forças Armadas. Individualmente, eu tenho certeza, conversei muito com os soldados — eu gosto de conversar com os soldados —, e acho que outros devem ter falado, eles, quase em unanimidade, diziam o seguinte: "Aqui no Haiti a gente aprendeu a diferença entre pobreza e miséria". O general Fernando [general de exército Fernando de Azevedo

172 • MISSÃO HAITI

e Silva] falou isso na despedida como chefe do Estado-Maior do Exército. Nós tínhamos soldados que iam para o Haiti, às vezes de família classe média baixa ou quase pobre, morando em comunidades no Rio de Janeiro, e quando chegavam ao Haiti e viam as pessoas comendo no lixo, ou sem comer, ou andando sem roupa, aí o cara falava assim: "Por mais que eu more no meu barraquinho, lá no Rio de Janeiro" — ou em Recife, porque foram tropas de todo o Brasil —, "isso é miséria, o que eu vejo aqui. Lá, eu posso não ser rico, mas eu tenho muita coisa". Eu vou dizer que mudei, depois de ir para o Haiti? Não. Acho que fortaleceu o que eu já acredito, de valores, da importância da vida humana, de se tratar bem as pessoas. Mas muito soldado dizia o seguinte: "General, estou voltando diferente para o Brasil". E é verdade.

O Exército, desde antes do Haiti, já tinha se envolvido — e continua se envolvendo — em operações de GLO, e agora de intervenção federal no Rio, o que é diferente.
Eu tenho conversado muito com o Braga Netto [general de exército Walter Souza Braga Netto], no Rio.

Como o senhor compara a experiência do emprego da força militar no Haiti e nas comunidades do Rio?
Essa pergunta, vocês devem ter feito para todos os generais. O Braga Netto fala muito isso, apesar de não ter sido *force commander*. A grande diferença é o amparo jurídico. Lá, nós não tínhamos, como o Braga Netto não tem, licença para matar — há uma distorção, quando a gente fala isso —, mas havia a liberdade de operações. Não sei se já andaram pelas favelas do Rio de Janeiro. É muito difícil. Eu andei. Eu tenho a minha vida muito voltada lá para a brigada paraquedista, tropas especiais. Você entra numa favela, um rapaz de 14 ou 15 anos que estava com um fuzil, quando vê você chegando, esconde o fuzil atrás da porta ou debaixo da cama e fica jogando bolinha de gude. Você não consegue... Quem é a força adversa? A gente chama agora, politicamente, de Apop — agente perturbador da ordem pública.

No Haiti nós tínhamos mais condições. O Braga Netto deu uma entrevista nas páginas amarelas, mas, me perdoem a expressão, é até meio forte, mas a sociedade dessas comunidades — parte dela, é lógico — é muito hipócrita. Tem filmetes aí, não sei se vocês tiveram acesso, eu mandei para a Tânia [Monteiro], do *Estadão*, a tropa conseguiu, em uma operação, cercar quase 100 marginais armados, e eles estavam em condições, vamos dizer assim, de serem ou presos ou neutralizados, e a população, por ordem de alguém, subiu o morro... Isso está filmado, correu aí no WhatsApp. Não sei se vocês viram. Ou seja, a população que nós estamos atuando no Rio para dar segurança, na hora que o traficante estava... eles vão lá, se misturam com os traficantes e descem o morro. Como é que se resolve isso? Outra também que saiu no WhatsApp, todo mundo viu, um cara descendo ferido, o pessoal carregando, o moto-táxi: "É morador, é morador". Depois põe em um táxi, a mulher grita: "O morador vai morrer!". Chega no hospital, era um líder do tráfico na comunidade. Então, o Rio de Janeiro é um ambiente muito difuso, muito complexo. O trabalho está sendo feito, mas só o do Exército.

No Haiti tinha essa diferença: as forças atuavam, mas tinha a outra parte, de melhorar o encanamento, de melhorar as condições. No Rio de Janeiro, isso não acontece. Então, dois pilares bem diferentes do Haiti: um, a parte jurídica, porque lá nós tínhamos um amparo total e qualquer abuso... Os direitos humanos lá eram muito mais violentos do que aqui. A gente ia para a Comissão de Inquérito, e por aí vai. Então, nós não tínhamos liberdade para matar. Não era isso. E, em segundo lugar, as outras instituições faziam a parte delas. Porque aqui, no caso do Rio de Janeiro... Uma comunidade onde você não recolhe lixo. Já imaginou? Não recolhe lixo, onde é tudo "gatonet" e tal, e que a população gosta disso. Como é que se resolve?

Algumas pessoas às vezes falam, no jornal e mesmo na academia, que o Haiti era uma espécie de treino para o Exército atuar...
Eu acho o seguinte: as tropas que foram para o Haiti, que lá trabalharam, voltaram com uma capacidade bem mais apurada para atuar em

174 • MISSÃO HAITI

comunidades no Rio de Janeiro do que quem nunca foi. Isso é fato. Por dois motivos: um, pelo preparo... A tropa era preparada praticamente seis meses: treinamento; ensaio; tumulto na rua, queimar carro e tal, como é que eu vou proceder; achar cadáver na rua, como é que faz, quem chama. Então você tinha uma preparação muito minuciosa. Era diferente para quem não estava indo para o Haiti. E, no Haiti, nas operações, você ganhava alguma coisa que você... Se nós formos agora para a selva sem preparo, vai ser uma loucura, mas se nos prepararmos e formos passar duas semanas na selva amazônica, além do que você se preparou, você vai ganhar conhecimento, vai agregar valores, pela atividade que você está exercendo. Ou seja, essa era a grande diferença do pessoal que atua em comunidade.

Fizemos várias entrevistas antes da intervenção federal no Rio e havia a expectativa de que o Brasil comandasse a missão na República Centro- -Africana. A opinião geral era de que seria uma boa missão, mas ela acabou se inviabilizando... O senhor preferia a República Centro-Africana à intervenção federal no Rio?

Os dois. Veja bem, uma coisa não anula a outra. A verdade tem que ser dita. O Brasil, como eu disse antes, querendo ou não, ele conquistou... Isso é um mérito das tropas que passaram lá. Eu fiquei só um ano. Mas foram 13 anos. Quantos passaram lá, do soldado ao general? É um crédito, uma credibilidade, é um respeito muito grande. Então a ONU sabe que uma tropa brasileira... Foi uma das poucas missões que foram um sucesso. Pouca gente fala isso. O Haiti é uma delas. Muita missão da ONU não deu certo. Essa deu certo. Então eles dão um valor enorme ao emprego da tropa brasileira.

A República Centro-Africana seria uma oportunidade para a gente continuar. Porque, vejam bem, isso já aconteceu no passado, infelizmente, e espero que não aconteça agora. Nós participamos de uma missão em Angola, com um batalhão. Passaram-se mais de 20 anos. Quando nós fomos para o Haiti, fomos inventar a roda de novo. Se bem que dessa vez há muita memória escrita, há filmagem e tal. Mas não podemos perder o bonde da história. A ONU quer que a tropa brasileira seja empregada — pela credibilidade, pelo conceito elevadíssimo que tem, pela nossa conduta lá fora. Eu sei porque eu converso até hoje com oficiais estrangeiros. O general que está na ONU, o general Menandro [general de exército Gerson Menandro Garcia de Freitas], é meu amigo de infância, de Resende, diz: "Poxa, é até constrangedor, eles perguntam 'Mas por que não vai para a República Centro-Africana? O que está acontecendo?'". E, na realidade, foi falta de dinheiro. Para enviar o contingente, inicialmente, precisava de cerca de 400 milhões de reais. E o governo disse que não tinha. Então, por causa de recursos, nós deixamos de ir. A intervenção federal acabou saindo depois da República Centro-Africana. Mas, independente da intervenção, a decisão de não ir para a República Centro-Africana já tinha sido tomada. E sou sincero: causou um certo arranhão na nossa imagem. O general Menandro falou que não se compreendeu a negativa do Brasil. E demoramos a responder. O pior foi isso.

Existe a crítica de que o Haiti continua em estado precário, as condições da sociedade ruins. O senhor falou que a missão deu certo. Em que aspecto deu certo e o que não mudou, não se resolveu, no Haiti?
Deu certo. Veja bem, deu certo porque não estão mais se matando, diminuiu o nível de criminalidade. Agora, os problemas continuaram. Nós temos problema no Brasil. Outra coisa que eu não posso deixar de citar, que vocês devem ter ouvido dos outros: o Brasil chegou lá em 2004, e nós saímos em 2014. Há uma geração no Haiti, na faixa de zero a 10 anos, que foi criada, cresceu vendo a tropa da ONU, e em particular a brasileira, que só ficou — isso é um detalhezinho que pouca gente fez essa leitura — em Porto Príncipe, que é a capital. Em todo país, a capital é que tem um peso, não é? Então há uma parcela significativa da população haitiana que sabe que é bom viver em ordem, que é bom viver com as coisas funcionando. Essa talvez seja a coisa mais importante, que não vai permitir, creio eu, e peço a Deus, que o Haiti se descontrole novamente. Diferente das outras missões.

176 • MISSÃO HAITI

Nós preparamos, involuntariamente — ninguém pensou nisso — uma massa humana da população haitiana que soube o que é viver bem, pelo brasileiro *bombagai* [gente boa]. Os outros generais devem ter falado. Até por essa particularidade do brasileiro. Isso é uma coisa do brasileiro. Várias agências me perguntaram: qual é o segredo do soldado brasileiro? Por que o Brasil chega no Haiti e é diferente? Como é que você ensina a ser gentil? O americano é o americano, eu já trabalhei com eles, são do *by the book* [pelas regras]. Então, ele pega o livro, tem uma criança aqui, aí ele vai ler o livro: "Ponha a cabeça na mão da criança; olhe para a criança; inicie a sorrir e gire a mão no sentido horário". Não vai rolar! Então, qual é a diferença do brasileiro? Ele é espontâneo. Já viu um cara jogando capoeira de farda e na mesma hora...? Não fui só eu que fiz o negócio de dançar. Quem é que ensinou isso para o brasileiro? Ninguém! Na Segunda Guerra Mundial, o americano reclamava — isso é fato histórico — que o consumo de ração das tropas brasileiras era três vezes a dos Estados Unidos. "O brasileiro come demais!" Qual era o motivo? O brasileiro recebia a ração e dava para a população. Só depois é que ele ia comer. Quem é que ensinou o brasileiro a fazer isso? Vai lá na Itália, vê como é que nós somos até hoje amados. As pessoas dizem: "Nós sobrevivemos porque era a tropa brasileira". Esse, vamos dizer, é o grande diferencial das tropas brasileiras no exterior. Eu respondi numa entrevista para a CNN: "*I don't know the secret. Try to find our secret*".[10] Mas o segredo é esse, é a nossa índole de humildade, de não ser um país prepotente.

Olha, eu realmente estou... emocionado. Vocês me perdoem. Vocês nem conseguiram fazer perguntas. Eu falei demais. Me emocionei! Nunca aconteceu isso. Mas é porque, para mim, a missão do Haiti... Eu sou general de exército hoje, daqui a três anos eu estou indo embora, mas essa parte que eu falei, que você acaba se envolvendo, é uma coisa indescritível.

---

[10] "Eu não sei o segredo. Tente descobri-lo."

Goulart

O general de divisão Fernando Rodrigues Goulart nasceu em 1958, em Belo Horizonte (MG). Estudou no Colégio Militar de Belo Horizonte de 1970 a 1973 e ingressou na Escola Preparatória de Cadetes do Exército (EsPCEx) em 1974. Graduou-se na Academia Militar das Agulhas Negras (Aman) em 1980 como oficial de Infantaria. Cursou a Escola de Aperfeiçoamento de Oficiais (EsAO) em 1990 e a Escola de Comando e Estado-Maior do Exército (Eceme) entre 1995 e 1996, onde recebeu o título de doutor em ciências militares. Realizou também uma especialização na Academia de Comando das Forças Armadas da República Federal da Alemanha de 2001 a 2002. Comandou o 62º Batalhão de Infantaria em Joinville de 2004 a 2005. Foi observador militar em Moçambique em 1993; comandante de setor da Missão das Nações Unidas no Nepal (Unmin) em 2007; e oficial de ligação militar na Divisão da Europa e América Latina no Departamento de Operações de Manutenção da Paz (DPKO), no quartel-general da ONU, em Nova York, entre 2008 e 2009. Comandou a Força de Paz da Missão das Nações Unidas para a Estabilização no Haiti (Minustah) entre 2012 e 2013. Foi vice-chefe de Assuntos Estratégicos no Ministério da Defesa de 2016 a 2018. Escreveu artigos para a *Revista da Eceme*, a *Revista de Doutrina do Exército Brasileiro* e a *Military Review*. É autor do livro *Ação sob fogo: fundamentos da motivação para o combate* (Bibliex, 2012).

Entrevista realizada por Celso Castro e Adriana Marques em Brasília (30/1/2018).

Antes de falar do Haiti, gostaríamos que o senhor falasse um pouco da sua experiência como observador militar em Moçambique, em 1993. O Brasil há muito tempo não participava de missões da ONU. Como o senhor recebeu e se preparou para essa missão?

A missão em Moçambique se enquadra num momento de um *boom* das operações de paz, que aconteceu na sequência do término da Guerra Fria, da queda do Muro de Berlim, da diminuição da influência da União Soviética em vários regimes e da diminuição do financiamento de vários movimentos ideológicos pelo mundo afora. Aí se viabilizou o Acordo de Roma, que estabeleceu o processo de paz de Moçambique. O Brasil já tinha, no contexto desse aumento de missões de paz, mandado alguns observadores militares para a América Central, para Angola, e mandou para Moçambique. Foi uma preparação diferente da de hoje. Nós tivemos, por exemplo, um *briefing* técnico e administrativo, por parte do gabinete do comandante do Exército, tivemos uma orientação por parte, também, do CIE, mas não tinha aquela amplitude que tem hoje. Foi exatamente esse momento que permitiu ao Exército brasileiro se estruturar definitivamente, em termos de preparação militar de missão individual e de tropa, para operações de paz, por intermédio do CCOPAB, que veio a ser criado depois, e do estabelecimento dessa doutrina de como preparar para que os militares brasileiros sempre obtivessem o melhor resultado.

O senhor era então capitão. Como era sua função lá, como observador?
Na época, eu era capitão. Fui promovido a major. Eu tive uma função muito interessante para um brasileiro, que era bastante apreciado pela missão porque estávamos num país de língua portuguesa, e a minha missão em particular foi associada a essa habilidade que nós temos da língua portuguesa. Foi a de ser oficial de ligação da ONU com o governo de Moçambique — o partido Frelimo, que era o partido do governo de Moçambique — e com a Renamo. Então eu e um oficial espanhol mais antigo éramos os dois oficiais de ligação. Intermediávamos, cuidávamos de violações do acordo de paz, que tinham que chamar

as partes às suas responsabilidades, organizar as reuniões para tratar da evolução do processo de paz envolvendo as três partes — a ONU e as duas partes antigas em conflito. Então foi muito interessante para mim essa experiência de lidar com a intermediação, em contato direto com os envolvidos no processo de paz.

Quanto tempo o senhor ficou em Moçambique?

Um ano, mas sempre na mesma função. É comum haver um rodízio a cada seis meses, para os militares em função individual. Eu recusei o rodízio e me mantive no norte de Moçambique, em Nampula, e na mesma função de oficial de ligação, porque entendi que era como eu melhor podia contribuir ali.

O senhor, depois, foi participar de uma missão no Nepal, em 2007.

Como comandante de setor. A característica dessa missão é que ela era uma missão política. O Secretariado das Nações Unidas tem dois tipos de missões em proveito da paz. Tem aquelas administradas pelo Departamento de Operações de Manutenção da Paz, o DPKO, que são as operações de paz propriamente ditas, e tem missões de pequeno efetivo, muitas delas sem ter componente militar, algumas com pequeno componente militar desarmado. Estas são missões chamadas missões políticas e são administradas pelo Departamento de Assuntos Políticos do Secretariado das Nações Unidas. A do Nepal, então, era uma missão política e que tinha esse pequeno componente militar desarmado. Nós éramos um tipo de observador militar. Naquele caso, fomos designados como *arms monitors* [monitores de armas] e a função, semelhante à do observador militar, era verificar, no tocante aos assuntos militares, como é que estava evoluindo o processo de paz, mas, particularmente, supervisionar a entrega, a guarda das armas pelas duas partes, pelos maoistas e pelo Exército do Nepal. Curiosamente, o Exército Real Nepalês também teve que entregar a mesma quantidade de armas que os maoistas entregavam. Logo depois, naturalmente, eles receberam as armas de volta. O processo

180 · MISSÃO HAITI

previa a fusão dos desmobilizados maoistas, aqueles que quisessem, ao Exército nepalês.

Quanto tempo o senhor ficou lá?
Fiquei também um ano. A missão, no que cabia ao componente militar, durou pouco. Um ano e meio depois, a parte militar estava encerrada na Unmin no país.

Quais as principais diferenças entre a experiência de Moçambique e a do Nepal?
A diferença, para mim mesmo, foi muito grande, porque eu tinha um conhecimento a respeito do sistema Nações Unidas e da doutrina de operação de paz bem maior. Mantive contato, graças à primeira experiência em Moçambique, com esse assunto, em minhas funções no Estado-Maior do Exército; no Centro de Inteligência do Exército, continuei acumulando conhecimento. O próprio conhecimento do inglês. A língua da missão, independente da língua do país, normalmente é inglês ou francês; então o próprio conhecimento de inglês, eu melhorei bastante, da primeira experiência para a segunda. Então, eu estava melhor preparado. Mas, como disse, a própria condição do Exército já foi melhor para essa segunda missão; as informações que nós recebemos já foram mais bem direcionadas para a tarefa que íamos cumprir.

Em 2008, o senhor foi trabalhar no DPKO.
Então, uma coisa puxando a outra, tendo duas missões de paz... Interessante que fui entrevistado pela ONU tanto para a do Nepal quanto para a do DPKO, como coronel. O Exército brasileiro fez uma seleção inicial e eu disputei a vaga com militares coronéis de diversos países, tanto em uma quanto em outra. Aí a importância, realmente, para conseguir essas vagas, de ter conhecimento do inglês e ter conhecimento da sistemática da ONU. Com essa acumulação da experiência em Moçambique, que me permitiu ir para o Nepal, fui em melhores

condições ainda para o Secretariado, para servir no DPKO, porque eu tinha já duas missões de paz e uma experiência bastante boa. A missão DPKO foi mais disputada. Para ir para o quartel-general, todos os países têm vontade de colocar militares ali, são militares melhor qualificados, mas eu tive a sorte de ser selecionado e trabalhar dois anos nessa função, lá no DPKO, de oficial de ligação militar no Departamento Político do DPKO, para lidar com as missões de paz da Europa e da América Latina, incluindo o Haiti.

Como foi trabalhar com a burocracia da ONU durante dois anos?

A ONU, no tocante às operações de manutenção da paz, tanto no quartel-general quanto nos quartéis principais da área da missão e nos quartéis regionais da área da missão, tem assuntos que têm que ser aperfeiçoados, tem rotinas que ainda precisam ser aprimoradas, mas eu digo que é uma organização de nível muito elevado. Em muitos assuntos, nós — governo, Forças Armadas — temos que aprender com as Nações Unidas. Por exemplo, gerenciamento de crise. Eu enfrentei, no DPKO, o terremoto de 12 de janeiro no Haiti. A reação do quartel--general, a reação da missão nessa situação extremamente crítica foi uma ação dos gabinetes de crise em Nova York e no Haiti. Isso foi muito rápido, pelo conhecimento das pessoas já acumulado nesse *métier*. Em vários outros assuntos, por exemplo, de desminagem, de lidar com forças irregulares no momento da sua desmobilização, já é uma experiência muito grande que eles têm, o que faz com que, em minha opinião, as Nações Unidas sejam uma organização *top* nesse tipo de coisa. É claro que ela é sujeita a críticas, porque ela é grande demais. Atualmente, creio que estamos com 15 ou 16 missões de paz, sem contar as políticas, pelo mundo afora; então é uma estrutura que administra um escopo muito grande de trabalho. E aí sempre tem coisas a melhorar. Mas ela já faz o trabalho dela, no meu entender, muito bem-feito.

182 • MISSÃO HAITI

E para o Haiti, como surgiu o convite?

Para o Haiti, eu lidei, então, com a situação especial, com a qual o Brasil foi privilegiado, de ter, de forma privativa, o comando da força militar das Nações Unidas no Haiti. Aí foram dois oficiais com quem eu, vamos dizer assim, concorri; mas estávamos todos ali, disponíveis, em nome do Exército, para a ONU selecionar. Também tive sorte, pela minha maior experiência. Eu já tinha três passagens pelas Nações Unidas, uma delas no quartel-general, lidando exatamente com o Haiti. Então, com esse *background,* fui selecionado entre os oficiais-generais que o Brasil ofereceu para a ONU e me apresentei em Nova York para começar a missão. Os meus dois amigos não tinham, ainda, tido esse contato com o processo de entrevista. Eu até conversei com eles. Mas para mim já era uma coisa mais fácil. Não só do lado do entrevistado. Estando no DPKO, eu tive a oportunidade de constituir o painel de entrevistador, em duas ocasiões, então eu tinha a experiência, também, do outro lado.

O que o senhor acha que pesa na entrevista, do ponto de vista do entrevistador? O que o senhor acha que é mais relevante para eles escolherem esse ou aquele?

Eu falei da forma como eu admiro as Nações Unidas em sua estrutura. Uma delas é esse processo seletivo, que é extremamente sério. É um painel de entrevistadores multidisciplinar com no mínimo três. Ele é sempre chefiado por alguém num cargo acima, em termos de nível, daquele que está sendo colocado em concorrência, e aparece sempre alguém da área política, para os cargos militares, da área logística e da própria área militar, naturalmente, ou da área policial, se for para um cargo de nível policial. As Nações Unidas têm uma filosofia, para entrevistar, baseada em competências. Eles têm um documento, "UN competencies for the future" — isso está disponível na internet[1] —, que lista competências básicas, competências gerenciais e competências técnicas. O *vacancy announcement* [anúncio de vaga] que

---

[1] Disponível em: <https://careers.un.org/lbw/attachments/competencies_booklet_en.pdf>. Acesso em: fev. 2018.

é disponibilizado já estabelece, para cada cargo, as competências necessárias para o cargo. O painel, então, se reúne antes, levanta as perguntas, para abordar cada uma das competências, e a entrevista transcorre, normalmente da ordem de 40 minutos, de uma forma muito profissional. O painel não escolhe, mas indica aquele que, em sua visão, é o melhor qualificado. Na minha experiência, eu não vi nenhuma situação em que o secretário-geral escolheu outro que não o indicado pelo painel, embora ele possa fazer isso. É, acima de tudo, uma organização política. Mas a regra quase que, vamos dizer assim, total é de que a recomendação do painel é aceita.

O senhor chega ao Haiti em 2012. Teve o terremoto, os efeitos dele se prolongaram muito, houve epidemias depois, cólera... Qual era a situação quando o senhor chegou?

Quando saí do DPKO eu lidei, como já adiantei, com a crise provocada pelo terremoto. Foi uma situação muito séria. O quartel-general das Nações Unidas ruiu, grande parte da liderança — o representante especial do secretário-geral, o sub-representante especial do secretário--geral — faleceu; vários outros líderes de setores também morreram, então foi uma crise muito grande. As Nações Unidas, além de construírem um outro quartel-general, tiveram, praticamente, que selecionar e deslocar para o Haiti uma nova liderança. Logo depois — diz o ditado popular que desgraça pouca é bobagem — eclodiu um surto terrível de cólera. Aí as Nações Unidas tiveram que lidar com os dois assuntos.

Quando eu assumi, em março de 2012, os trabalhos associados à destruição causada pelo terremoto já estavam praticamente encerrados. Um milhão e meio de deslocados pelo terremoto, que se avolumaram e chegaram a esse número um mês depois do terremoto, já eram, naquela oportunidade, quando eu assumi, na faixa de 600 mil. Com apoio do sistema ONU e mesmo de outras organizações não governamentais, muitos já tinham voltado para suas casas ou já tinham sido alocados em outras moradias. A presença dos campos de refugiados, ainda grandes, era uma coisa visível do terremoto, e uma ou outra ruína,

184 • MISSÃO HAITI

como o palácio, como a catedral, mas muita coisa, muitos escombros já tinham sido retirados. A vida, praticamente, já estava voltando à normalidade.

A minha missão, então, foi diferente da cumprida pelos generais no primeiro momento, não foi mais de combater gangues. Por volta de 2008, essa fase já tinha terminado. A partir daí a missão foi de manter o controle, por parte do governo do Haiti, de todas as áreas urbanas de Porto Príncipe e das grandes cidades, e de permitir que a Polícia Nacional do Haiti tivesse cada vez mais responsabilidade, à medida que o seu efetivo aumentava, na tarefa que cabe a ela, de zelar pela segurança pública. Durante o meu período de comando, embora nós tivéssemos o protagonismo em muitas operações, deixávamos esse papel de protagonista para a Polícia Nacional do Haiti, sempre que era possível, para, exatamente, empoderá-la.

Como o senhor avalia que a polícia estava se saindo, nessa expectativa de reassumir um controle cada vez maior?
A Polícia Nacional do Haiti era instruída e acompanhada pelas próprias Nações Unidas. Então, na missão, existia o cargo de comissário policial, que tinha uma equipe de policiais individuais — inclusive, o Brasil contribuiu regularmente com alguns policiais militares para isso — para instruir. A primeira fase foi instruir, depois foi instruir os instrutores, no esquema de *train the trainers*, para formar a Polícia Nacional do Haiti e continuar na tarefa de eles mesmos serem os mentores. Com isso, ela foi nitidamente evoluindo, aumentando em termos de efetivo, por seleção bem-feita, mantendo um esquema de *vetting*,[2] de depuração, que o sistema ONU introduziu como algo importantíssimo, para que o Haiti mantivesse sempre uma boa polícia. Isso foi colocado como uma atividade da qual não se podia abrir mão, e sempre com a preocupação de atingir a meta de 15 mil policiais, que era, embora

---

[2] Sistema de verificação de antecedentes antes da aprovação de um candidato para um posto.

um pouco flexibilizado, um número aceitável, para a quantidade de policiais/habitantes preconizada pelas Nações Unidas. Na realidade, no Haiti, deveria ser um pouco mais do que isso. Mas foi considerado que 15 mil já seriam suficientes para a missão evoluir para a situação em que ela está agora, de abrir mão de um componente militar. O Haiti, atualmente, está visualizando constituir uma pequena Força Armada, na realidade um pequeno Exército. E uma das visões que ele tem é que vai ser bom até para a autoestima do país, poder participar desse tipo de missão.

Na época em que o senhor estava lá, já se discutia essa questão da recriação de um Exército?
Discutia. E eu, particularmente, lidei, como *force commander*, com uma situação crítica, por causa dessa ideia do presidente Martelly. Ele, como candidato, já apresentou na sua plataforma a intenção de recriar as Forças Armadas do Haiti. Isso foi muito malvisto pelas Nações Unidas e por importantes países que apoiavam o processo de paz, como Estados Unidos, Canadá e até o Brasil, que viu como não sendo adequado, pelo menos naquele momento. Porque a grande questão é que o Haiti não tinha, ainda, as condições orçamentárias para arcar plenamente com as despesas da sua polícia. E aí se estava vendo como um fator complicador criar um outro segmento, que deveria ser fardado, equipado e pago mensalmente, regularmente, de uma forma perene. Então, naquele momento, embora pudesse tomar essa decisão, o presidente Martelly percebeu logo que não poderia contar com o apoio internacional, pelo menos de atores importantes que estavam trabalhando com o Haiti naquele momento. E ele lidou com isso durante o seu governo, acabou não criando. Ele criou o Ministério da Defesa, que começou a planejar a recriação, mas isso não se efetivou, não adquiriu concretude no seu governo.

Agora, o Haiti está novamente indo nessa direção e já está sendo visto com mais flexibilidade. Primeiro, porque é prerrogativa do país; segundo, pois o Haiti está vendo a criação de uma Força Armada base-

186 • MISSÃO HAITI

ada em um Exército muito pequeno, se não me engano, da ordem de 2 mil homens, alguma coisa assim, e que estaria voltado para vigilância de fronteiras, para atender a calamidades. Isso é bem razoável, já que calamidades, ali, são sazonais — e também, de uma certa maneira, tem justificativa porque, tendo só polícia, havendo uma greve de polícia (eu enfrentei uma, como *force commander*), fica sem ter ninguém para acorrer. Tudo isso, então, oferece uma certa lógica para uma força militar. Eu disse que enfrentei problemas porque, na esteira da campanha do presidente Martelly, quando ele foi eleito, ele manteve a sua proposta, e aí os paramilitares, os antigos militares, vamos dizer assim, vieram para as ruas, fardados, para criar por sua própria conta, sem ter ainda nenhuma lei ou decreto que institucionalizasse, mas já criar, de uma forma *ad hoc*, o Exército. O momento foi delicado, porque a população do Haiti apoiou isso, porque eles votaram no presidente Martelly com essa plataforma, e o presidente também hesitou, bem como vários políticos influentes, em condenar essa reunião dos paramilitares. Nas Nações Unidas, nós vimos que mais cedo ou mais tarde teríamos que atuar contra eles, numa situação sensível, em que a polícia do Haiti não estava disposta a atuar e que a população, às vezes, aplaudia a presença deles nas ruas.

Como o senhor lidou com a situação?

O representante especial do secretário-geral viu que era importante dialogar com o presidente do Haiti, deu uma diretriz de não confrontação, até segunda ordem, para os componentes militar e policial da Minustah. A forma como eu lidei foi solicitar ao meu estado-maior que fizesse dois planos: um, para nós coibirmos a presença desses paramilitares, contando com o apoio da polícia — a ideia era colocar a polícia na linha de frente, para lidar com os seus próprios patrícios. Outro, em que a polícia do Haiti (cuja boa parte era composta de antigos militares) se recusasse a atuar contra eles e nós tivéssemos que atuar sozinhos. Os planos foram feitos. E o que nós visualizamos é que precisaríamos de um momento oportuno, dado o contexto que envolvia a situação. E esse momento oportuno foi dado pelos próprios paramilitares, quando, para reivindicar a criação do Exército, eles foram ao Parlamento e alguns deles estavam armados. Aí, houve uma grita na imprensa nacional, por esse ato de violência, e a imprensa internacional também explorou o fato, e eles perderam boa parte da popularidade, pelo menos entre os políticos e entre parte da população. Aí a operação foi desencadeada com o apoio da Polícia Nacional do Haiti, para, por intermédio de *check points* [pontos de controle] e bloqueios, impedir a presença deles nas ruas. E, depois, desalojá-los das bases em que estavam. Não houve violência, pela quantidade de força muito maior que as Nações Unidas e a Polícia Nacional do Haiti representavam.

Como comandante, o senhor deve ter tido que lidar também com muitas ONGs, de todos os tipos, atuando lá. Havia algum grau de interação com a missão?
Existia um grau muito grande. A missão das Nações Unidas no formato atual, que é chamada de missão integrada, tem, normalmente, dois sub-representantes especiais do secretário-geral: um é o político, o segundo na linha de sucessão e que secunda o SRSG nas suas tarefas; o outro é o chamado coordenador humanitário, o coordenador residente. Este lida com a equipe das Nações Unidas na área da missão, o chamado UN-Team, e lida com todas aquelas ONGs que atuam na mesma área. O UN-Team é formado pelas agências, fundos e programas especializados das Nações Unidas. Então, onde tem uma missão integrada, cabe a um alto funcionário coordenar o Programa Mundial de Alimentação, o Programa das Nações Unidas para o Desenvolvimento, o Unicef, o fundo das Nações Unidas para tratamento de pessoas com doenças como Aids e outros tipos, a Organização Mundial da Saúde, às vezes um representante do Banco Mundial. Então, todas essas agências e fundos das Nações Unidas são coordenados. Essa é a interface da missão com eles.

Da parte militar, todas aquelas áreas humanitárias que precisam de um apoio da missão — cujo apoio é melhor provido pelos militares — colocam o componente militar em contato com as diversas organizações das Nações Unidas e outras. Uma outra organização muito interessante das Nações Unidas é o conceito do *cluster*. Esses *clusters* são formados pelas próprias Nações Unidas. Por exemplo, o Programa Mundial da Alimentação passa a trazer sob seu guarda--chuva, passa a coordenar todas as ONGs que distribuem alimentos. A Organização Mundial da Saúde passa a coordenar, nesse conceito de *cluster*, todas as organizações não governamentais que tratam de saúde. O Alto Comissariado para Refugiados passa a lidar com todas as ONGs que lidam com deslocados. É claro que essas organizações não são obrigadas a trabalhar com as Nações Unidas, mas elas têm o maior interesse, exatamente porque elas querem valorizar o seu papel. Então, para impedir, por exemplo, que duas ONGs distribuam comida no mesmo lugar, ou distribuam barracas ou criem locais para desabrigados na mesma área e até que venham a competir entre si, elas têm interesse em coordenar, para um uso mais efetivo dos recursos de cada lado. Nesse trabalho, tudo aquilo que podia ser apoiado pelas Nações Unidas e que tivesse uma implicação com a parte do mandato concernente à proteção de civis chegava ao componente militar e nós apoiávamos, com o máximo interesse. Essa questão da proteção dos civis, nós tínhamos um entendimento, muito embora as letras do mandato falassem em proteger civis contra violência física, sob até a orientação dos brasileiros no Haiti, esse mandato sempre foi elevado para uma compreensão bem mais ampla, de apoiar a população em dificuldades, sempre que era possível.

É uma característica das tropas brasileiras, de irem além do...?
Eu acho que faz parte do sentimento natural do brasileiro. Então, até os nossos soldados, em patrulha, tendiam a identificar alguém que precisava e, no decorrer da patrulha, dar algum tipo de apoio, ou de comunicar, para que alguém melhor aparelhado da base pudesse estender o apoio.

Isso tem a ver, por exemplo, com as Acisos, no Brasil? É algo parecido?
Tem, tem a ver. Aciso é uma situação planejada. Elas eram conduzidas pelo contingente brasileiro e, muitas vezes, com apoio exclusivo do Brasil. Eles não distribuíam meios fornecidos pelas Nações Unidas, muito embora as Nações Unidas tivessem alguns recursos para isso, que eles colocavam sob o rótulo do *quick impact projects* [projetos de rápido impacto], os QIPs. Então isso levava alguns recursos aos contingentes, para eles estenderem algum tipo de apoio. O orçamento das Nações Unidas para isso era limitado, mas tinha essa possibilidade. Fora isso (os outros países também faziam isso, o Peru, Guatemala, mas nosso país liderava, pela sua capacidade), o Brasil disponibilizava meios para que o próprio contingente brasileiro conduzisse as Acisos. Além disso, o que aparecesse de forma inopinada, não planejada, mas qualquer emergência que envolvesse civil, nós dávamos o apoio. Nunca acontecia de uma patrulha passar perto de alguém ferido, talvez num acidente ou numa briga de rua, e não dar um primeiro socorro àquela pessoa.

E a sua experiência de comandar uma tropa multinacional, com vários países, como foi?
Essa é uma experiência sensacional para um líder militar, porque ela exige habilidades e passa ensinamentos que vão além daqueles da liderança do seu próprio contingente. Então, vai exigir uma preparação, a formatação de discurso, a moderação no estabelecimento de atitudes mais adequadas. Aí é preciso conhecer, por exemplo, formas de lidar com as várias nacionalidades, atitudes que são peculiares delas, para, ao se relacionar com elas, agir conforme. E a retribuição, também, é muito interessante, porque a maneira como um oficial-general é visto é diferente, de nacionalidade para nacionalidade. Os países asiáticos, por exemplo, veem o comandante no nível de oficial-general num grau maior de merecer atenção e honras do que uma forma mais expedita de ver, por exemplo, de um oficial norte-americano, e eu diria, numa situação intermediária, de um oficial latino-americano. Essa nuance

190 • MISSÃO HAITI

é muito interessante de ver. O *force commander* deveria tentar ser um oficial-general que espelhasse um oficial-general do Sri Lanka ou da Indonésia, como ele deveria ser perante um contingente diferente do seu, perante os oficiais de estado-maior norte-americanos ou um contingente da Guatemala, um oficial-general que espelhasse um comandante naquele nível nas suas nacionalidades. É claro que isso é difícil de atingir. Mas, com sensibilidade, é possível perceber.

Eu estive algumas vezes no batalhão do Sri Lanka, por exemplo, onde eu cheguei a recomendar que não precisavam me receber com café e com comida, porque eu estava indo ali logo depois do almoço. Invariavelmente, eu chegava lá, havia uma mesa enorme, com tudo que eles podiam oferecer, apesar de o meu ajudante de ordens ter passado a ressalva de que não precisava daquilo. Aí, obviamente que eu tinha que fazer as honras da casa e, apesar de já ter almoçado, almoçar de novo, junto com o comandante e sob os olhos de todos os sargentos, que estavam apreciando a forma como o *force commander* estava gostando da recepção preparada para ele.

Então são aspectos, assim de detalhe, que eu acho que são engrandecedores e contribuem para um bom exercício da liderança. Mas o principal é comum para todos os exércitos. O principal é o exemplo e a justiça, porque isso é comum para todos. Eu estava cuidando de um aspecto mais circunstancial. O principal é preservar esses pilares: disciplina, agir com justiça nos casos de disciplina que aparecem e ser exemplo daquilo que se vai exigir, que se vai cobrar. Essa é a linguagem militar universal para o exercício da liderança.

O senhor acha que em termos de funcionamento, por exemplo, de cadeia de comando, hierarquia e disciplina, há um grau de universalidade?
Nunca tive problema com isso, em nenhuma das missões das Nações Unidas em que estive envolvido. Existem as nuances, mas o básico, o que é pétreo, basilar na instituição militar, desde a falange grega ou a legião romana, essas cláusulas que são essenciais para a própria instituição, isso é comum a todos os exércitos. É claro que um oficial

norte-americano, como citei, vai ser mais informal no trato com o superior. Já o asiático vai ser mais formal e cerimonioso. Mas com a compreensão de que a opinião é bem-vinda, enquanto a decisão não for tomada, e a expectativa é de que, quando a decisão for tomada, ela deve ser cumprida, independente do pensamento de quem está recebendo a ordem. Isso, nunca houve problema, porque isso é básico em todas as instituições militares.

O senhor escreveu sobre isso num livro.
Escrevi, num livro de 2012, o *Ação sob fogo: fundamentos da motivação para o combate*. Eu me dediquei a essa pesquisa durante quase oito anos. Antes mesmo de assumir o comando do batalhão que comandei em Joinville, o 62º Batalhão de Infantaria, eu já tinha começado a desenvolver essa pesquisa. A motivação é algo básico, na carreira militar. A motivação para o combate é a mais crítica delas. Mas alguns exércitos, como o da Alemanha, dedicam mais tempo, em escola, a esse tema do que o nosso. O nosso fala da liderança. Temos uma carga horária enorme no tocante a liderança. Porém a motivação para combater não é exatamente isso. Ao contrário, a liderança é um dos fatores de motivação. A motivação exige conhecimentos e análise de fatores mais amplos. Então, fazendo o curso de Comando e Estado--Maior na Alemanha, num curso para majores e tenentes-coronéis, eu tive contato com essa matéria. A partir daí, vi alguma bibliografia em alemão e depois várias outras em inglês, e com o passar do tempo fui escrevendo o livro, que ofereci para a Bibliex pouco tempo depois da minha missão das Nações Unidas em Nova York.

Então, foi antes do Haiti.
Foi. Ali, o que está citado no Haiti são episódios que eu vivi como oficial de ligação militar em Nova York, trabalhando com os nossos contingentes no Haiti. Quando assumi o comando nas Nações Unidas, o livro já estava com a Bibliex.

192 • MISSÃO HAITI

O senhor participou de missões em Moçambique, no Nepal, no Haiti e na ONU. Uma geração anterior de oficiais brasileiros não tinha esse tipo de experiência. O que o senhor acha que traz de diferente, para a carreira, para a formação de um militar, participar desse tipo de experiência internacional?

A experiência internacional é sempre extremamente válida. É a forma de o militar — sargentos, oficiais subalternos, oficiais intermediários, oficiais superiores, até oficiais-generais — ter contato com outras realidades em termos de defesa e com outras instituições militares. Sempre tem muita coisa a aprender, até mesmo culturalmente. Embora o cerne seja o mesmo, existem vários conhecimentos e processos que são assimiláveis. Na nossa evolução mesmo, nós nos baseamos muito no que trazemos do exterior por parte de militares que vão fazer cursos e apresentam relatórios. No tocante à operação de paz, eu acho que o mais valioso é estar em contato com a guerra sem estar na guerra. Porque o militar, tem um aspecto muito interessante da formação dele: ele se prepara para uma coisa que ele não quer que aconteça. E como todo o trabalho é para a guerra não acontecer, política e diplomaticamente, até a dissuasão que o militar oferece, se ela for bem-feita, vai implicar que ele não vai precisar empregar o conhecimento dele no combate propriamente dito. Tudo isso cria um arcabouço que faz com que a guerra não seja próxima. Ainda bem.

A missão de paz, já que o Brasil não participaria de uma missão real de combate com outro país, permite estar perto de um cenário de guerra, de um ambiente de guerra, vivenciar certos aspectos tristes de destruição, de mazelas causadas por um conflito recém-findo, sem estar na guerra propriamente dita. Então, é como estar próximo dela, sem estar, e viver com algumas tensões que ainda se mantêm depois de terminado o conflito. É comum ter violações do acordo, com escaramuças, com pequenos combates, que o militar tem que ir lá, tem que se aproximar para verificar o que foi que aconteceu. Então, o que ela traz, que uma manobra não traz, é um nível de risco — em algumas missões mais, noutras menos —, mas sempre um nível de risco que a manobra não tem. O militar, na manobra, vivencia a guerra em termos técnicos e de procedimentos, talvez mais do que numa missão de paz. Mas na missão de paz ele vê o ambiente de guerra e vive com um nível de risco com o qual, na manobra, ele não lida.

O senhor acha que é positivo para o Exército a participação em missões de paz?
Eu acho que é extremamente positivo.

Agora, se está discutindo muito uma missão para a República Centro-Africana.
Eu acho que é extremamente positivo para o Brasil, pelo fato de o Brasil estar colaborando para uma causa nobre, de ajudar um outro país. Não se trata de intervenção. As operações de manutenção de paz contam com a aquiescência do governo legítimo daqueles Estados-membros das Nações Unidas. O governo convida, ele abre caminho para o Conselho de Segurança determinar a missão de paz. Não é intervenção, de jeito nenhum. E é uma oportunidade de o Brasil integrar a comunidade internacional, para apoiar um país em dificuldades cuja situação certamente vai deteriorar muito se nada for feito. Então, é importante para o Brasil, para a projeção internacional. E, para as Forças Armadas, contribuir para esse esforço nacional, contribuir para ajudar uma nação amiga, é motivante. E a questão de treinar, de colocar em uso técnicas militares, de as tropas serem bem preparadas para esse tipo de missão que envolve mais riscos e exige preparação cuidadosa, tudo isso são benefícios muito concretos.

Muitas vezes se fala sobre o nexo entre a participação em missões de paz e o emprego da Força Armada em ações de GLO, ou em comunidades, na segurança pública. O senhor vê uma ligação, ou não, entre, por exemplo, essa experiência do Haiti e o que as Forças Armadas, eventualmente, fazem numa ação em apoio à polícia?
Eu vejo, sim. Nós estamos numa nova geração de operações de paz desde os anos 1990. Antes, era uma questão de lidar com conflitos entre Estados, ou separando forças rivais, através de uma tropa

neutra no terreno que se interpusesse entre elas, ou então através de observadores, vendo um acordo de paz ser executado, de afastamento de tropas, de acantonamento de tropas, mas tropas de países diferentes. Depois disso, nós entramos, na década de 1990, para lidar com conflitos internos. Nessa parte, de lidar com conflitos internos, em muitos casos, como era o caso do Haiti, onde o problema era urbano, ali, vai ter experiência, oportunidade de treinar, de adquirir novos conhecimentos sobre como lidar, no próprio Brasil, com uma situação de GLO.

As realidades são diferentes. Mas num ambiente, por exemplo, em Cité Soleil ou em Cité Militaire e alguns ambientes no Rio de Janeiro, onde nós temos a atuação do crime organizado, os desafios que eles oferecem para a tropa que está atuando ali são semelhantes; então se pode, realmente, tirar conhecimentos daí. Na República Centro--Africana, por exemplo, ali vai se lidar grandemente com grupos armados. O processo de paz está congregando facções armadas que aderiram, mas existem facções armadas de menor importância que não aderiram. Naquele ambiente, as Nações Unidas lidam também com esses elementos armados, que na realidade são grupos criminosos, que não aderiram ao processo de paz. Alguém pensa: bem, mas então, se alguém não aderiu ao processo de paz, não deveria ter uma operação de paz. Isso vai, *ad absurdum*, levar ao caso que, hoje em dia, se uma gangue de criminosos pode obstaculizar um processo de paz, não vai ter operação de paz em lugar nenhum. Porque, hoje em dia, a questão principal não é o principal partido, são outros crimes que acontecem subjacentes. Isso tem acontecido em várias missões de paz na África que têm que lidar com isso. É fazer a paz conseguindo trazer para a mesa de negociação os mais importantes, e admitir que é melhor tentar estabilizar o país do que esperar o momento em que absolutamente todo mundo que tem uma arma na mão vai sentar à mesa de negociação. Esse momento pode não chegar nunca.

Então essa é a realidade, hoje em dia, das operações de paz, que, mesmo que não sejam num ambiente urbano, como o Haiti, permitem que as tropas envolvidas lidem, também, com o baixo nível de violência, e que elas têm que afastar, pela presença ou até pelo enfrentamento. Mas eu digo o seguinte. A minha visão é que tem que vigorar o que vigorou no Haiti. Isso porque a tarefa principal do Haiti, do componente militar, era dar um passo atrás à medida que a polícia do Haiti dava um passo à frente. Isso é fundamental para não distorcer uma visão, estabelecida na própria Constituição do Haiti, de que o responsável era a polícia do Haiti, e que uma força estrangeira não estaria ali para sempre. Como no nosso caso, do Brasil. É minha firme crença que se trata, aqui, de nós termos polícias militares cada vez mais capazes e que o emprego militar tem que ser excepcional, porque senão nós vamos caminhar para uma trilha mais complicada.

Em termos de carreira, a gente sabe que missão recebida é missão para cumprir, que não se discute, e que todos vão ser voluntários. Agora, entre participar de uma missão de paz ou de uma ação de GLO, de segurança, o senhor concordaria que a maioria preferiria a missão de paz?
Eu acho que existe uma lógica em proveito da missão de paz, porque ela significa colocar uma força militar onde não há alternativa para aquele país se manter estável. Já a GLO significa suprir uma força policial que, naquele momento, não está tendo condições de lidar com a situação. Nunca vai acontecer, eu creio, o momento em que o governo brasileiro tenha que decidir entre a GLO e a missão de paz. Eu acho que, quando acontecer isso, ele vai ter meios de, havendo interesse nos dois, de ativar os dois. E acho que ninguém vai ter dúvidas de que se tem uma crise num estado que requer uma GLO, e tiver que abrir mão, embora eu ache improvável essa necessidade dessa "escolha de Sofia",[3] mas aí a GLO é fundamental, porque nós temos uma crise no Brasil.

---

[3] Expressão que invoca a imposição de tomar uma decisão difícil sob pressão e enorme sacrifício pessoal. É uma referência ao livro homônimo de William Styron, publicado em 1979. Três anos depois, Alan Pakula dirigiu a versão para o cinema, que valeu a Meryl Streep o Oscar de melhor atriz.

196 • MISSÃO HAITI

Mas o militar se sente melhor, sente que está cumprindo uma missão mais genuína quando está colaborando com militares de outras nações numa missão de paz, porque ele entende que a GLO é uma situação excepcional e que o ideal é que uma polícia de um estado da federação estivesse cumprindo aquela tarefa normalmente. Nunca vai recusar nada, mas eu colocaria nessa ordem de grandeza, por uma questão racional militar de ver a coisa.

Pujol

O general de exército Edson Leal Pujol nasceu em 1955, em Dom Pedrito (RS). Estudou no Colégio Militar de Porto Alegre e ingressou na Escola Preparatória de Cadetes do Exército (EsPCEx) em 1971. Graduou-se na Academia Militar das Agulhas Negras (Aman) em 1977, na arma de Cavalaria. Concluiu a Escola de Aperfeiçoamento de Oficiais (EsAO) em 1986 e a Escola de Comando e Estado-Maior do Exército (Eceme) em 1994. Retornou à Eceme em 2004 para o Curso de Política, Estratégia e Alta Administração do Exército (CPEAEx). Cursou o MBA Executivo em Administração de Negócios e Gerenciamento de Projetos na Fundação Getulio Vargas (FGV) em 2005 e no mesmo ano fez um curso de Gestão Estratégica da Informação na Escola Nacional de Administração Pública (Enap). Foi observador militar na Missão de Observação das Nações Unidas em El Salvador (Onusal) em 1992 e adido de defesa naval e do Exército na embaixada brasileira no Suriname entre 1998 e 1999. Comandou a Aman de 2009 a 2011 e as Forças de Paz da Missão das Nações Unidas para a Estabilização no Haiti (Minustah) de 2013 a 2014. Foi comandante militar do Sul entre janeiro de 2016 e abril de 2018. Em maio de 2018, assumiu a chefia do Departamento de Ciência e Tecnologia do Exército. Tornou-se, em 2019, comandante do Exército brasileiro.

Entrevista realizada por Adriana Marques
em Brasília (25/10/2018).

198 · MISSÃO HAITI

O senhor foi observador militar em El Salvador em 1992. Como foi essa experiência?

Foi uma experiência muito rica, tanto sob o aspecto militar quanto pelo aspecto profissional. Mas o Brasil já estava participando de missões de paz há bastante tempo. Logo após a formação da Organização das Nações Unidas, nós vimos participando de várias missões de paz: no Oriente Médio, em Suez, na República Dominicana e, mais recentemente, um pouco precedendo a nossa participação em El Salvador, o Exército brasileiro tinha participado na África, em Angola e em Moçambique, e estávamos na Nicarágua, como observadores militares.

No final de 1991, houve a assinatura do acordo de paz em El Salvador — o Tratado de Chapultepec — entre o governo e a Frente Farabundo Martí de Libertação Nacional, fruto de um desgaste muito grande, de mais de 30 anos de conflito interno, sem definição de qual lado ganharia. Houve a diminuição do apoio externo à guerrilha, aí foi assinado o acordo, na Cidade do México, e a missão teve início logo no começo de janeiro de 1992. Os primeiros a se instalar lá foram aqueles que já estavam na América Central, na missão da Nicarágua. Muitos iniciaram a missão na Onuca[1] e passaram para o início da missão em El Salvador, que se chamou Onusal.

Eu estava de férias com a família no Rio Grande do Sul, na praia. Naquela época, não havia celular, e fui avisado de que precisava me comunicar com o Rio de Janeiro, onde eu trabalhava, e me informaram: "Olha, você está sendo selecionado para uma missão de paz na América Central e precisa vir agora". Botei a família no carro e subi

---

[1] O Grupo de Observação das Nações Unidas na América Central (Onuca) foi uma missão das Nações Unidas que durou de 1989 a 1992, autorizada pelo Conselho de Segurança. Seu objetivo era verificar o compromisso assumido pelos governos da América Central de suspender o apoio a forças irregulares e a movimentos de insurreição na região, por exemplo, ao não permitir o uso de seus territórios para ataques a Estados vizinhos. A missão também teve papel crucial na desmobilização voluntária da Resistência da Nicarágua e no monitoramento de um cessar-fogo e separação de forças, conforme acordado pelos atores políticos do país. Fonte: <https://peacekeeping.un.org/en/mission/past/onuca.htm>. Acesso em: nov. 2018.

até o Rio de Janeiro. Em 15 dias eu estava chegando a El Salvador, após uma série de medidas — não era só comprar a passagem, mas também providenciar documentação internacional junto às Nações Unidas, medidas administrativas em relação ao Exército, treinamento, exame de saúde e outras providências que precisavam ser tomadas.

Como foi o treinamento?

Era muito empírico, nessa época, até pela premência de tempo. Eram transmitidas as informações que se tinha a respeito da conjuntura do país, o que havia ocorrido nesses 30 anos, quais as razões, o que estava escrito no acordo de paz, qual era o papel de observador militar. Naquela época, normalmente eram capitães ou majores que participavam, nós não tínhamos o nosso Centro de Preparação para Operações de Paz no Brasil. Fomos conversar com o pessoal do Itamaraty e com o próprio pessoal do Exército que já tinha servido na América Central em outras missões, que já tinha retornado da Nicarágua, ou aqueles que estiveram em Angola, eles passavam algumas coisas. Estudamos o que dizia a Carta das Nações Unidas sobre as operações de paz. E a seleção se dava, principalmente, entre quem tinha conhecimento, num nível que a gente chama de habilitação de idioma, principalmente em espanhol e/ou inglês.

Então nós saímos do Rio de Janeiro depois de passar por uma série de providências em Brasília. Tinha gente de vários lugares do país. Saímos em duas levas; eu fui na segunda. Esse período do ano pegou muita gente na mesma situação de férias, então houve uma defasagem de cerca de uma semana entre um grupo e outro. Quando chegamos a El Salvador, fomos para o QG da ONU, que estava instalado num hotel, onde recebíamos uma série de informações, mas agora de forma mais detalhada, de quem estava conhecendo a realidade do país: as medidas administrativas, as medidas sanitárias... Naquele primeiro dia, fomos submetidos a um exame de habilitação de motorista, para ver quem poderia dirigir os veículos da ONU, vacinas e essas coisas. No dia seguinte, voltamos ao QG e fomos distribuídos pelas áreas onde

200 · MISSÃO HAITI

iríamos trabalhar. O país estava dividido em quatro regiões militares, sob a égide da ONU, e eu fiquei na região central, que estava instalada na capital, San Salvador. Fomos, no dia seguinte, distribuídos por centros de verificação. Eu fui designado, junto com um tenente do Equador, para tomar conta de 600 guerrilheiros. Tinha que acompanhar uma série de procedimentos que eles deveriam fazer, e o que eles poderiam e o que não poderiam fazer. Um exemplo: nessa fase dos acordos foi assinado que eles deveriam se concentrar, que não poderiam mais circular livremente pelo país — tanto as Forças Armadas quanto os guerrilheiros. Eles poderiam sair só mediante uma autorização, e sem estar fardados nem portando seus armamentos. Na sequência, nós tínhamos que fazer um inventário de quantas pessoas eram, quanto tinham de armamento, munição, explosivos. Previa o acordo que, numa fase seguinte, esses armamentos iam ser recolhidos e destruídos. No prosseguimento, haveria uma inserção de quem participava da guerrilha: inserção nas Forças Armadas, na criação de uma nova Polícia Nacional, ou o retorno para a vida civil normal.

Esse processo foi demorado — não é fácil —, até porque existiam indivíduos ou grupos pequenos — não era a maioria —, tanto da parte das Forças Armadas como da parte da guerrilha, que não concordavam integralmente com tudo que estava escrito nos acordos. Mas os seus representantes firmaram esse acordo, e existia uma Comissão de Paz, chamada Copaz. Qualquer violação ou não cumprimento daquilo que estava acordado era reportado pelas duas partes. Os observadores estavam junto tanto da guerrilha quanto das Forças Armadas, faziam seus relatórios e a Comissão de Paz analisava qual era a gravidade do não cumprimento e quais as providências. Normalmente, era uma advertência ou uma contrapartida da outra parte.

O processo levou em torno de um ano. Foi o tempo da minha missão. Realmente, as armas foram recolhidas e destruídas. O processo ainda seguiu um pouco, com a parte da inserção dos guerrilheiros na vida civil. Alguns se tornaram até integrantes dos órgãos de segurança, e na primeira eleição que teve depois do acordo, em 1993 ou 1994, eu me lembro de que um dos representantes da guerrilha foi eleito prefeito da capital, e na sequência, mais tarde, um deles foi ser presidente do país. Foi uma experiência muito boa e que, pela facilidade que nós temos do idioma, e pela cultura latino-americana, foi bastante facilitada. Eles adoram os brasileiros; então nós éramos muito bem-recebidos pelos dois lados. Compartilhar essas experiências com militares de outros países e com os outros órgãos presentes — o componente policial, as agências de ajuda humanitária, as organizações não governamentais — foi muito rico. Imagina você, dois militares desarmados, no meio de 600 e poucos guerrilheiros armados até os dentes, e nós é que dizíamos o que eles podiam e o que não podiam fazer. No início houve uma reação, mas depois nós conquistamos a confiança e a colaboração deles. Particularmente, o grande argumento era: "Olha, nós só estamos pedindo que vocês façam aquilo que vocês assinaram se comprometendo a fazer". E o processo andou bem, foi uma experiência muito boa, muito interessante.

Depois ocorreu o processo de seleção para o senhor comandar a missão no Haiti.

Isso de certa forma ajudou. O contexto era outro, as exigências para o processo seletivo eram diferentes, mas, certamente, na fase final do processo seletivo, e também dentro do Exército, o fato de eu já ter participado de uma missão de paz certamente foi um ponto que foi levado em consideração.

O senhor teve que participar de uma entrevista? O senhor foi a Nova York?

Foi um pouco diferente do que estava ocorrendo normalmente no processo seletivo, para quem ia assumir o comando do componente militar lá no Haiti. No final de 2012, eu me encontrava aqui em Brasília. Até aquele ano, o comandante era um oficial-general de duas estrelas, um general de brigada. Devido ao aumento do tamanho do componente militar, a ONU julgou que necessitava de um posto mais

202 • MISSÃO HAITI

elevado, e, no início de dezembro, surgiu... não digo que era um boato, mas uma informação não oficial de que o próximo *force commander* poderia ser um general de divisão, de três estrelas. Isso veio a se confirmar acho que depois do dia 15 de dezembro, ou algo assim. Aí o Exército brasileiro tinha que indicar, via Ministério da Defesa, três nomes. Uma das condições era a habilitação no idioma inglês. Dentro desse contexto, analisaram outras coisas, que não nos informaram, mas selecionaram três nomes, e o normal era que esses três nomes fossem a Nova York. Outra vez, por uma mudança daquilo que já vinha acontecendo, os generais de divisão não estavam nem alertados para essa possibilidade, e também tinha gente que estava viajando. Um dos indicados pelo Exército estava até fora do país, naquele período, entre dezembro e janeiro.

O senhor foi pego de surpresa pela segunda vez?
Eu, por acaso, estava em Brasília. E aí, pela premência de tempo, a ONU resolveu fazer a entrevista através de videoconferência, o que era feito normalmente em Nova York. Marcaram um dia e fomos os três para a sede do Pnud, a organização das Nações Unidas para os refugiados, que tem uma sede aqui em Brasília, e entramos em videoconferência com o Haiti e com Nova York. Três pessoas nos entrevistaram. Uma delas foi o chefe interino da missão, que estava como representante especial do secretário-geral das Nações Unidas, Nigel Fisher, um diplomata canadense. Ele estava no Haiti, e os outros dois entrevistadores estavam em Nova York. Um deles era o assessor militar do DPKO, do Departamento para Operações de Missões de Paz das Nações Unidas. Aí entramos individualmente na sala e conversamos com eles. É uma entrevista de emprego.

O que eles perguntaram?
Coisas como qual a sua experiência profissional, a experiência em operações de paz, como você vê sua participação nesse processo, como vê a oportunidade de ajudar esse país, o que você faria numa

determinada situação, como você vê o relacionamento do componente militar com o componente policial, com a população civil, com as agências humanitárias — essas questões, que seriam normais dentro de um quadro daquele para o qual eu estava sendo selecionado, participando do processo seletivo. Lembro que perguntaram: "Como você vê o sucesso de uma missão de paz?". O sucesso de uma missão de paz é quando ela termina. É aí que você consegue conquistar o objetivo. Então, nós vimos que o sucesso da missão de paz no Haiti seria quando não fosse mais necessária a presença das Nações Unidas lá, e o país pudesse seguir o seu rumo sem a tutela ou a presença tão forte de agentes externos. Então, foram essas coisas que fizeram parte da entrevista, que foi conduzida em inglês, é claro, porque era um dos requisitos para poder se comunicar com os demais atores presentes lá na missão.

O senhor fez um curso no sistema ONU?
Fiz. Fui para Nova York, após receber a missão. Eu tinha uma data para assumir o cargo no Haiti, eu recebi do general Goulart. Foi feito um calendário e, antecedendo a minha ida para o Haiti, passei alguns dias em Nova York. Recebi lá a preparação das Nações Unidas, incluindo um curso intensivo como *force commander* e um *briefing* sobre questões mais específicas do Haiti.

O senhor chegou em 2013, já depois do terremoto e depois da epidemia de cólera.
O terremoto foi em 2010. Então, havia um processo de reconstrução em curso, já bem amadurecido. Ainda havia muitos acampamentos de refugiados dentro do próprio país, principalmente em torno da capital, daquelas pessoas que perderam as suas moradias. Mas as grandes consequências do terremoto já estavam, vamos dizer assim, contornadas, equacionadas. O país ainda sofria muito, não só nas questões estruturais de prédios e moradias, mas principalmente da falta de infraestrutura, que já existia antes do terremoto. O problema

204 • MISSÃO HAITI

do cólera já não estava mais presente. Ainda havia discussões sobre a responsabilidade do cólera e questões de pontos de vista divergentes, mas não nos competia entrar nessa discussão. Era uma questão que as Nações Unidas tinham que resolver politicamente. O Haiti era um país com um estado sanitário extremamente precário. A possibilidade de ter a volta do cólera ou de qualquer outra epidemia similar estava sempre presente, num país que sofre muito de adversidades climáticas: é rota dos furacões, muita chuva, deslizamentos. A cobertura vegetal já era, em 2013, menos de 10% do total da área do país. Os entulhos e o lixo eram normalmente depositados nos canais dos cursos d'água. Era o normal para a população, por questões culturais, na falta de um sistema de educação, de formação, de cuidado com as questões de trato com o meio ambiente. Os canais, na cidade de Porto Príncipe, eram lotados de lixo, que era recolhido principalmente pela Engenharia militar, mas em dois ou três dias a população voltava a colocar o lixo ali. Ainda havia consequências do terremoto, mas era muito mais por falta de organização, de administração, de recursos humanos e orçamentários. O orçamento do país dependia em mais de 80% de ajuda externa, de doações. Então, havia muita limitação nesse sentido.

Esse segundo período da missão, depois do terremoto, teve um caráter mais humanitário do que de pacificação, não?

Sim, porque o início foi um período mais crítico, em que o crime vicejava nas ruas das cidades, particularmente em Porto Príncipe, onde a população não tinha nenhuma segurança de andar e os crimes aconteciam até com muita impunidade, eu diria. Então, essa parte de estabilização mais forte, de pacificação, ocorreu nos primeiros anos. A missão começou em 2004. E até supõe-se que, se não tivesse ocorrido o terremoto, provavelmente a missão teria terminado mais cedo, porque essas questões já estavam andando muito bem. E coisas que contribuem para a criminalidade e para a violência são a falta de disponibilidade, por parte da administração do país, de proporcionar o atendimento das necessidades básicas da população. Isso contribuía para a insegurança do país.

O senhor tinha uma preocupação, nessa época, com a questão da reestruturação das forças policiais haitianas?

Sim. Uma das questões que contribuíam para a insegurança do país e a violência era a falta de capacidade da Polícia Nacional Haitiana. Mas o componente militar não tinha atribuição direta sobre ela — seja no treinamento, seja na estruturação, no equipamento.

Como era o relacionamento entre o componente policial da missão e o componente militar?

No tempo em que eu estava lá, o chefe do componente policial era um português, que hoje é o chefe da Divisão Policial do Departamento de Operações de Paz das Nações Unidas. Recentemente, estive a trabalho em Nova York e estivemos juntos, fui visitá-lo na sede das Nações Unidas, foi uma grande alegria revê-lo. Essa identificação, até por parte de nós sermos brasileiros e ele ser português, ajudou muito no relacionamento.

Um dado interessante: eu tenho um filho que é gaúcho e capitão da Polícia Militar da Bahia, Leonardo Moreira Pujol, e ele passou o ano de 2011 integrando a missão de paz no Haiti. Foi antes de mim para lá, fez parte do componente policial. Quando saiu a minha indicação para ir para o Haiti, ele disse: "Pai, eu vou te ensinar tanto a respeito do Haiti como a respeito da missão de paz". Isso ajudou. Eu tinha alguns policiais brasileiros lá, principalmente de São Paulo e do Distrito Federal — havia de outros estados também, mas em número menor —, então isso facilitava muito esse relacionamento. Primeiro, porque tanto o componente policial quanto o militar tinham os mesmos objetivos: estávamos ali para ajudar. E o papel do componente militar é ajudar na contenção da violência, que, prioritariamente, é missão da polícia haitiana.

O próprio componente policial tinha, vamos dizer assim, assessores, observadores policiais que acompanhavam e orientavam a

206 • MISSÃO HAITI

atuação da polícia haitiana. Eles tinham algumas unidades, como os nossos batalhões de choque, os nossos batalhões de operações especiais, que eram chamadas quando uma situação de emergência, de tumulto, ultrapassava a capacidade da Polícia Nacional Haitiana. E o componente militar entrava em último caso. Mas a nossa entrada era em coordenação com o componente policial. Tanto na fase de planejamento como no acompanhamento da evolução da situação, o contato entre os dois componentes era diário. Tínhamos pelo menos de duas a três reuniões, em que participava não só o componente militar como o componente policial e os demais setores da missão. Era primordial que os outros setores participassem, incluindo, quando estavam presentes, as demais agências das Nações Unidas ou até mesmo os organismos não governamentais. Porque, para eles atuarem sobre determinada situação, tinham que ter a nossa participação, para dar segurança. Quem recomendava quais eram as áreas de maior risco ou que deveriam ser evitadas — até mesmo pelas forças de ajuda humanitária — era através de uma avaliação nossa, do componente militar e do componente policial.

E como era a relação e a coordenação com as outras agências da ONU e com as organizações não governamentais?
Aí dependia muito do assunto. Se nós tínhamos uma questão dos acampamentos onde estavam as pessoas que tinham perdido seus lares, a presença das organizações não governamentais e das agências humanitárias que prestavam o atendimento de alimentação, saúde e outras questões se dava em coordenação conosco. Nós éramos responsáveis por visitar, patrulhar — em coordenação com a parte policial — para manter um nível de segurança e conter, eventualmente, alguns casos de violência. Em algumas áreas, já no ano de 2013, a gente precisava passar só uma ou duas vezes na semana, porque já estavam bem pacificadas; a maioria das pessoas já tinha sido distribuída por novos locais de moradia e as agências humanitárias já conheciam o local e já tinham a situação sob controle. Em outras, era necessário

passar todos os dias, eram um pouco mais delicadas, as ocorrências de conflito entre os moradores e de casos de criminalidade nesses acampamentos se davam de forma um pouco mais frequente; então a necessidade era maior. Se você precisava ajudar a reconstruir uma escola, um hospital, aí a organização responsável, a agência humanitária responsável por esse setor vinha fazer o pedido, e o planejamento era conosco ou com a polícia, dependendo do assunto. Normalmente, em termos de construção, era a Engenharia, da qual nós dispúnhamos — o Haiti não tinha essa capacidade. Arrumar uma estrada, a distribuição de alimentos, de água. Nós participamos muito, através da nossa Engenharia, da abertura de poços artesianos onde havia dificuldade de água potável, fizemos a instalação de postes de iluminação... Nós também treinamos muito as comunidades para atendimento de primeiros socorros, de socorristas.

Vocês tinham mais dificuldade com algum tipo de organização?
Nós, em particular, não tivemos. As pessoas, todas, eram bem-intencionadas. Algumas, às vezes, apresentavam um pedido, uma solicitação com um prazo muito curto, e nós tínhamos uma limitação, não em questões militares, mas em questões administrativas. Por exemplo, se eles nos pediam para reconstruir uma escola, quem tinha que fornecer os insumos era a parte administrativa da ONU, e essas questões tinham que ser discutidas e tinham que ser autorizadas. Então, às vezes, as dificuldades eram nesse sentido.

Na relação com as outras agências da ONU, com os outros componentes, o protocolo era o mesmo?
Era. Porque existia, dentro da missão, mas não na missão militar, uma seção responsável por organizar essas atuações. E, dentro do componente militar, no nosso estado-maior, onde estavam todos os países, ou de cada unidade, havia uma seção responsável por esses assuntos.

208 • MISSÃO HAITI

A pergunta era no sentido de como lidar com organizações que tinham características tão diferentes: Médicos sem Fronteiras, organizações religiosas...
Particularmente para nós, brasileiros, por conhecermos uma diversidade de problemas e também por uma questão cultural nossa, da maneira de ser do brasileiro — e tanto faz ser brasileiro fardado ou não, nós herdamos essas características culturais —, a maneira de ser do brasileiro se adapta facilmente. A missão na América Central foi muito diferente da missão no Haiti, mas as duas foram sem preparação prévia longa. Levei um susto, nas duas. Você agir normalmente para tratar as pessoas e procurar entender os problemas e ter a boa vontade de ajudar, isso facilita muito, até mesmo o nosso relacionamento com os outros países integrantes da missão.

O senhor falou da reestruturação da polícia haitiana, que, aos poucos, já tinha mais autonomia para lidar com essas questões de segurança. Falava-se já, nessa época, da recriação das Forças Armadas no Haiti?
Sim. As Forças Armadas haitianas foram desativadas. Um país soberano tem todo o direito de ter Forças Armadas, mas o governo haitiano não tinha capacidade material de reestruturar as Forças Armadas. Existia inclusive um ministro da Defesa, mas ele não tinha Forças Armadas. A legislação previa Forças Armadas, mas não havia. A prioridade do país, e até mesmo da comunidade internacional, era auxiliar primeiro na reestruturação da polícia. As Forças Armadas se dariam depois, num segundo plano — não se sabia quando, até porque não se sabia quando o país ia conseguir resolver seus problemas. Mas era uma questão latente, por terem sido desativadas as Forças Armadas. Havia um grupo dos ex-integrantes das Forças Armadas que reivindicava ser readmitido pelo governo haitiano, o que, no momento, o governo haitiano não tinha capacidade material de fazer. E até mesmo perante a comunidade internacional: como ele ia explicar que um país tão carente de estrutura de educação, de saúde, de segurança, de infraestrutura de diversos setores, seja da rede de estradas, da rede de esgoto, sanitária, ia investir na estruturação de suas Forças Armadas,

naquela situação de reconstrução do país, decorrente do terremoto, que ainda estava em curso?

Já havia, naquela época, uma sinalização da ONU de começar a diminuir o contingente militar da missão. Como foi esse processo?

Mencionei há pouco que, se não tivesse ocorrido o terremoto, a missão teria provavelmente terminado mais cedo. É aquilo que eu expressei para meus entrevistadores: que, na minha visão, o sucesso de uma missão é quando ela não é mais necessária. Então, isso era natural numa missão que começou com um país que estava numa situação de instabilidade muito grande, particularmente na área de segurança pública e de violência, de criminalidade, e que aquilo já estava descendo para níveis aceitáveis, vamos dizer assim. A missão, como consequência do terremoto, aumentou o efetivo, houve necessidade de um aumento do componente militar. Então era natural que, seja por desejo de terminar a missão, seja porque algumas etapas já estavam sendo alcançadas, o efetivo dos componentes militar e policial fosse sendo reduzido.

Quando eu cheguei lá, havia o chamado Plano de Estabilização da Missão, que era um planejamento do Departamento de Operações de Paz da ONU, em contato com a missão, para avaliar a situação: É necessário ainda? O quanto é necessário? São os mesmos objetivos? Precisamos estar presentes em todo o país? A estrutura é a mesma? Houve um aumento de unidades de Engenharia? Para a reestruturação do país, eu preciso ainda desse mesmo efetivo, dessa mesma natureza? Essas questões eram permanentemente avaliadas. Nós fazíamos nossos relatórios, externávamos nossa visão do componente militar; o componente policial também. O chefe da missão também mandava os seus relatórios, que eram apresentados, eram discutidos, tínhamos reuniões várias vezes por semana para discutir isso. E vinham essas visitas de avaliação.

Então, o Plano de Estabilização da Missão previa uma redução de efetivo no tempo. Só que esse plano não era só a questão de tempo. Era a questão de mudança das condições dos problemas, ou das soluções

210 • MISSÃO HAITI

de problemas dentro do país. Então, era um plano condicional: se eu conseguir resolver esse assunto, eu posso diminuir tal coisa. Uma das questões que eram fundamentais para esse plano ser cumprido era a realização das eleições presidenciais. Quando eu assumi, em 2013, as eleições já estavam atrasadas dois anos. Eu me lembro de que o general Goulart, quando me passou a missão, disse: "Olha, um problema que você vai ter esse ano é a realização das eleições". Nós iniciamos o ano, os primeiros dois meses depois que assumi a função, realizando planejamentos e reuniões com todos os atores envolvidos, de como seria a condução das eleições, inclusive a nossa participação na segurança das eleições.

O mais importante eram as questões políticas que tinham que ser decididas. Tanto é que terminou o ano de 2013 e não houve eleições. Todos os processos legais haviam sido cumpridos, mas sempre havia a colocação de alguns questionamentos, por todas as partes, seja por parte do governo, seja por parte dos interessados nas eleições, que eram os partidos que estavam concorrendo. O próprio Congresso haitiano já estava funcionando com um terço a menos dos seus representantes, porque a legislação dizia que "o seu mandato é de tanto tempo", e ele não poderia ficar se não fosse reeleito. Como as eleições legislativas também não ocorriam havia dois anos, eu tinha um terço dos cargos dos congressistas não preenchidos. E a questão se tornou mais crucial após a minha saída, já que a não realização das eleições de 2013 fez com que, no início de 2014, mais outro terço do Congresso perdesse seu mandato. Diz a legislação que se precisaria, para aprovar qualquer coisa, de no mínimo metade dos congressistas. Tiveram que arrumar uma solução jurídica para essa questão legal, com a aquiescência da comunidade internacional. O próprio presidente já estava num mandato ultrapassado. Se não estou equivocado, as eleições só ocorreram em 2015. Então, aquilo que deveria ter ocorrido em 2011, só foi ocorrer quatro anos depois.

Essas questões eram condições importantes para a definição de como a missão ia se transformar, ou se reduzir. Historicamente, o problema das eleições no Haiti acontecia precedendo as eleições, durante as eleições e após as eleições, pois o lado que perdia não aceitava o resultado. Era onde ocorria a incidência maior de violência. Não era nem de violência criminal, era de insatisfação política dos diversos envolvidos. Então, essas questões eram fundamentais para a definição da redução do componente.

Quando eu saí, a ONU pretendia praticamente terminar com a missão militar na metade de 2014 — antecipando um plano, que já existia, de terminar mais tarde. A visão do componente militar era que isso não ocorresse antecipadamente. Não era questão de data; era questão de acontecimentos. Nós dizíamos: "A primeira coisa que tem que ocorrer são as eleições. Após as eleições, dependendo do que acontecer e de como o país se comportar, a gente pode definir o quanto vai reduzir, ou se nós vamos terminar".

As missões de paz da ONU têm um orçamento mais ou menos fechado, porque esse orçamento é resultante das contribuições dos países--membros. Então, quando as Nações Unidas precisam abrir uma nova missão de paz ou aumentar uma missão de paz — como era o caso, naquela época, da missão do Congo e a necessidade de abrir mais uma ou duas missões na África —, ela precisava reduzir outras missões ou encerrá-las. E um dos alvos, sob o aspecto do conjunto das missões que o DPKO e o Conselho de Segurança das Nações Unidas estudavam, era a redução ou o término da missão no Haiti. Mas nós, que estávamos no Haiti, tínhamos que falar daquilo que estava acontecendo. A decisão de terminar ou reduzir era responsabilidade de Nova York, mas a responsabilidade com o Haiti, para com o povo haitiano, para com o mandato que eu tinha para cumprir, era nossa. Felizmente, não terminaram antes, foram terminar mais recentemente. Foi durante o ano passado que terminou a missão, o componente militar. A missão tomou outra roupagem.

E como foi a experiência de comandar uma tropa internacional?
Eu nunca tinha comandado uma tropa internacional, então essa experiência era inédita. Nossa dificuldade era lidar com culturas diferentes

212 • MISSÃO HAITI

e com componentes militares com níveis diferentes de preparo — de treinamento, de instrução. Tive militares de 20 países, durante a minha missão; tropas de 13 ou 14 países diferentes. Mas eu tinha a predominância de países sul-americanos: Uruguai, Argentina, Chile, Equador, Peru, Bolívia. Esses países têm um treinamento, uma estrutura, um pensamento muito mais semelhante ao do brasileiro, ainda que em nível de instrução militar tivessem uma defasagem. Era mais fácil trabalhar com esses militares. Não estou dizendo que eles eram melhores ou piores. Era mais fácil de nós, brasileiros, trabalharmos com eles. Por outro lado, eu tinha países como Indonésia, Filipinas, Sri Lanka, Nepal, Jordânia, só para mencionar alguns, em que a cultura é diferente. A maneira de pensar o mundo, de pensar os problemas, é diferente. Acrescentem-se também as diferenças do preparo militar.

O senhor acha que as Forças Armadas funcionam de maneira parecida em todos os países? A questão da hierarquia e da disciplina ajudava a ultrapassar essas diferenças culturais?

Sim, não há diferença nas estruturas militares. A hierarquia, a disciplina são praticamente as mesmas em quase todos os exércitos do mundo. Nesse aspecto, a estrutura militar, a cultura militar é muito semelhante, o que ajuda. Até porque, quando um país é convidado para participar de uma missão, as regras são bem claras; então todos aceitavam se submeter ao planejamento, às ordens, às decisões do comandante do componente militar — é claro que, desde que estivessem de acordo com os limites da missão, dentro das atribuições que a missão tinha. Então era fácil, nesse sentido, para mim, dar ordens e expressar minhas diretrizes e decisões, fosse para os batalhões brasileiros que eu tinha lá ou fosse para o batalhão jordaniano. A resposta é que às vezes era diferente. Não só pela questão cultural, mas muito mais pela questão do preparo, do profissionalismo. Há níveis diferentes. Alguns países tinham mais dificuldade, não de cumprir as minhas ordens, mas de cumprir o papel que deles era requerido na missão. Essas eram as dificuldades. E as dificuldades de cultura, de idioma. Mas isso era muito mais enriquecedor do que dificuldade. Eu visitava pelo menos de duas a quatro instalações militares por semana. Normalmente, escolhia um dia da semana para visitar as unidades que estavam fora da capital, fora de Porto Príncipe, porque demandavam deslocamento de avião ou, eventualmente, de helicóptero. E reservava os sábados, normalmente, para visitar as unidades que estavam na capital, ou próximas. Eu não ia conversar somente com o comandante, ia conversar com os soldados também. A maneira de motivá-los, de reconhecer o trabalho que eles estavam realizando tinha nuances culturais que, com o tempo, você vai aprendendo. Eu, por exemplo, toda vez que ia visitar, eu entrava no Google Tradutor, pesquisava algumas palavras, como "bom dia", "boa tarde", "parabéns", "muito obrigado", ou coisas nesse sentido, inclusive como deveria pronunciar, e eu os surpreendia no início, falando algumas coisas no idioma deles. Isso ajudava a estabelecer uma confiança, um respeito, uma empatia com aqueles países. E você tinha — eu não tenho muita dificuldade, mas algumas pessoas podem ter — até mesmo de interagir nas questões culinárias, bem distintas. Se você recebe alguém na sua casa e se você nota que a visita não gostou ou está evitando aquilo que você está oferecendo para ela, isso deixa você no mínimo embaraçado, constrangido. Então, essas questões, se você tem uma facilidade maior e as aceita de uma forma mais fácil, ajudam também a contornar alguns obstáculos.

O senhor é da primeira geração de oficiais que chegaram ao generalato já com uma experiência internacional maior. Quando o senhor estava na Aman, a possibilidade de participar de missões internacionais era bem mais limitada — uma aditância militar, um curso... Com essa participação maior do Brasil em missões internacionais, já ao longo da carreira o senhor teve duas oportunidades. Do ponto de vista profissional, para o Exército, no que isso impacta?

Sem dúvida, é extremamente enriquecedor: aumenta a nossa capacidade de entender o mundo, entender as pessoas, olhar o pensamento militar de outros países. Nós, militares, não existimos isoladamente.

214 • MISSÃO HAITI

Então, o emprego do poder militar de uma nação depende do poder político e da diplomacia. Nós existimos, em princípio, para garantir a soberania de um país. Para você compreender isso, você também precisa entender o lado civil, o lado diplomático, as questões que afetam os outros países, as suas preocupações, as suas dificuldades regionais. Você entender os problemas de um país africano ou de um país do Oriente Médio ajuda muito. Eu tive a oportunidade, também, de fazer curso no exterior. Fui adido militar e participei de inúmeras reuniões e visitas oficiais em países estrangeiros, ou recebendo aqui militares de outros países. Essa interação amplia a nossa capacidade de atuar da melhor maneira profissionalmente e em prol do Brasil. Qualquer experiência nos enriquece. Se, na sua área profissional, você se forma na sua área específica e fica encerrado só nela, você talvez tenha dificuldade maior de interagir com as outras áreas da sociedade. Se você, ao se formar, entra para uma empresa e passa a vida toda se relacionando só com as pessoas da sua empresa, talvez não tenha uma compreensão melhor do que se você tiver oportunidade de se inter-relacionar com pessoas de outras empresas — mesmo que sejam do mesmo ramo profissional que o seu. Então é mais ou menos nesse sentido que a oportunidade que temos de ir a outros países, ou de trabalhar com militares de outros países, com policiais de outros países, com a população de outros países, com os organismos internacionais, com as agências humanitárias, com as organizações não governamentais, numa diversidade de problemas que, em determinada medida, às vezes nós temos no Brasil — até porque o tamanho do Brasil e a nossa diversidade de problemas são muito grandes. Isso nos ajuda a crescer profissionalmente e a crescer como ser humano também.

O senhor identifica alguma relação entre a experiência do Brasil no Haiti e as operações de Garantia da Lei e da Ordem que o Exército realiza no Brasil?
Sim, sem dúvida.

O senhor acha que a experiência do Brasil em operações de GLO influenciou a participação do Brasil no Haiti, ou a participação do Brasil no Haiti, em alguma medida, contribuiu para a realização dessas missões? Acho que é uma via de mão dupla. Mas acho que a influência maior é de lá para cá, do Haiti para cá. Nós não somos um Exército totalmente profissional — somos um Exército de serviço militar obrigatório, de conscrição. Então, para a renovação dos nossos efetivos, quase que 70 mil novos recrutas entram no Exército todo ano. E nem todos têm oportunidade de ter uma experiência real. Inclusive, quando nós participamos nas operações de Garantia da Lei e da Ordem, na seleção de quem enviar para essa missão, aqui no Rio de Janeiro ou em qualquer outro lugar do Brasil, damos preferência para quem já tem mais tempo, não está no primeiro ano do serviço militar e, se possível, se já tem uma experiência como a do Haiti. Então esse fato de eu já ter podido participar de uma operação de paz no Haiti — que é uma operação real — e poder vir depois trazer essa minha experiência para ajudar, quando receber uma missão e tiver que executar uma operação de Garantia da Lei e da Ordem no Brasil, isso ajuda muito.

Acho que pouca é a inversão, em que, eventualmente, eu joguei alguém primeiro na operação de Garantia da Lei e da Ordem e depois ele foi para o Haiti. Pode até ter ocorrido, mas acho que no sentido contrário o percentual foi muito maior. Em questões doutrinárias e táticas, nos ajudou muito a participação no emprego em áreas conturbadas, de problemas de segurança pública, eu ter vivido essa experiência e trazer para dentro do nosso país.

Mas existem umas questões que são bem diferentes: as questões legais. Quando um militar da ONU recebe um mandato e vai cumprir essa missão, como no caso do Haiti nós cumprimos, nós temos um respaldo legal muito grande. Já nas nossas operações de Garantia da Lei e da Ordem em que o Exército é empregado existe uma insegurança jurídica muito grande; então, em qualquer conflito entre as forças de segurança e alguém que atua hostilmente contra um militar, normalmente vai-se procurar saber se o militar estava certo.

216 • MISSÃO HAITI

Na intervenção federal no Rio de Janeiro, o senhor consegue estabelecer essas diferenças de maneira bem clara?

Tem duas questões diferentes. Uma é uma operação de Garantia da Lei e da Ordem de que o Exército está participando, que precede a decretação da intervenção federal. Na intervenção federal, o papel hoje do comandante militar do Leste, o general Braga Netto, é político. Ele recebeu uma autoridade política legal para coordenar as ações de todos os atores, como se fosse o secretário de Segurança Pública daquele estado, e numa situação especial: ele não é subordinado ao governador do estado, ele está subordinado diretamente à Presidência da República. A atuação do Exército se dá não por causa da intervenção federal; ela se dá porque existe um decreto de emprego de Garantia da Lei e da Ordem, que se enquadra nas mesmas questões que ocorreram na intervenção na Maré e no Alemão. São bem similares. Só a maneira de operar que está... Não é uma ocupação física de uma área específica. Há uma liberdade de atuar pontualmente, em diversos locais, em diversas áreas, em momentos diferentes.

Pensando do ponto de vista profissional, para o Exército é mais interessante participar dessas operações de Garantia da Lei e da Ordem ou é mais interessante participar de missões de paz?

É mais interessante participar de missões de paz. Porque as missões de Garantia da Lei e da Ordem são missões tipicamente de polícia. O ideal, para qualquer país e para nós, brasileiros, mas principalmente para nós, militares, é que as operações de Garantia da Lei e da Ordem ficassem restritas aos órgãos de segurança pública. Se as nossas polícias tivessem a capacidade, em questões orçamentárias, de equipamento, de efetivo, e a legislação fornecesse também uma capacidade de que eles pudessem cumprir melhor suas missões de proteger a população, não seria necessário o emprego do Exército. Diferente das operações de paz. Existe um secretário-geral das Nações Unidas que disse o seguinte: "Os militares não são feitos para realizar operações de paz, mas são os únicos que podem realizá-las". Porque nós temos uma capacidade de planejamento e de organização que é uma ferramenta à disposição das Nações Unidas e que nos permite atuar em diversos conflitos, em participações que já se mostraram extremamente eficientes, não pela nossa capacidade de fazer guerra, mas pela nossa capacidade de controlar a violência. Então, para nós, é muito melhor e muito mais fácil participar de uma missão de paz do que participar de uma operação de GLO, na minha visão pessoal e profissional.

Não existe missão na ONU para general de exército, mas vamos supor que existisse. O senhor seria voluntário para uma nova missão?
Eu te responderia de outra maneira. Nós, militares, não escolhemos a missão. Nós escolhemos a profissão militar, e a profissão militar é de cumprir missões difíceis. E se essas missões difíceis, ainda que requeiram o risco das nossas vidas, tiverem o objetivo de ajudar outras pessoas, outros países, em qualquer lugar, nós estamos sempre prontos para aceitar esse tipo de missão.

A próxima missão de paz, então, pode contar com o senhor?
Sempre.

Ajax

O general de divisão Ajax Porto Pinheiro nasceu em 1956, em Bragança (PA). Ingressou na Escola Preparatória de Cadetes do Exército (EsPCEx) em 1974. Graduou-se na Academia Militar das Agulhas Negras (Aman) em 1980, na arma de Infantaria. Concluiu a Escola de Aperfeiçoamento de Oficiais (EsAO) em 1989 e a Escola de Comando e Estado-Maior do Exército (Eceme) em 1996. Em 2006, fez o Curso de Política, Estratégia e Alta Administração do Exército (CPEAEx) na Eceme e o MBA Executivo em Administração de Negócios e Gerenciamento de Projetos na Fundação Getulio Vargas (FGV). Participou do Grupo de Observação das Nações Unidas na América Central (Onuca) em 1991 e foi observador militar na Missão de Observação das Nações Unidas em El Salvador (Onusal) em 1992. Entre 1998 e 2000, exerceu a função de assessor parlamentar do Comando do Exército no Congresso Nacional. Comandou o 1º Batalhão de Infantaria de Selva de 2004 a 2005. Esteve no Haiti pela primeira vez em 2010 comandando o 12º contingente do Batalhão de Infantaria de Força de Paz do Brasil. Foi comandante da EsAO entre 2012 e 2013 e diretor de Educação Superior Militar de 2013 a 2015. Ainda em 2015, retornou ao Haiti para comandar a Força de Paz da Missão das Nações Unidas para a Estabilização no Haiti (Minustah), onde permaneceu até o encerramento da missão em 2017. Em novembro de 2018, foi escolhido pelo presidente do Supremo Tribunal Federal (STF), José Antonio Dias Toffoli, como assessor especial.

Entrevista realizada por Adriana Marques e Celso Castro em Brasília (31/1/2018).

220 · MISSÃO HAITI

Gostaríamos incialmente que o senhor falasse sobre o seu envolvimento com operações de paz antes da ida para o Haiti. O senhor esteve na América Central em 1991, como capitão.

No dia 12 de maio de 1991, eu era instrutor da EsAO, estava lá havia cinco meses. Fiz EsAO em 1989, fui comandar uma companhia de fuzileiros em Blumenau, voltei em janeiro. Em maio, no dia 9 ou 10, perguntaram se eu era voluntário para ir para uma missão de paz. Eu disse que era. Eu e vários instrutores. No dia 12 à noite, eu tinha ido ao aeroporto buscar um parente e, quando voltei, havia um recado debaixo da minha porta, na Vila Militar: "Você foi selecionado". No dia seguinte, dia 13, começamos a conversar entre nós, os nove oficiais. O Jaborandy [general José Luiz Jaborandy Júnior] era um deles, estava na Aman, e o general Burgos [general de brigada Antônio Luiz da Costa Burgos], tenente-coronel na época, era o comandante. O atual general de quatro estrelas, Cid [general de exército Mauro Cesar Lourena Cid] era outro oficial. Aí eles começaram a juntar os "nove homens e um destino"; nós fomos reunidos no Rio e embarcamos no dia 27 de maio.

Eu sabia que El Salvador era na América Central, mas os dados que peguei sobre o país eram do *Almanaque Abril*, uma página ou uma e meia. Havia uma equipe que já estava em El Salvador, mas ninguém tinha comunicação com eles. Não havia internet na época. O general Teophilo [general de exército Guilherme Cals Theophilo Gaspar de Oliveira], quatro estrelas, estava nessa outra equipe. E nós sabíamos que, quando chegássemos a Honduras — o comando da missão era lá —, seríamos distribuídos. Os nove seriam espalhados pelos cinco países. Era isso que a gente sabia.

Aí passamos 15 dias nos preparando no Rio. Fomos ao Detran, tínhamos que aprender a dirigir ônibus. Tirei carteira, categoria D. Quando eu for para a reserva, já posso ser motorista [risos]. O Exército dizia: "Qual arma vocês vão levar?". Aí alguém disse: "Eu acho que metralhadora não é uma boa solução" [risos]. Quer dizer, que loucura! "Era bom levar fuzil." Aí nós dissemos: "Tudo bem, eu vou levar fuzil e como é que eu vou passar no aeroporto de Miami com o fuzil?

Desmontado? Levar na bolsa?". Aí disseram: "É, levar fuzil eu acho que não é uma boa ideia" [risos].

A gente não sabia nem o que ia fazer, na época. Sabia que era missão de paz. Aí a gente ficava imaginando, dentro da sala, os nove, fechados, o que poderia ocorrer, que situações... Aí você começa a trazer experiências da vida militar: "Lá tem guerrilha... e se tiver um ataque? Ninguém tem arma, o que a gente vai fazer?". Ninguém sabia. E havia a parte administrativa, que era o pior. A situação econômica estava complicada no Brasil, com aqueles planos econômicos loucos. Ninguém tinha dinheiro. As famílias podiam ficar nas casas onde estavam. A minha família podia ficar no Rio. Só que eu tinha um filho de três e um de um ano. Aí eu disse: "Não vou deixá-los aqui". Pedi dinheiro emprestado para o sogro e comprei passagem — porque cartão de crédito ninguém aceitava, não tinha, sei lá —, mandei a minha esposa para Rio Branco, no Acre. Ela é de lá, foi para a casa dos pais. Só que, para mandar dinheiro para casa, era complicado, era meio estranho, naquela época. Hoje em dia, não. A gente estava aprendendo, não é? Um ano depois, o Exército já tinha agilizado isso aí. Mas a parte administrativa foi muito complicada.

Eu fui daquela primeira missão após Suez. Desde Suez, o Brasil passou mais de 30 anos sem participar de uma missão de paz. E eu fui daquele grupo de observadores que foi para a América Central, a Onuca. Éramos só nove observadores militares brasileiros numa missão que visava a pacificação da Nicarágua — na época, os "contras" *versus* o governo sandinista. Havia também observadores da Espanha, Canadá, Suécia, Índia, Colômbia e Equador. Na época, a Venezuela estava lá também, depois saiu. O problema era na Nicarágua, mas envolvia El Salvador, Honduras, Guatemala e Costa Rica, pela porosidade das fronteiras. Essa missão durou até dezembro de 1991. O problema da Nicarágua foi resolvido e aí a ONU aproveitou a estrutura que estava na região e criou outra missão centrada só em El Salvador, para solucionar um outro problema, que era o governo de El Salvador contra a Frente Farabundo Martí de Libertação Nacional. Então era o

222 • MISSÃO HAITI

espelho, era o contrário da Nicarágua: na Nicarágua era um governo de esquerda lutando contra uma guerrilha de direita; em El Salvador era um governo de direita contra uma guerrilha de esquerda. Era o final da Guerra Fria. Aí eu fiquei para essa outra missão, em El Salvador, a Onusal, já não tinha mais os outros países envolvidos.

O senhor ficou direto lá?

Fiquei. Peguei duas missões, uma na sequência da outra. Eles fizeram o acordo de paz no final do ano de 1991, nós continuamos em El Salvador para a desmobilização da guerrilha, à semelhança do que está acontecendo agora na Colômbia. Muito parecido. Os guerrilheiros concentrados em campos, nós fiscalizávamos a saída deles, as Forças Armadas deles não saíam sem autorização nossa e, lógico, havia acusações... Mas foi um processo que deu certo. Antigos guerrilheiros foram incorporados à vida política do país, ganharam eleições depois. Estão lá, participando do processo político normal. Foi uma missão de paz que deu certo. E ela era curiosa, porque era o final da Guerra Fria. Eu ainda estava em El Salvador quando ocorreu aquela passagem histórica do Yeltsin em cima de um tanque, em Moscou. Ele governador, e o presidente russo dando apoio.[1] Aquilo mexeu com El Salvador, porque a guerrilha achava que a União Soviética ressuscitaria, viria das cinzas novamente na Rússia. E eles dependiam muito disso porque, na época, isso é fato, o apoio econômico da União Soviética ia para Cuba, que apoiava, dava suporte para a guerrilha. Então uma coisa estava implicada na outra. Se a União Soviética ressurgisse, eles poderiam

---

[1] Em agosto de 1991, no período de transição da antiga União Soviética para o que viria a se tornar a atual Federação Russa, houve o que, para alguns, constituiu uma tentativa de golpe por parte da oposição comunista. Tanques de guerra foram enviados a Moscou e cercaram o Parlamento russo, onde o líder Boris Yeltsin se reunia para discutir reformas. Porém, ao notar a presença dos tanques, ele se dirigiu diretamente a eles, iniciando um diálogo. Após algum tempo, o líder militar ordenou que os tanques se virassem para fora, dessa vez protegendo o Parlamento. Para muitos, tal gesto sinalizou o fim concreto da possibilidade de um retorno à União Soviética comunista. Fonte: <www.bbc.com/news/world-europe-14589691>. Acesso em: fev. 2018.

ou voltar à guerrilha ou ter mais força na negociação. Mas acabou tudo, a União Soviética foi sepultada. Aí deu uma esfriada, o que facilitou o acordo de paz, porque eles voltaram à mesa de negociação.

Como observador, qual era a sua rotina, quais eram as principais missões?

Logo que cheguei, ainda com a missão da Nicarágua, nós vivíamos na fronteira conversando com os órgãos de segurança para verificar e escrever para a ONU se estava havendo passagem de armas do governo da Nicarágua para a guerrilha de El Salvador ou da guerrilha da Nicarágua para o governo de El Salvador. A direita e a direita, a esquerda e a esquerda. Era para manter a neutralidade. Só que a fronteira de El Salvador com a Nicarágua é através de um lago. Então, El Salvador não tinha muitos problemas na fronteira. Outros países tinham. Nós ficamos seis meses nesse sistema. Logo em seguida, começaram paralelamente as negociações da guerrilha com o governo salvadorenho para firmarem o acordo de paz em Nova York. Aí nós passamos a fazer a segurança dos locais de zonas de pouso de helicópteros. Os helicópteros brancos vinham para El Salvador, em dias que só nós sabíamos, para retirar os comandantes guerrilheiros, levar para a Cidade do México, de lá pegar um avião e ir para Nova York. Era complicado, porque alguns militares do Exército salvadorenho diziam que, se eles vissem um helicóptero sobrevoando a área deles, iam derrubar. Não interessava se era da ONU, diziam que quem apoiava a guerrilha também seria inimigo deles. Então, fazíamos contato com a guerrilha, entrávamos na área liberada deles — quase metade do país era controlada pela guerrilha —, e íamos à noite — dois observadores, três —, acampávamos e dormíamos próximo do acampamento guerrilheiro. De manhã cedo, nas primeiras horas do dia, a gente ia para um local X, fazia o balizamento, entrava em contato com o helicóptero, ele entrava e, quando tocava no chão, o comandante guerrilheiro aparecia. A gente sabia que eles estavam próximos. Aí a tropa deles fazia a proteção, ele entrava no helicóptero e saía. E tinha que sair rápido, porque, se demorasse muito, pelo barulho, e se tivesse uma tropa do Exército, eles iam atacar.

224 • MISSÃO HAITI

O senhor mais à frente fez um curso no Canadá, não?
Sim, no Pearson Peacekeeping Centre. Era sobre missões de paz, mas
já um nível de estado-maior, de coronéis. Foi imediatamente antes
de ir comandar no Haiti. Acho que foi em julho de 2009, seis meses
antes de ir para o Haiti. Foram duas semanas. É perto de Halifax, New
Scotia. Muito, muito estressante.
O Canadá tinha muito interesse em manter um centro em que
eles tivessem influência e aprendessem com experiências de outros países. Então, nesse curso havia coronéis da Indonésia, muitos
africanos — Nigéria, Mali, Quênia —, de alguns países europeus, do
Brasil, Argentina, Uruguai e canadenses. Eu acho que depois o Canadá mudou, eles agora têm um outro centro. Era mais um centro de
estudos, de troca de experiências. O curso foi muito bem conduzido.
Falavam muito da história, para a gente aprender sobre missões de paz,
e criavam situações hipotéticas para que a gente reagisse, cada um na
sua função. O curioso é que quase não havia tempo para descanso. No
dia em que nós chegamos, acho que tive duas horas para preencher
dados e já começaram as aulas e discussões, e foi bem corrido. Em
seguida, eu já fui para o Rio de Janeiro preparar as tropas que iam
para o Haiti. O grosso das minhas tropas, a maior parte, era da brigada paraquedista. Tinha uma companhia de fuzileiros da brigada
paraquedista, comando e apoio, esquadrão de Cavalaria — na época,
o batalhão era grande —, mais uma companhia da nona brigada, no
Rio, e outra companhia da quarta brigada, cuja sede é em Juiz de Fora.
Então, eram cinco subunidades.

O CCOPAB estava sendo criado nessa época?
Não, ele já estava funcionando bem. Hoje está bem melhor. Orientação,
aqueles primeiros passos, nós aprendemos com eles. O único batalhão
cujo núcleo foi da brigada paraquedista, estado-maior, foi esse, o 12º,
que eu comandei. Aí era muito fácil a nossa ligação com o centro,
porque era próximo. Até as aulas de inglês para o meu estado-maior,
a gente fazia no próprio CCOPAB. Foi muito bom. As tropas que saem

do Rio têm essa vantagem: o CCOPAB está do lado, é só sair. Isso aí facilitou muito o nosso trabalho.

A primeira vez que o senhor foi ao Haiti foi logo depois do terremoto, não?
Isso. Eu era o comandante, o general Rêgo Barros,[2] subcomandante — apesar de ser de Cavalaria, ele era o subcomandante de um batalhão de Infantaria. Nós estávamos servindo aqui no gabinete do comandante do Exército, ele chefiando a assessoria 2 e eu chefiando a assessoria 3. Fomos para o Rio, ficamos alojados na brigada paraquedista, preparando o batalhão. O terremoto foi dia 12 de janeiro de 2010. No dia 10 de janeiro saiu o primeiro dos 10 voos da FAB, cada um com 130 soldados. Nós ficamos para trás porque precisávamos resolver problemas administrativos. Iríamos lá pelo quinto, sexto voo, não lembro exatamente. Nossa missão principal seria trabalhar na segurança das eleições, que ocorreriam em fevereiro de 2010. O terremoto bateu no Haiti dois dias depois de chegar nossa primeira leva de soldados. No terremoto, dos 18 militares nossos mortos, um já era do nosso batalhão, o major Guimarães [Márcio Guimarães Martins]. O segundo voo nosso era previsto para o dia 12. Ele chegou ao Haiti uma hora depois do terremoto. Não tinha mais aeroporto, ele foi para a República Dominicana, reabasteceu, voltou para o Brasil. Aí fizemos modificações no segundo voo, porque a situação já tinha mudado. A gente precisava ter, no Haiti, o comando. Quase que todo o estado-maior entrou no avião.

Quando chegamos ao Haiti, pegamos uma viatura e fomos reconhecer o centro da cidade para ter uma noção de como estava o país. Em outubro nós tínhamos ido em um reconhecimento. Nós vimos um Haiti, uma capital. Quando retornamos, era outro mundo. Aí já não tinha mais ruas, não tinha mais nada. Sete dias depois do terremoto, os corpos ainda estavam na rua, as pessoas brigando para sobreviver e salvar quem ainda estivesse sob os escombros. Quem morreu não

---

[2] General de divisão Otávio Santana do Rêgo Barros, nomeado pelo presidente Jair Bolsonaro porta-voz da presidência da República (janeiro de 2019).

era mais prioridade. A Engenharia trabalhando, resgatando corpos, mas os cachorros ficavam brigando por pedaços de pessoas. Era uma cena horrorosa. E parece que naquele período houve, não sei se alguma inversão térmica, a poeira permaneceu muito tempo no centro da cidade, onde teve muito desabamento. Ela não saía, e dava um clima mais de espanto. E as pessoas na rua, os carros não passavam. Aí a missão mudou, passou a ser de ajuda humanitária. A passagem de comando do batalhão foi na rua. A cada dois dias, chegando voo: entram 130, saem 130. Os capitães recebiam a missão já na confusão. Ajuda humanitária chegando, muita, do Brasil e do mundo inteiro. E a tropa na rua. O tenente chegava, saía com a tropa dele, recebia uma explicação, o outro já tinha que ir embora, voltar para o Brasil. E assim foi. Não teve mais eleição naquele ano, elas foram jogadas mais para frente.

Os soldados iam de manhã fazer ajuda humanitária, depois se equipavam e iam para as áreas de Cité Soleil, Cité Militaire, Bel Air para participar da captura das gangues. Quando o terremoto destruiu o principal presídio do Haiti, na capital, escaparam 5.500 presos. Todos aqueles marginais, chefes de gangue que foram presos de 2004 a 2010 escaparam. Eles se espalharam pelo país, só que não tinham para onde ir. Prender bandido, nessa época, era como jogar rede em pesque e pague. Jogou, pega. Teve uma vez que prenderam 15 de uma vez. Eles estavam reunidos, planejando algum assalto. Tinha o Disque Denúncia, que funcionava. A tropa foi se aperfeiçoando nisso, foi prendendo. No início, nós demoramos um pouco. Tanto que quando eu ia para a reunião com o *force commander*, general Floriano Peixoto — toda sexta-feira tinha reunião com o comandante —, era uma competição entre os batalhões. Ele sempre perguntava: "Quanto distribuiu de gêneros e tal?". Aí dizia: "Agora, vamos às operações. Batalhão do Nepal, prendeu quantos essa semana?". "Doze." "Batalhão do Sri Lanka?" "Quinze." "Brabat?" "Quatro." Um dia ele chegou para mim e disse assim: "Olha, o Brabat tem que aumentar a produtividade". Aí eu disse: "Olha, ajuda humanitária agora tem que diminuir um pouco, a gente está começando a perder a competição". Aí o Brabat foi com tudo, começou a prender muita gente.

Fui promovido, tive que voltar para o Brasil. Fiquei no Haiti janeiro, fevereiro, março, saí em abril. Três meses e meio. Aí o Rêgo Barros assumiu o batalhão. Até o momento em que eu saí de lá, nós tínhamos capturado mais de 100 fugitivos.

Nossa vida era essa: de manhã, ajuda humanitária, basicamente; à tarde e à noite, captura de presidiários. Na ajuda humanitária, nós trabalhamos em conjunto com a ONU e muitas ONGs. O próprio batalhão cadastrava e descadastrava as ONGs. O Haiti tinha em torno de 200 ONGs antes do terremoto; depois do terremoto, chegou a mais de 20 mil! O Haiti é famoso por ser conhecido como a "República das ONGs". Aquilo lá, infelizmente, para algumas ONGs, é meio de vida. Tem as boas, sérias, mas algumas delas não têm interesse em que o problema se resolva, porque isso implica acabar o financiamento. Trabalhar com algumas ONGs é um pouco complicado, porque elas sabem que, se aparecer em uma foto um soldado entregando algo, a divulgação daquela imagem é prejudicial para essa ONG. Porque ela tem que explicar para o doador que quem está fazendo aquele trabalho é ela, não o soldado. Então existe essa competição por holofote. Tanto que, depois do furacão "Matthew",[3] eu orientava as tropas para serem o mais discretas possível, para não competir, porque eu entendia a situação das ONGs, elas não queriam a gente lá. Queriam que a gente ajudasse, mas você não pode aparecer. Só que é difícil. Eu chego com 200 soldados, problema, fila, confusão, atrito, tem que organizar. O soldado vai aparecer. E o repórter vai procurar o soldado, não adianta.

Numa crise humanitária, o primeiro inimigo a ser combatido é a vaidade. Digo isso agora já como *force commander*. Você tem que controlar a vaidade e a impulsividade do militar, e a vaidade das ONGs e

---

3 Furacão de categoria 4 que atingiu o Haiti em 4 de outubro de 2016, causando mortes e destruição e ocasionando a postergação das eleições presidenciais no país, inicialmente programadas para a mesma semana. Fonte: <www.bbc.com/news/world-latin-america-37570409>. Acesso em: nov. 2018.

228 • MISSÃO HAITI

das agências da ONU, que querem o protagonismo. Existe esse jogo de vaidades. Depois que se resolve o problema da vaidade, que é 15 dias após a tragédia, aí os trabalhos começam a funcionar bem. Aí todo mundo se integra, começa a conversar e a coisa começa a funcionar. Foi outro aprendizado que eu tive. Nessas crises, se aprende muito. Se erra muito, mas os principais ensinamentos que eu tive foram: não pode perder a noção do geral; não pode perder a calma, tem que manter a cabeça fria, planejar, planejar, planejar. Coordenação a todo momento; descentralizar as ações — comando centralizador é um desastre nessa hora. Tem que delegar poder. E é crise em cima de crise. E crises graves, porque envolvem morte, ataque, segurança, morre soldado. É uma aula.

Sua segunda missão no Haiti também começou de uma maneira inesperada, quando o general Jaborandy morreu durante um voo, não foi?
Foi. Ele estava voltando para visitar a família, que estava em Manaus. O Jaborandy foi em março de 2014, completou um ano em março de 2015, ficaria até março de 2016. Os *force commanders* mudavam sempre em março, que era uma data adequada porque em março não tem eleição e não é época de furacão. Então é um período bom. Março, abril, no Haiti, é um período tranquilo. No segundo semestre tem eleições, e de julho a novembro é período de furacões. O Jaborandy, em 30 de agosto de 2015, estava voltando para o Brasil para visitar a neta que ele não conhecia, e faleceu em um voo da TAM de Miami para Manaus. Ele havia saído uma hora antes de Miami, e faleceu exatamente quando estava sobrevoando o Haiti. Eles retornaram para Miami, porque tinham esperança ainda de salvá-lo, aí tiraram o corpo, e depois o voo continuou.

Quando recebi a notícia, eu estava em uma missão do Departamento Geral do Pessoal em Buenos Aires. No dia 31, o meu comandante aqui, o general Modesto [general de exército Francisco Carlos Modesto] me ligou para dizer que eu era voluntário. Ninguém me perguntou se eu era voluntário, ele disse que eu era voluntário. Cheguei ao Brasil, no dia 6 de setembro, me avisaram que eu e mais dois outros generais seríamos entrevistados pela ONU no dia 21 de setembro. Tive 15 dias para me preparar para a videoconferência com Nova York. Foi feita no Ministério da Defesa, em um telão, sozinho em uma sala, o som um pouco ruim, sem pedir opinião de ninguém, falando com um general paquistanês e mais três civis da ONU. Foi o pior teste da minha vida. Era meia hora de perguntas. No dia 4 de outubro, embarquei para o Haiti. Então, tive um mês e quatro dias para me preparar e para embarcar.

Nas duas vezes em que eu fui para o Haiti, fui feliz pela missão, pelo comando. É a missão das nossas vidas, a gente diz isso aí. O nosso país não está em guerra, então uma missão como essa, fora, real, ela marca. É muito gratificante. Em termos profissionais, não tem nada igual. Mas nas duas vezes que eu fui eu não comemorei como eu gostaria, porque foram dois momentos traumáticos.

Eu cheguei em um clima de comoção. A ONU ainda estava em comoção, porque o Jaborandy, pelo estilo dele, os civis e a tropa o adoravam. Eu vi isso lá. Não era porque ele faleceu. Eles tinham ele assim como que um mito. Depois que morre, o mito amplifica. E substituir mito, é melhor nem tentar. Eu disse: "Olha, o estilo dele é esse, eu vou ter o meu estilo". Porque eu era cobrado de vez em quando. O meu *deputy* [subcomandante], que era um general chileno duas estrelas, eu sentia que às vezes ele não falava, mas ele esperava de mim um comportamento e uma reação, uma decisão igual à do Jaborandy. A minha chefe[4] dizia: "Ah, o general Jaborandy fazia isso. O senhor vai fazer como, general?". Eu disse: "Eu vou fazer do meu jeito".

Eu conheci muito o Jaborandy. Servi no Acre com ele, como tenente. Fiz o curso de guerra na selva com ele; Rêgo Barros também. Fui para El Salvador com ele; servi na assessoria parlamentar com ele. Então, eu sabia como era a reação dele, conhecia o Jaborandy de longa data.

---

[4] Sandra Honoré, diplomata de Trinidad e Tobago, representante especial do secretário-geral para o Haiti.

230 • MISSÃO HAITI

Um dia chamei um oficial e disse: "Olha, esqueça. A coisa agora mudou. O general Jaborandy não está mais aqui, agora sou eu, a decisão é minha. Eu faço desse jeito". Mas substituir mito, e depois que falece, é complicado. Era um período de comoção. Não tinha alegria. Eu, muito alegre pela função, mas ao mesmo tempo triste. Então foram dois períodos que eu gostaria de ter ido em uma situação mais normal, de normalidade.

Isso aí durou quase um mês. Dia 25, três semanas depois que cheguei, teve o segundo turno da eleição. Eleição, no Haiti, é pior do que furacão. É mais complicada, é mais atrito, é mais tensa do que um furacão. Muito choque, muita violência. Eu tinha comandado o batalhão havia sete anos, e era outro cenário. O meu mundo, da primeira vez, era o batalhão. Agora, não. Aí me perguntavam pelas soluções e pelos planejamentos em andamento. Tinha havido eleição em agosto, 15 de agosto. Esse era o segundo, de três turnos. Era 15 de agosto, 25 de outubro, 27 de dezembro. Esta última eleição não teve, foi cancelada. A gente se preparou, mas não teve. Mas a de outubro teve. Eu não sabia de nada, e eu ia para as reuniões. Faziam perguntas, eu levava sempre o general chileno comigo, perguntava para ele. Depois eu fui aprendendo, mas não foi muito simples. Eu também recebia ligações, no celular do Jaborandy, para falar com ele. Aí tinha que explicar que não era mais o Jaborandy... Mas depois, como foi tudo muito corrido, o aprendizado também foi muito rápido.

Na segunda estadia também teve o furacão Matthew, não é?
O furacão Matthew bateu no Haiti para comemorar o aniversário da minha chegada [risos]. Saí daqui do Brasil no dia 4 de outubro de 2015, o Matthew bateu no Haiti no dia 4 de outubro de 2016, exatamente quando eu ia comemorar com os amigos. No dia 30, nós já começamos a acompanhar o furacão. Pelo Centro de Furacões da Flórida, a gente consegue imaginar o que vai acontecer. O comando da ONU, no dia 30 de setembro de 2016, não estava preocupado com o furacão. Quando falei que o Matthew estava chegando, uma vez

quase fui repreendido pela minha chefe, a chefe civil da missão. Ela disse: "General, o foco são as eleições que ocorrerão no dia 9 de outubro, daqui a nove dias. É para isso que a ONU está trabalhando agora. Todas as energias têm que ser canalizadas para as eleições". E a gente distribuindo material, e os voos saindo, e coordenação com a polícia, plano integrado de segurança feito, as tropas já saindo para os seus locais, e eu disse: "Olha, eu sei que a eleição é dia 9, mas se o furacão chegar aqui e lá no dia 5, dia 6, não vai ter eleição. Esse é muito forte, ele está aumentando muito".

No dia 30 de novembro, eu acho que ele era categoria um, ele passou para dois. No dia 1º de dezembro, subiu para categoria quatro. No dia 3, ele ia passar por baixo do Haiti, ao sul, mas mudou de direção e aumentou para categoria 5, que é a máxima, com ventos de 250 quilômetros por hora. Aí a ONU parou, Nova York queria saber o que estava acontecendo, e a reunião do dia 2 foi só furacão. Aí nós assumimos o comando. Eu levei os meus oficiais, o meu estado-maior para mostrar o que ia acontecer, e a reunião era crise, só crise.

Aproximei as tropas de Engenharia até 80 quilômetros de onde ia passar o furacão, eles aguardaram em uma cidade de nome Miragoâne. Foi bom porque eles foram dois dias antes para lá e o furacão, quando veio, causou tantas chuvas que, entre as tropas e a capital, as pontes foram destruídas, e o país ficou isolado da capital por mais de 48 horas. Mas, como os soldados já tinham passado, puderam continuar em direção à área atingida. Aí foram dois dias também, limpando desbarrancamento, deslizamento de terra, grandes pedras que desceram das montanhas, árvores que caíram. Depois passaram as tropas de Infantaria, eram os fuzileiros navais.

Quando chegamos em Les Cayes, veio o problema maior, que era passar a cadeia de montanhas até Jeremie. Lá a situação estava muito pior porque as estradas eram piores, com mais deslizamentos. Mas eles conseguiram. Dois dias depois, chegamos a Jeremie, a população já estava desesperada porque eles estavam isolados. Quando a gente liberou as estradas, eles começaram a se mexer, aí a ansiedade dimi-

232 • MISSÃO HAITI

nuiu e os comboios fretados pela ONU, da WFP, começaram a chegar. Mas aí vinham aqueles 25 caminhões sendo assaltados, atacados na estrada. Aí eu peguei as tropas que estavam na capital para dar proteção para os comboios. Era assim: 15 caminhões, 40 soldados. Um tenente comandando, *muita* bala de borracha, *spray* de pimenta, gás lacrimogêneo, proteção para o nosso soldado. Mas as gangues, na saída da capital, também ameaçaram atacar os comboios. Se fossem atacados por gangue, aí era munição real. Se fosse pela população, aí era gás, borracha, até um limite. Se um caminhão fosse o último, estivesse perdendo, não atirava na população, deixava aquele caminhão. Mas os motoristas haitianos combinavam com uma comunidade onde iam passar os caminhões. Diziam: "Olha, eu vou simular uma pane. Aí eu paro o caminhão, os militares não vão ficar com os 15 caminhões na estrada; eles vão levar 14, vão deixar um. Vão deixar uma tropa pequena para trás". E a gente fazia isso. Deixava nove homens, um grupo de combate, e o restante da tropa seguia com os 14. Quando aqueles 14 sumiam no horizonte, apareciam mil haitianos, que estavam aqui do lado da estrada, aguardando. Parece coisa de cinema. Os mil vinham como formigas, o soldado reagia, atirava, mas nove contra mil, é melhor parar. Em 10 minutos, não tinha mais nada. Eu vi os filmes. Como eles são rápidos! Tiravam tudo, aquela multidão de gente. Aí pronto, calmaria. Daí a pouco o motorista ia lá no caminhão, dizia que conseguiu dar um jeito. Para evitar isso, até para não expor a nossa tropa, começamos a pressionar a WFP para pressionar as empresas e os motoristas para não darem o golpe.

Foi um período muito complicado. Nesses ataques a comboios, a polícia matou duas, três pessoas. O meu medo era a gente provocar a morte de um inocente, eles estavam desesperados. Minha ordem era ir até um limite. A partir dali, não ataca mais, não reage mais. Os militares não aceitavam isso, me perguntavam: "General, então o senhor está dizendo que determinadas missões nós não vamos cumprir?". Eu disse: "É, não vão cumprir. Se vocês tentarem reagir, vão matar uma criança, matar uma pessoa que está desesperada. Tudo bem que eles combinaram com o motorista. Mas não vale a pena matar". E assim foi feito.

Ficamos quatro meses no sul do Haiti, de outubro a janeiro. O comando do batalhão ficou lá, com o coronel Roberto [Sebastião Roberto de Oliveira], depois o coronel Eickhoff [Roberth Alexandre Eickhoff]. O Brabat ficou dividido. Mas eu tinha outras tropas, que mandei para lá. Mandei tropas do Chile, para reforçar o batalhão brasileiro, a Engenharia do Paraguai foi para lá, o hospital argentino deslocou uma frente para apoiar a população, tropas da Guatemala, a aviação de Bangladesh e do Chile sempre conosco lá. Era uma missão da ONU, não era só do Brasil. É porque era área de atuação do batalhão brasileiro; eles chegaram primeiro. Se fosse no norte, os primeiros que chegariam eram os chilenos, uruguaios e peruanos.

Como é comandar tropas internacionais?
Num primeiro momento, eles esperam a reação da gente, todos obedecem porque são militares. Agora, tem duas formas de cumprir uma tarefa, uma missão: cumprir e fazer o "algo a mais" ou cumprir estritamente o que está escrito. Quando a gente começa a trabalhar em conjunto e participar das atividades, e resolver problemas junto com eles e estar sempre presente, eles começam a aceitar, a nos tratar como se fosse um deles. Eu tinha tropas de muçulmanos, 130 de Bangladesh, que me convidavam, por exemplo, para participar dos últimos dias do Ramadã. Eu ia, ouvia as orações deles, eles pediam para eu dizer algumas palavras. Era fora de expediente, então eles me davam aquelas roupas típicas deles para eu vestir, eu vestia, eles gostavam. Eles são muito atenciosos. Eu entrava em um voo para fazer patrulha com os soldados, todo equipado, com capacete, fuzil, pistola, e via que eles estavam querendo falar comigo. Como o voo ia demorar uma hora, a tripulação aproveitava para tirar foto comigo [risos]. Era assim. Era muito integrado. A gente trabalhava muito bem. Os sul-americanos, peruanos, chilenos, salvadorenhos, hondurenhos, até medalha eu ganhei deles. Eu às vezes ia para as bases no norte do país,

234 • MISSÃO HAITI

do Chile ou do Uruguai e Peru, e ficava com eles lá. Voltava dois, três dias depois. Fazia patrulha com eles, corria com eles, batia papo. Foi muito integrado. E não tive problema de cumprimento de ordem. Muito pelo contrário, eles faziam além do que era para fazer. Os helicópteros de Bangladesh — tinha do Chile também — eram muito bons. Eram três: dois para ficar sempre em operações e um em manutenção. Eles estavam quase sempre com os três voando. Trabalhavam dia e noite. Muito, muito bons. E eu tinha uma companhia das Filipinas que cuidava da área basicamente de segurança e administração das bases, não só da minha, militar, mas dos civis. Contingente feminino muito grande, muito disciplinado e sempre de bom humor. A tropa mais feliz que eu vi. A brasileira era uma tropa feliz, sempre de bom astral. Mas os filipinos são incríveis. Não existe problema para eles. Filipino está sempre rindo. E ficavam um ano isolados porque a passagem custava 3 mil dólares. Mas eles estavam sempre de bom humor. Os argentinos, espetaculares. Chilenos, uruguaios, guatemaltecos... no meu estado-maior eram 19 países. Nas tropas, havia 11 países representados, 10 quartéis com 11 países, porque tinha uma base que era de uruguaios e peruanos, juntos. Tinha os paraguaios também. Os paraguaios são quase brasileiros, os brasileiros são quase paraguaios. Eu tinha sempre cinco coronéis, tenentes-coronéis americanos. Ora *marines*, ora do Exército, ora pilotos. Muito bons. E com muita experiência. Esses oficiais, normalmente, eles estavam chegando ou iam para missões no Afeganistão e no Iraque. Muito bons e muito disciplinados e planejadores, me apoiavam muito. Oito ou nove canadenses. Mexicanos. Foi a primeira missão em que o México mandou oficiais para uma missão de paz; eles queriam aprender. Equador não tinha tropa, mas tinha oficiais. Teve da Bolívia, depois saiu e não voltou mais, não substituíram. Jordanianos, muito bons. Nepaleses, muito amigos, disciplinados e competentes. Sri Lanka e um coronel do Butão. Tinha uns que praticavam hinduísmo; outros, o budismo, outros eram islâmicos, outros católicos, protestantes, tinha de tudo. A ONU é uma Torre de Babel. Mas eu me integrava muito bem.

O senhor concorda que, para além das diferenças culturais e religiosas, em questões de cadeia de comando, hierarquia, disciplina, existe uma universalidade no meio militar?

É impressionante como tem. Eu constatei isso lá. Os postos são iguais. Só muda no nível general, que tem países que adotam quatro níveis de generalato. Mas a hierarquia funciona. É algo que me chamava atenção. Eu tinha essa preocupação em até que ponto eles iam aceitar as minhas ordens em uma crise. Em fevereiro de 2016, quando o presidente [Michel] Martelly terminou seu mandato, não houve eleições porque foram anuladas, e ele ficou um período ilegal na presidência. Só que não tinha substituto. O país ficou no vácuo, e chegamos muito perto de uma guerra civil. Todo mundo queria assumir o poder, os grupos contrários e os favoráveis começaram a brigar entre si e a se matar. Acho que foi o momento mais tenso que tivemos. Uma vez, um americano do meu *staff* chegou e apresentou todos os pontos positivos, os negativos e disse: "Eu acho que o senhor devia adotar essa solução". Aí eu disse: "Não, eu vou modificar isso, isso e tal". Eu senti que ele, no primeiro momento, engoliu em seco, mas a responsabilidade era minha. Isso é normal.

Nós éramos muito integrados. Como a gente tinha os mesmos problemas, distância de família, pressões, ansiedades, medos, isso une o grupo também. No perigo, todos se unem. E nós éramos poucos, éramos 2.370. Numa crise muito séria, como a que aconteceu em fevereiro de 2016, nós treinamos como controlar e conquistar o aeroporto, para levar gente para fora do país, e ficarmos só nós nos protegendo nas bases, se fôssemos sitiados. Se o país entrasse em uma convulsão tal que não tivesse saída, a gente ia recolher as nossas bases para nos proteger. Mas antes a gente ia ter que tirar os civis pelo aeroporto e pela fronteira até levar para a República Dominicana. Isso tudo a gente treinou. Então a gente vivia sob tensão. Isso junta, une o grupo. Eu também fazia reunião social com eles. Claro, dependendo do país, é um tipo de reunião ou outro. A gente fazia *happy hour* uma vez por mês.

236 • MISSÃO HAITI

O senhor teve também a experiência, inédita para os force commanders, *de preparar a desmobilização. Como foi?*

Cada país diz para a ONU o que ele quer. A ONU tem um sistema de fretamento muito bom. Início de missão e final de missão é bom ser feito pela ONU, até por garantia, é seguro. O planejamento começou em fevereiro, a última tropa saiu no dia 11 de outubro. Eu e mais três oficiais saímos dia 14 e 15, os últimos. Um do Nepal, um do Brasil e um do Canadá. Fomos os últimos a sair do Haiti. Paralelamente à nossa saída, parte dos policiais estava saindo também. Então é uma operação logística muito difícil. Tem que ser muito bem coordenada. Mas tudo funcionou, saiu todo mundo na hora certa.

O único "senão" foram as tropas brasileiras, do Paraguai e da Argentina. Eles encerraram as operações no dia 1º de setembro. Só que veio aquela história do furação Irma,[5] que ameaçava ser pior do que o Matthew, porque ele destruiu todas aquelas ilhas, veio destruindo, destruiu parte da República Dominicana, e aí desviou do Haiti, mas podia ter acertado o Haiti, estava na direção. Arrebentou com Cuba e com o sul da Flórida. Ele bateu no Haiti no dia 7 de setembro. As operações terminaram no dia 1º de setembro, então eu tive que pedir autorização da ONU para reativar as operações. Elas foram reativadas. Eles só me deram autorização no dia 6. Tivemos que tirar todo o material do *container*, viatura, manutenção, cozinha teve que ser reativada. Aí fomos para o norte do país para fazer o mesmo trabalho. Dessa vez eu fui com eles, mas, como não houve necessidade, nós recolhemos as tropas, o material e dia 10 nós encerramos de novo. Então, houve dois encerramentos: 1º e 10 de setembro. Então, isso complicou um pouco a saída. Mas nós corremos, e deu certo.

---

5 Furacão de categoria 5 que atingiu, entre outras regiões, o estado da Flórida, nos Estados Unidos, e a República Dominicana. O furacão se formou por volta do dia 6 de setembro de 2017. Fonte: <www.nbcnews.com/news/weather/video/hurricane-
-irma-makes-landfall-in-caribbean-packing-185-mph-winds-1040356419529>.
Acesso em: nov. 2018.

O senhor é da primeira geração de oficiais que pegou missões de paz dessa magnitude. Que diferença faz para o militar?
Quem participa desse tipo de missão volta de outra forma, profissionalmente. Ele tem mais desenvoltura. Certos temores, reações, medo de enfrentar o desconhecido, isso já é passado. Ele erra lá, ele acerta, ele convive, ele é testado. Aí a autoconfiança, que ele já tinha antes, aumenta, e ele volta mais maduro profissionalmente, e com mais desenvoltura. Se tivesse uma guerra de que o Brasil fosse participar e eu pegasse essa geração de jovens oficiais que foram para o Haiti e mandasse, em combate real mesmo, tenho certeza de que a atitude deles, a forma de agir, ia ser muito melhor do que a da minha geração como tenente, capitão. A minha geração conhecia o mundo, assim, por notícia. Da minha geração foram 420 cadetes, e uns 20, quando chegarem a coronéis, foram adidos em algum lugar no mundo. Mas adido é uma função que não envolve risco. Então eu digo que as Forças Armadas, mas principalmente o Exército, foi para o Haiti adolescente e voltou maduro. É um Exército maduro.

Nenhuma manobra terá o mesmo efeito?
Não, não. É real. Eu acredito nisso. Aqui, a gente treina muito mais do que precisa para esse tipo de missão. Claro, é para uma missão de paz, mas eu dou algo mais. Já que eu tenho material, a tropa está na minha mão, é selecionada, eu dou um treinamento muito forte. Com esse treinamento, eu posso levar essa tropa para a guerra, se quiser. É só dar uns ajustes, equipamentos, eu levo a mesma tropa que está indo para o Haiti. Ela podia ir para a guerra, desde que eu a pegasse mais uns dois meses e focasse no outro ambiente que iria enfrentar, nos desafios que teria que superar. Então essas tropas, elas são muito bem preparadas. O sargento de carreira, o oficial de carreira, quando volta do Haiti, ele é instrutor de escola, ele comanda companhia, ele vai comandar batalhão no futuro. Essa experiência adquirida não tem preço. É real. Para o soldado, é experiência de vida. Eles vão para lá com dois, três anos. Ele vai ficar mais quatro anos e aprende muita coisa,

238 • MISSÃO HAITI

mas é para a vida dele. Dizer que ele vai deixar aquilo para o Exército...
não, ele vai embora. Mas, para o pessoal de carreira, em todas as áreas,
inclusive de saúde, é um aprendizado. Eu digo que é o melhor lugar
para treinar uma tropa. Eu vou aprender mais se eu for para a guerra.
Só que não compensa. Eu vou perder vidas, é um desastre, eu vou gastar
muito e é uma destruição, não é um cenário ideal. O melhor cenário
para adestrar tropas é missão de paz, pelo treinamento e pelo que se
executa lá. E, como é uma missão que parcialmente a ONU custeia, é
um bom custo.

*E a dimensão político-diplomática? No início havia a ideia do assento permanente no Conselho de Segurança da ONU, que não se concretizou. Mas
o Brasil se torna, vamos dizer, mais respeitado? Como o senhor vê isso, no
seu ambiente, militar?*

Ontem um repórter do *Correio Braziliense* me perguntou isso.[6] Eu disse:
"É bom para treinar nossas tropas, é bom porque nós participamos
do esforço mundial para pacificar um país e o Brasil é muito grande
para se furtar e dizer: 'Não, eu não tenho nada a ver com isso. Eu sou
um avestruz e só vou me envolver em conflitos nas Américas'". Aí nós
vamos passar 100 anos esperando uma missão de paz que nunca vai
acontecer aqui. Haiti não tem mais. Acabou. Teríamos era que estar na
Colômbia, nossa fronteira, mas nós nem fomos para lá, porque alguém
falhou. Quando precisaram resgatar a Ingrid Betancourt,[7] pediram
nossos helicópteros. Nós corremos riscos, os helicópteros foram lá
com a Cruz Vermelha correndo risco de serem derrubados, e aí nessa
hora o Brasil era importante. Por que é que na hora que tem missão de
paz na Colômbia, nós aceitamos que determinado país diga: "Eu não
aceito que militares brasileiros participem"? Por que é que antes nos

---

[6] Disponivel em: <www.correiobraziliense.com.br/app/noticia/mundo/2018/01/29/interna_mundo,656322/forca-militar-brasileira-na-africa.shtml>. Acesso em: fev. 2018.
[7] A então senadora Ingrid Betancourt foi sequestrada em 23 de fevereiro de 2002
pelas Forças Armadas Revolucionárias da Colômbia (Farc). Permaneceu no cativeiro
até 2 de julho de 2008, quando foi libertada numa ação militar.

pediram apoio? Por que é que antes, quando ninguém queria entrar lá para resgatar a Ingrid e outros reféns, expuseram os nossos pilotos? Não vai ter outra missão dessa. Nós não estamos lá na Colômbia, infelizmente. É um erro. Hoje tem 125 países participando de missões de paz na ONU, 77 com tropas. Um pesquisador da UnB disse que os americanos não participam em nenhuma missão de paz. Erro. Eles têm, hoje, 56 militares participando de missões de paz. Eu tinha cinco no meu estado-maior. Se revezaram quatro vezes, tive 20 e poucos. Então, é erro, falta de informação. E países relevantes têm tropas participando de missões de paz: Alemanha, Reino Unido, França, Itália, China, Rússia, o G7 está todo aí. Também Índia, Suécia, Espanha, Irlanda, Polônia, todo mundo tem participação em missão de paz. A França tem 815 militares, hoje, em missões de paz. O Brasil, se for para a República Centro-Africana, vai com menos que a França. Então, não precisa ir com 10 mil homens, 15 mil. O pesquisador da UnB disse isso para desmerecer. Ele não viu que a Alemanha tem 600 homens em missões de paz. Então, todo mundo está no jogo; a isso o Brasil não poderia se furtar.

O que projeta a imagem de um país é eu mandar 800 homens e eles agirem com muito profissionalismo, a ponto de chamarem a atenção da ONU, de fazerem a diferença. É isso que faz a diferença. Não é quantidade. Eu posso mandar 4 mil e desandar, e fazerem besteira, e as tropas cometerem estupros, e fugirem. No Sudão do Sul, duas tropas de dois países que eu não vou citar que estavam bem próximas não socorreram civis que estavam sendo violentadas. Isso é vergonhoso. Aí a ONU manda tirar aquela tropa de lá. Ou então uma outra que estava no Haiti em 2007 e cometeu umas barbaridades que envergonham a ONU até hoje e foi punida. Não adianta eu ter 5 mil e cometer crimes. O Brasil levou 800, não cometeu uma ilegalidade. Isso é um orgulho para nós, e não teve um caso de assédio, de estupro. Teve uma acusação infundada de que teria ocorrido um caso, anos atrás, em Jacmel. O Brasil nunca esteve em Jacmel durante a missão, fica a quatro horas de viagem da capital. As tropas brasileiras ficaram na capital o tempo

240 • MISSÃO HAITI

inteiro. Só no final foi que, como tinha menos tropa, eles saíam de helicóptero para o sul do país. Mas não era esse caso aí. Então, isso é que faz a diferença. Em maio, eu estava na reunião dos *force commanders* em Nova York, o Lacroix [Jean-Pierre Lacroix, diplomata francês], subsecretário-geral da ONU para missão de paz, chefe do DPKO, veio falar comigo e disse: "General, a missão do Haiti já vai acabar, mas nós gostaríamos que o Brasil enviasse tropas para outras missões. Por duas razões. Primeiro, pela capacidade de reação das tropas de vocês, pela flexibilidade. Se muda o cenário, as tropas se adaptam e reagem rápido. Segundo, pela capacidade que vocês têm de sair da base e ficarem acampados muito tempo fora, sem incomodar a ONU, sem ficar pedindo o que não deve pedir". Então, foram essas duas capacidades que ele falou que a gente tinha.

Essas vagas da República Centro-Africana foram criadas para a tropa brasileira. Elas foram criadas em um momento em que a missão do Congo está diminuindo o efetivo, o Mali está estabilizado, acabaram com a missão no Haiti, estavam terminando na Costa do Marfim. Todas as missões foram diminuindo ou estabilizando. A única que aumentou as vagas foi a República Centro-Africana, em conversações que tiveram a partir de maio do ano passado. E era para oferecer para o Brasil. Ou seja, a imagem que as forças brasileiras deixaram foi muito boa — e não é porque eu sou brasileiro, é porque eu ouvia isso dos civis da ONU. Uma tropa organizada é sinônimo de um país organizado. Não dá para ter uma tropa organizada de um país desorganizado. Então essa imagem é que fica. E ela fica no Conselho de Segurança, nos países que estão na ONU. A notícia corre direto para Nova York. Quem está em Nova York são diplomatas de países que não vão ficar a vida inteira na ONU. E é essa imagem das nossas tropas que eles vão levar para o país deles. Os próprios embaixadores dos países relevantes no Haiti viam a atuação das nossas tropas e elogiavam. Eles não vão ficar a vida inteira no Haiti. Daqui a pouco esse embaixador estará em um posto importante no país dele, e a imagem que ele tem do Brasil é o que ele viu lá. A imagem do Brasil que se tem no Conselho de Segurança é da atuação das tropas brasileiras. Não é só isso que projeta um país internacionalmente, mas isso projeta. Querer excluir o poder militar da projeção internacional é impossível.

Pelo que o senhor está falando, imagino que, se o senhor fosse coronel hoje, seria voluntário para ir para a República Centro-Africana.
Eu queria ser capitão para voltar para a República Centro-Africana [risos]. Eu sou voluntário. Sempre fui, para qualquer coisa. Mas a minha mulher não deixa mais...

Existe um debate acadêmico sobre a participação dos militares em geral, mas principalmente do Exército, em favelas cariocas, em ações de pacificação, ou de GLO. Isso foi exportado para o Haiti, ou a experiência do Haiti veio para cá? Em que medida é parecido ou não? O senhor também deu uma entrevista recentemente em que falou que preferia que as tropas brasileiras fossem para outra missão de paz...[8]
O repórter, na época, disse algo, mas eu não falei bem aquilo. Ele disse assim: "O problema da segurança do Rio é da polícia do Rio". Como se eu estivesse dizendo: "Isso é problema de vocês". Não. Na época, eu disse: "Existe um problema e a solução disso está nas mãos da polícia do Rio, da Secretaria de Segurança. Civil e militar. Isso é responsabilidade deles. E eles têm capacidade de resolver o problema. E ganham bem para isso". Mas o repórter disse: "O general disse que isso é problema do Rio".

No caso específico do Haiti, das tropas brasileiras, até 2015 elas atuaram sempre em área urbana, na capital. Isso não ocorreu mais no final da missão, que era em área urbana e em área rural. As tropas ficaram em três pontos do país, as brasileiras na capital, responsáveis por cinco estados. E nós saíamos três vezes por semana para áreas que

---

[8] Disponível em: <https://oglobo.globo.com/rio/brasileiro-que-comanda-tropas--no-haiti-diz-que-problema-de-seguranca-do-rio-da-policia-21761584>. Acesso em: jan. 2017.

não eram mais na cidade. Então, nos 11 anos de missão, até 2015, foi sempre em uma área urbana, em áreas degradadas, como são as áreas mais precárias no Brasil: favelas, comunidades, dê o nome que quiser. É muito parecido, o ambiente era parecido. Não tanto Cité Soleil, que era *muito* degradada. Querer comparar Cité Soleil com as favelas do Brasil, a de lá era pior. Mas tinha outras áreas em que o Brasil atuou no passado — como Bel Air e Cité Militaire — que são parecidas com as do Brasil. Eu fui ao Complexo do Alemão com os capitães para uma visita, quando comandava a Escola de Aperfeiçoamento de Oficiais. É bem parecido, mas com Bel Air, não com Cité Soleil. Os procedimentos, as táticas de abordagem, de entrada, que se praticaram no Haiti são muito parecidas com as que se aplicam aqui. Então houve um momento que eu não sei se o conhecimento ia daqui para lá ou se estava vindo de lá para cá.

Mas antes de 2004 a gente já fazia no Rio. Por volta de 1996, teve uma grande operação no Rio, acho que foi a primeira de que o Exército participou; o comandante das operações ficou dentro da Fortaleza de São João, eu estava fazendo a Eceme. Isso aí não era muito diferente do que a gente fazia lá. O Complexo do Alemão é 2012. Outra grande operação. Aí veio ensinamento. Mas eu diria que foi daqui para lá e depois começou a vir.

Só que agora mudou. Agora é área rural, é outro cenário. Essa experiência já não vai mais haver. Na República Centro-Africana, a população é bem menor do que no Haiti, mas o país é 20 vezes maior, eu acho. Então são áreas rurais. Mudou o cenário. Então essa experiência vai, vem.

Quanto a ser empregado em atividades dentro do nosso país, isso não é o que o Exército quer, não é o que nós gostaríamos de fazer. Isso é um sintoma de que algo não está funcionando bem. O ideal é que o país tivesse um índice de criminalidade aceito pela ONU, de 10 assassinatos, mortes violentas, no máximo, por 100 mil habitantes. Acho que a cidade de São Paulo é que está chegando nisso aí. Mas essa crise de segurança pública, que é um sintoma de que algo está dando errado, é um fracasso. Dizer que está bem, não está. Mas não é função nossa. O ideal é que a gente nunca fosse acionado para fazer isso aí. Se se é acionado, é porque algo está errado. E não é função nossa. Os comandantes do Exército, os mais antigos, têm dito isso. Nós atuamos esporadicamente.

Também discordo quando algum policial militar de estado que perdeu o controle da crise, com mortes violentas e gangues passeando na rua com fuzis, diz: "É porque eles não estão preparados". Olha, eu respondo com o seguinte: "Se nós não estamos preparados, se a situação chegou a esse ponto e é responsabilidade de vocês manter a segurança, vocês estão preparados?". Nós estamos preparados, sim. Nosso soldado é preparado. Agora, tem que ter certos limites porque nós não admitimos, por exemplo, sermos desrespeitados. Nós não gostamos disso. Nenhum militar aceita. Nós temos um limite de tolerância que, a partir dali, eu não aceito mais ser desmoralizado. Nessa hora, talvez o policial tenha mais sangue-frio para aceitar certas provocações.

Se o nosso soldado está preparado para a guerra, uma missão de segurança tem nuances, mas é mais simples. Se eu preparo para o pior, ele consegue fazer o mais simples. Só que não é função nossa. Eu não saí coronel, general, para participar de segurança pública. Se eu gostasse disso, eu teria ingressado na Academia de Polícia. Não é função minha. O coração não me leva a isso. Eu gosto de Amazônia, comandei lá um batalhão. Eu gosto de comandar tropa blindada; no Paraná, eu comandei. Aí, sim. Voar de helicóptero é bom, correr com tropa é bom, atirar é bom. Missão de paz é *muito* bom [risos]. É mais emocionante. É gratificante. É para isso que a gente é formado.

A missão de paz era a missão das nossas vidas, porque nós fomos testados, corremos muito risco. Depois que passa, é bom. Dá medo, tem hora que a gente tem medo. De falhar, medo de um soldado morrer, levar tiro, a gente levar tiro também. Acho que duas vezes eu falei para a tropa: "Vocês pensam que eu não estava morrendo de medo quando mandei vocês para o furacão?". Eu fiquei com medo. Claro. Falei isso para os capitães na EsAO: "Quando você se apresenta a um grande desafio, você pode tomar três atitudes possíveis: você espera que o tempo resolva, você enfia a cabeça na terra e espera que outra pessoa resolva, ou você diz: 'Eu vou resolver'. Quando você decide que vai resolver, podem acontecer duas coisas: dar tudo certo ou dar tudo errado. Se der tudo errado, tenha certeza de que ninguém vai esquecer que você é o responsável. O Exército, as Forças Armadas, o país, os amigos, todos vão te culpar, dizer que você falhou". Em Ruanda, falhou; no Sudão do Sul, agora, falhou. Bem, mas eu decidi fazer. Se falhar, a responsabilidade é minha. Se acertar, com um mês ninguém lembra mais que você acertou. Só você sabe que acertou. Todos vão esquecer também. Mas é bom. Aí você aprende a gostar de fazer cada vez mais. Fez a primeira vez, vira um vício, você quer fazer de novo. Toda vez que aparecer um problema, você vai dizer: "Eu não vou esperar que o tempo resolva, eu não vou esperar que outra pessoa resolva, eu vou resolver. E vou correr risco. Se der certo, aí eu gostei, aí eu quero fazer mais e mais". E aí pode errar de novo. Mas faz parte.

Siglas

Aciso	Ação cívico-social
Aman	Academia Militar das Agulhas Negras
Apop	Agente perturbador da ordem pública
Bibliex	Biblioteca do Exército
Binuh	Escritório Integrado da ONU no Haiti
Brabat	Batalhão Brasileiro de Força de Paz
CBF	Confederação Brasileira de Futebol
CComSEx	Centro de Comunicação Social do Exército
CCOPAB	Centro Conjunto de Operações de Paz do Brasil
CIE	Centro de Inteligência do Exército
COB	Comitê Olímpico do Brasil
Copaz	Comissão Nacional para a Consolidação da Paz
Coter	Comando de Operações Terrestres
CPEAEx	Curso de Política, Estratégia e Alta Administração do Exército
DFS	Departamento de Apoio às Missões [das Nações Unidas]
DPKO	Departamento de Operações de Manutenção da Paz [das Nações Unidas]
Eceme	Escola de Comando e Estado-Maior do Exército
ECT	Empresa Brasileira de Correios e Telégrafos
Enap	Escola Nacional de Administração Pública
EsAO	Escola de Aperfeiçoamento de Oficiais
EsPCEx	Escola Preparatória de Cadetes do Exército
FAB	Força Aérea Brasileira
Farc	Forças Armadas Revolucionárias da Colômbia
FGV	Fundação Getulio Vargas

246 • MISSÃO HAITI

Fifa	Federação Internacional de Futebol
FMLN	Frente Farabundo Martí de Libertação Nacional [de El Salvador]
Frelimo	Frente de Libertação de Moçambique
Funai	Fundação Nacional do Índio
GLO	Garantia da Lei e da Ordem
GSI	Gabinete de Segurança Institucional
IDP	Refugiado interno (*internally displaced people*)
MIF	Força Multinacional Interina
Minujusth	Missão das Nações Unidas para o Apoio à Justiça no Haiti
Minustah	Missão das Nações Unidas para a Estabilização no Haiti
MMBIP	Missão Militar Brasileira de Instrução no Paraguai
Monusco	Missão das Nações Unidas na República Democrática do Congo
MSF	Médicos sem Fronteiras
M23	Movimento 23 de Março, também conhecido como Exército Revolucionário Congolês
OIM	Organização Internacional para as Migrações
ONG	Organização não governamental
ONU	Organização das Nações Unidas
Onuca	Grupo de Observação das Nações Unidas na América Central
Onusal	Missão de Observação das Nações Unidas em El Salvador
Otan	Organização do Tratado do Atlântico Norte
Pnud	Programa das Nações Unidas para o Desenvolvimento
PUC-Campinas	Pontifícia Universidade Católica de Campinas
QIPs	Projetos de rápido impacto (*quick impact projects*)
Renamo	Resistência Nacional Moçambicana

SAE	Secretaria de Assuntos Estratégicos da Presidência da República
Senasp	Secretaria Nacional de Segurança Pública
Simeb	Sistema de Instrução Militar do Exército Brasileiro
SRSG	Representante especial do secretário-geral [das Nações Unidas] (*special representative of the secretary-general*)
STF	Supremo Tribunal Federal
STM	Superior Tribunal Militar
TSE	Tribunal Superior Eleitoral
UFRJ	Universidade Federal do Rio de Janeiro
UnB	Universidade de Brasília
Unicamp	Universidade Estadual de Campinas
Unicef	Fundo das Nações Unidas para a Infância
Unifil	Força Interina das Nações Unidas no Líbano
Unisul	Universidade do Sul de Santa Catarina
Unmin	Missão das Nações Unidas no Nepal
Unpol	Polícia das Nações Unidas
UPP	Unidade de Polícia Pacificadora
WFP	Programa Alimentar Mundial [das Nações Unidas]
Whinsec	Instituto para a Cooperação de Segurança do Hemisfério Ocidental

Este livro foi produzido nas
oficinas da Imos Gráfica e Editora na
cidade do Rio de Janeiro